中國古城墙

乙未暮春

謝辰生題

時年九十又四

十竹齋

中国古城墙

Ancient City Walls of China

附录　江西　湖北　湖南

第六卷

主编　杨国庆

江苏人民出版社

图书在版编目（CIP）数据

中国古城墙 / 杨国庆主编. —— 南京：江苏人民出版社，2017.6
  ISBN 978-7-214-19295-0

  Ⅰ.①中… Ⅱ.①杨… Ⅲ.①城墙—研究—中国—古代
Ⅳ.①K928.77

  中国版本图书馆CIP数据核字（2016）第170045号

书　　　　名	中国古城墙（第六卷）
主　　　编	杨国庆
责 任 编 辑	汪意云
特 约 编 辑	刘仁军
封 面 设 计	姜　嵩
版 式 设 计	许文菲
责 任 监 制	王列丹
出 版 发 行	江苏人民出版社
出版社地址	南京市湖南路 1 号 A 楼，邮编：210009
出版社网址	http://www.jspph.com
照　　　排	江苏凤凰印刷数字技术有限公司
印　　　刷	江苏凤凰新华印务有限公司
开　　　本	787毫米×1092毫米　1/16
总 印 张	135.75　插页24
总 字 数	2000千字（全六卷）
版　　　次	2017年8月第1版　2017年8月第1次印刷
标 准 书 号	ISBN 978-7-214-19295-0
定　　　价	1800.00元（全六卷）

《中国古城墙》编委会

　　"中国明清城墙"联合申遗办公室、南京城墙保护管理中心、南京城墙博物馆、南京城墙保护基金会、南京城墙研究会对本书编撰给予了大力支持，特此鸣谢！

目录
[第六卷]

湖南 *003*

▷ 长沙城　　　　004

城头山古城址　011

宝庆城　　　　017

永州城　　　　023

武冈城　　　　029

茶陵城　　　　032

常德城　　　　036

城步城　　　　040

道州城　　　　043

凤凰城　　　　046

衡阳城　　　　052

岳阳城　　　　055

九溪卫城　　　060

澧县城　　　　064

麻阳城　　　　068

湘潭城　　　　071

祁阳城　　　　077

湖北 *083*

▷ 武汉城　　　　084

房县城　　　　092

公安城　　　　097

当阳城　　　　101

汉川城　　　　105

黄陂城　　　　108

黄冈城　　　　112

荆门城　　　　121

荆州城　　　　125

罗田城　　　　133

随州城　　　　137

襄阳城　　　　141

宜昌城　　　　148

宜城城　　　　154

远安城　　　　158

钟祥城　　　　163

竹山城　　　　166

江西 *169*

▷ 南昌城　　　　　170

　　赣州城　　　　　174

　　南康城　　　　　182

　　余江城　　　　　185

　　大余城　　　　　188

　　德安城　　　　　191

　　抚州城　　　　　194

　　湖口城　　　　　197

　　会昌城　　　　　202

　　吉水城　　　　　206

　　龙南城　　　　　210

　　南丰城　　　　　213

　　铅山城　　　　　216

　　石城城　　　　　218

　　万安城　　　　　221

　　弋阳城　　　　　224

　　永丰城　　　　　227

　　玉山城　　　　　230

　　宜春城　　　　　233

　　浮梁城　　　　　237

　　定南城　　　　　241

附录 *244*

▷ 附录1　名词解释　　　　244

　　附录2　历代筑城、修城记

　　　　　简表　　　　　258

　　附录3　《考工典》辑录的

　　　　　城池艺文目录　276

　　附录4　中国古代计量单位

　　　　　换算简表　　　281

　　附录5　主要参考书目　284

　　附录6　中国历史年代简表　288

跋 *289*

后记 *291*

湖口县双钟圩堤防工程

建设单位：湖口县双钟圩工程建设项目部

建设单位：江西省水利规划设计院

法单位：　　　　　　土木工程监理有限公司　　　　　　第二总队

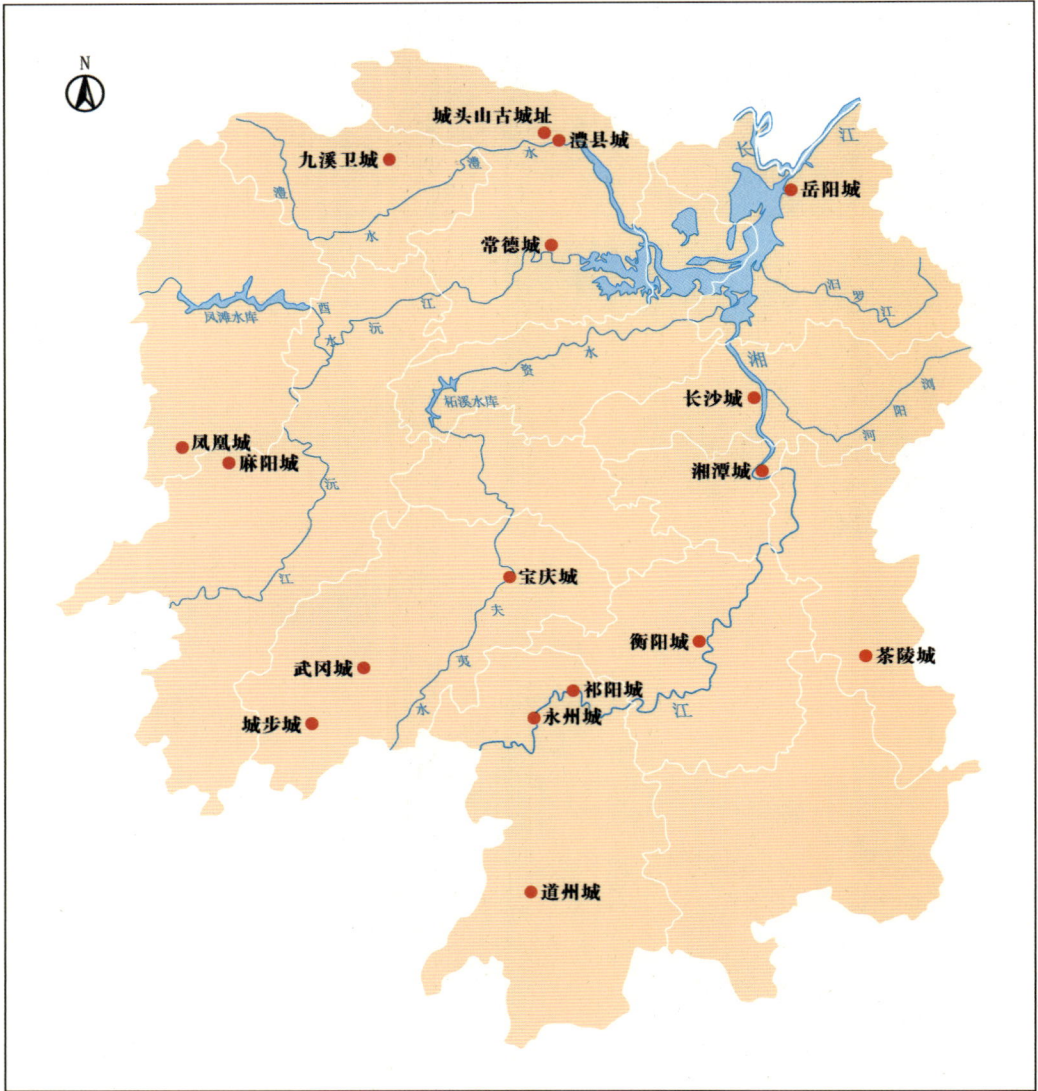

N

城头山古城址

九溪卫城 ●　　　●澧县城

　　　　　　　　　　　●岳阳城

常德城 ●

凤滩水库

　　　　　　　　　　　长沙城 ●

凤凰城 ●
　●麻阳城　　　　　　　　湘潭城 ●

　　　柘溪水库

　　　　　　●宝庆城

　　　　　　　　　　衡阳城 ●　　　　　茶陵城 ●

武冈城 ●　　　　　　祁阳城
城步城 ●　　　　　●永州城

　　　　●道州城

湖 南

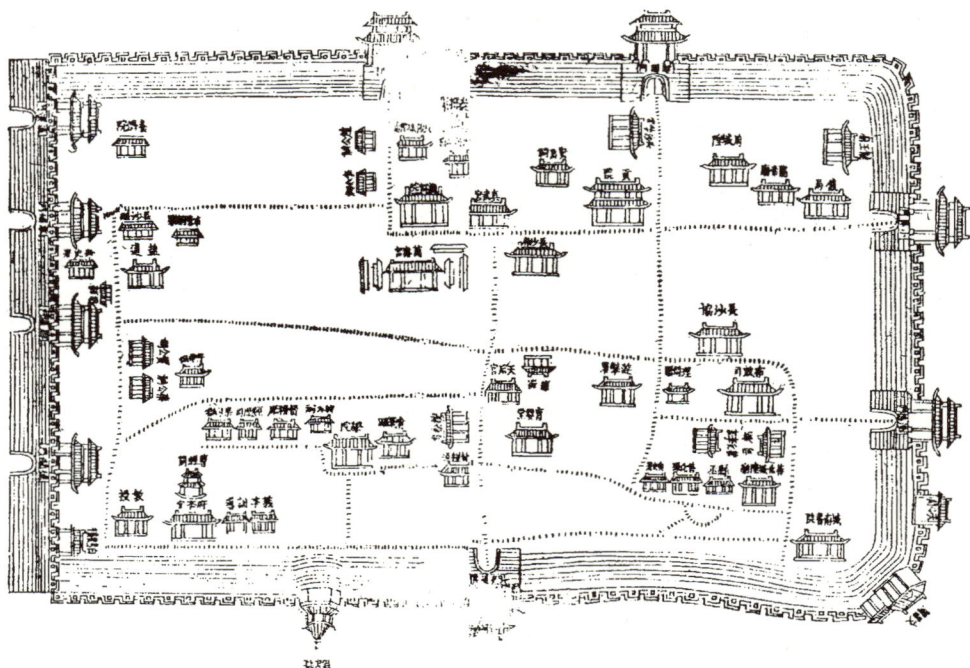

△ 长沙府城图　引自《长沙府志》清乾隆十二年刊本，载《中国方志丛书·
华北地方·湖南省（299）·长沙府志》

　　长沙，位于湖南省东部，是湖南省的政治、经济、文化、交通和科教中
心，也是楚汉文明和湖湘文化的始源地之一。1982年，被列为国家历史文化
名城。

　　春秋战国时期，其境属楚国。秦时，长沙郡为秦设的36个郡之一，此为
长沙以正式行政区划之始。隋开皇九年（589），临湘县改名"长沙县"。此
后，其隶属及建置均有变化，其中名称影响较大的为"潭州"，为唐、宋、元
三朝所用。明清时，为长沙府（长沙、善化二县同城而治）。1933年长沙县、
市分治，设长沙市，为湖南省辖市。此后，长沙一直作为湖南省会至今。

　　据文献记载，长沙筑城始于西汉高祖五年（前202），由长沙王吴芮（前
241～前201）受封后所筑（据《水经注·湘水》）。此后，这座土城一直被沿
用到元代，其中历代多有修缮（但是，据嘉庆十五年《长沙县志》卷三"古城

考"所云，城址历代有迁移。待考），城"筑以土墁，覆以甓"（嘉靖十二年《长沙府志》卷五）。

明洪武（1368～1398）初年，守御指挥邱广主持修葺长沙城，城基垒石宽3丈，其上至垛口均用城砖砌筑。城周长2639.5丈（合计14里280步）、高2.4丈、顶宽不及1丈。全城有深1～2丈不等、宽3～25丈不等的护城河环绕。城上建有垛口4679座，垛高3尺；还建有更楼6～7座。开城门9座，均建有城楼：东曰"新开"（乾隆年间已闭）、"小吴"（又称"小乌"）、"浏阳"，南曰"南门"（俗称"黄道"，后称"碧湘"），西曰"德润"（后称"小西门"）、"驿步"（后称"临湘"、"大西门"）、"潮宗"（《考工典》记为"朝宗"，后称"草场门"）、"通货"（乾隆年间已闭），北曰"湘春"（俗称"北门"）。在府衙及两县衙历任官吏重视下，对城池修缮不断，致使长沙城墙"崇屹甲于他郡"（嘉靖十五年《长沙县志》卷三）。自崇祯十年至十六年（1637～1643），长沙城池多次遭遇战火，损毁严重。地方官吏多加修葺增筑，以固城防。如崇祯十一年，在知府王期昇的主持下，对四座主城门各建一座外瓮城。随后，城池仍遭战火破坏，城楼也毁于战火。崇祯（1628～1644）末年，知府雷起龙于城墙上增建窝铺。

顺治四年（1647），总镇徐勇、知府张宏猷开始主持重修长沙城。至顺治十一年，经略洪寿畴下令拆卸明藩城的城砖，移筑于府城，加高增厚。康熙四年（1665），抚军周召南主持新建各城门楼，建外瓮城敌楼。此后，多次

▽ 20世纪30年代，长沙城东南一角的天心阁 南京城墙保护管理中心藏

△ 雨中的长沙城墙与天心阁　本文照片除署名外，均由杨国庆摄

维修城池，大多由地方官吏及乡绅捐资及朝廷拨款所修。如：康熙二十年知府任绍炉、同知熊中鹤捐资增修。两年后，因数月春雨，江水暴涨，导致城墙坍塌总计170丈，维修估算费用达"二千数百金"。经过协调，由七府二州各卫捐资修缮。制定了此后的日常城墙（含城门等附属建筑）维修和管理措施：长沙县负责城北城墙，计长1186丈；善化县负责城南，计长1453丈。乾隆十一年（1746），朝廷批准了巡抚杨锡绂申请的3000两官银，用于长沙城池的修缮。于当年十一月初二兴工，至次年四月初二竣工。除修补城墙外，还新建窝铺、更栅、登城马道、城楼、炮台、垛口、护城河的驳岸等附属建筑，"壮丽巩固，巍然重镇"（乾隆十二年《善化县志》卷三；乾隆十二年《长沙府志》卷九）。在乾隆三十一年、四十年、四十四年期间，城墙仍有损毁，也得到及时修缮。乾隆四十八年春夏时，由于连月的雨水浸泡，致使城墙内外两侧出现大面积险情，甚至坍塌。两县分别估算修城费用为：城北（长沙县负责）需工料银40551.8两；城南（善化县）需工料银40434.289两。得到朝廷同意修复后，由长沙县知县傅广聪、善化县知县李清栻分段各自主持承修。于乾隆五十二年十一月开工，至次年八月竣工。此后，长沙和善化二县历任地方官吏对各自负责的城池修葺不断，费用不菲。仅以善化县为例：嘉庆二十五年（1820），仅维修城南段城墙，费用为银9945.758两。道光二年（1822），城南段城墙维

修，费用为银7862.369两。道光十四年，城南段城墙维修，费用为银6966两。道光二十九年，城南段城墙维修，费用为银28413.111两。中国历史上营造一座城池，费用固然不菲，而历次城墙的维修，费用同样惊人。

清代维修长沙城的费用，最多的一段时期，还是咸丰年间（1851～1861）太平军的战乱时期。诚如文献记载："咸丰兵燹以来，修（城）款甚巨。而城池自是巩若金汤矣。"咸丰二年（1852），由于李秀成率领的太平军北上，尽管战前对长沙城池进行过修整，但太平军攻城时将护城河用"居民架屋，填塞成街"，又"偷挖地道，直透南门右魁星楼一带城基，内藏火药，轰倒城堞二次"。随后，太平军又从另一处开挖地道毁城。这两次险情均在守城官兵奋力抵御下，而城竟未破。被称为"足见众志成城，大可恃矣"（光绪三年《善化县志》卷三）。咸丰三年至咸丰五年，屡次兴修，共计520余丈，又拆修北门城楼及外瓮城，增建各处炮台，加高垛口200余处，南城外东西两侧添建牛

▷ 步道与城楼

△ 城墙上的天心阁

马墙（即羊马墙）、谯楼等附属建筑。清末，又增开城门2座：曰"经武门"、"太平门"。

1917年，湖南都督谭延闿出于改善城市交通和发展经济考虑，提出拆城修路。根据1921年新编的《长沙市政计划书》要求，设立了长沙商埠马路工程处，负责具体拆城事宜。自1923年起长沙开始了大规模地拆墙筑路，延续至1924年环城马路基本竣工。由于城东南角天心阁是长沙城的重要景观，经商议后得以保存了天心阁一段古城墙。拆后的城砖，被变卖后移为民房或其他建筑，所获资金用于补充修路经费。北伐战争时期（1926～1927），长沙城墙仅存的天心阁一段仍被重视和利用（参见《天心阁侧立飞机用之方向标记》，载《大公报》1926年8月22日第6版），天心阁段城墙上"设造标记，以白布架成十字，高三丈，宽五丈，各端燃灯二"，给过往飞机提供地标导航指南。1938年11月13日凌晨，发生在长沙的一场人为毁灭性火灾（史称"文夕大火"）中，天心阁被焚。

　　1983年，在长沙市政府主持下，重建了天心阁。随后，又利用回收的旧城砖修复了该段城墙。自2004年后，笔者先后两次对天心阁段城墙实地考察，发现了部分明洪武三年至十六年（1370～1383）期间烧制的带有砖文的城砖。这些城砖是当年因营造南京都城，向长江流域所属地方政府（包括当时的"长沙府"各县）征派烧制的，后被用于南京城墙。当时，各地有少量未及运出的城砖，后来被用于修缮当地的城墙（包括长沙城）。如当地媒体称，在天心阁发现的残缺砖文为："长沙府礼陵县提调官典史陈福"、"洪武七年八月"。对照南京城墙的砖文应为："长沙府醴陵县提调官典史陈福司吏冷荣□作匠王□人户刘高叔洪武七年八月日造"（引自杨国庆主编《南京城墙砖文》第236页）。

　　2011年11月，当地考古工作者在长沙市开福万达广场工地，发现了两处古城墙遗址（即潮宗街古城墙）。该段城址总长120米，城墙用麻石条做基础，两侧用青砖包边。明代城墙叠压在宋代城墙的墙基之上，其中有一段还利用架设树桩来稳固基础。根据出土的器物及墙砖特征判断，城墙跨越宋、元、明、清等朝

▽ 天心阁文物保护标志碑

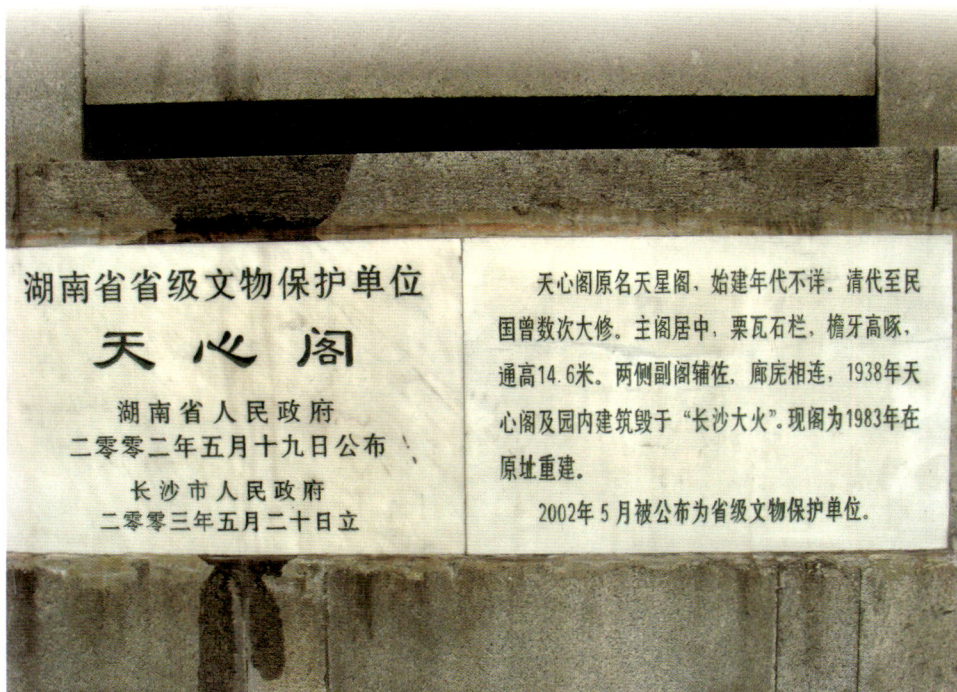

湖南省省级文物保护单位

天 心 阁

湖南省人民政府
二零零二年五月十九日公布

长沙市人民政府
二零零三年五月二十日立

天心阁原名天星阁，始建年代不详。清代至民国曾数次大修。主阁居中，栗瓦石栏，檐牙高啄，通高14.6米。两侧副阁辅佐，廊庑相连，1938年天心阁及园内建筑毁于"长沙大火"。现阁为1983年在原址重建。

2002年5月被公布为省级文物保护单位。

△ 湘潭县烧制的城砖

△ 湘阴县烧制的城砖

代。对于该段城址的"拆"与"保"、"异地保"与"原址保"进行选择时，社会上引发了激烈的争论。根据国家文物局的"建议原址保护"建议和长沙市政府意见，经专家讨论决定，原址保护的城墙长度约为20米。据文物部门称，该段城墙是"保存最完好、信息量最丰富、价值最重要的一段"，"其余100米异地迁移保护"。

2013年，天心阁古城墙被列为全国重点文物保护单位。

杨国庆

长沙府城池：城自汉至元，俱仍旧址。明洪武初，命守御指挥廊地更筑，周围计十四里二百八十步，高二丈四尺，广如之。池深一丈九尺，广亦如之。东三门曰：新开、小吴、浏阳；南一门曰：黄道；西四门曰：德润、驿步、朝宗、通货；北一门曰：湘春，各有楼。长沙、善化二县俱附郭。

——清《考工典》第二十一卷，引自《古今图书集成》

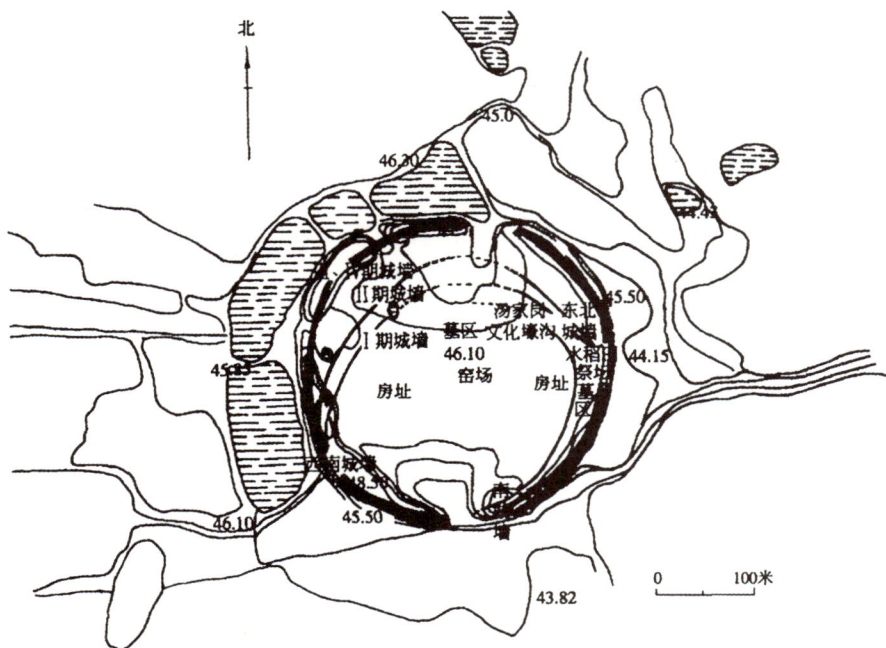

△ 城头山城址平面示意图　引自郭伟民《城头山城墙、壕沟的营造及其所反映的聚落变迁》，载《南方文物》2007年第2期

　　城头山，位于湖南省澧县城头山镇城头山村，距县城10公里。该遗址自被发现后，经过考古工作者多年发掘和研究表明，遗址中的城址是中国迄今所发现的年代最早、保存最完整、内涵极丰富的古城址。

　　城头山古城址，坐落在高出周围平原1~2米的低平岗地上，当地村民称它为"城头山"或"平头山"。1979年，澧县考古工作者曹传松和王本浩到车溪乡南岳村进行文物普查后，初步判断系古遗址或古墓。回县后，曹传松向湖南省博物馆考古部汇报城头山的新发现，引起省考古专家的关注。1981年，北京大学考古系教授俞伟超、湖南省博物馆馆长高至喜等来城头山进行实地考察，并采集部分陶片标本。自1991年10月起，在湖南省考古研究所所长何介钧带领下对城头山遗址开始进行挖掘，至2001年，先后共进行了11次考古发掘。除发现有城垣、城门设施、环城壕、护城河外，还在城内发现了从汤家岗、大

△ 城头山遗址公园内"城墙遗迹剖面展示馆"前的雕塑 杨国庆摄

溪到屈家岭等不同文化时期的大片台基式的房屋建筑基础、设施齐全的制陶作坊、宽阔的城中大道、密集而重叠的氏族墓葬、保存完好的中国最早的大型祭坛和灌溉设施完备的世界最早的水稻田（6500年前）。

由于文献不可能记载史前的城址，即便有载也是作为一种传说，缺乏科学依据。因此现代考古的发现、分析和研究，成为认识史前城址的唯一资讯来源。对城头山城墙的认知，也同样如此，大致经历了四个认识阶段。

第一阶段认识。1991～1992年，对城址进行了第一次实测，并对城墙西南转角内坡进行了剖析。实测表明：古城址平面呈圆形，外圆直径325～340米，内圆直径314～324米，城内面积约8万平方米。设城门3座：东门、南门和北门。其中北门地势最低，且门内有直径约30余米的呈圆形大堰，堰水通过北门水道与护城河相通，当为水城门。城外设有护城河，为自然河流与人工开挖相结合，河宽35～50米、深约4米（曲应杰：《古代城市》，文物出版社，2003年，第28页）。考古工作者根据对城墙内坡的剖析，发现在内坡上压着屈家岭文化和石家河文化的堆积，而紧贴城墙内坡的文化堆积属屈家岭文化中期，距今4800年左右，成为当时已发掘的中国最早的一座城。

第二阶段认识。1993～1994年，经过开设多条探沟发掘，其中东、南两面探沟穿过东、南城墙，均发现在屈家岭文化时期城墙外坡下压着大溪文化晚期的地层，城墙解剖剖面似有比屈家岭文化更早的筑城迹象。因此，考古工作者将城头山古城筑造年代提前到了屈家岭文化早期，距今约5200～5300年。

第三阶段认识。1996～1997年，发掘取得重大突破性成果，发现城头山城墙先后四次筑造的地层叠压关系。第一次筑造于大溪文化早期，土城有明显的夯层，由大溪文化壕沟开口往东将生土削成斜坡（计4米深），然后夯筑（残高2米、墙基宽10米，顶面近平）。"这样从沟底到第一期城墙顶部高差达7~8米，完全可以组合起来成为具有效力的防御设施了"（何介钧：《震惊世界的考古大发现——澧县城头山古城址发掘记》，载《湖南画报》1999年第1期）。第二次筑城，城的顶面与第一次筑城顶面在一条平行线上，其外坡将大溪文化早期壕沟填塞一部分。第三次筑城为原址上的加高增厚，掘土培城，挖土后形成护城河。第四次筑城工程浩大，主要向城内方向再次加宽，夯层为一层大块土夹一层鹅卵

△ 城头山遗址文物保护标志碑 本文照片除署名外，均由杨国庆、赵梦薇摄

▽ 城头山南侧城墙考古发掘遗址

△ 澧县城头山护城河东南角

△ 城头山城墙南门遗址断面

△ 城头山护城河西南角

△ 城头山遗址航拍图 刘浏摄

石，与第三次所筑城墙有明显区别。城墙顶部已加宽至13米，而墙基宽至37米以上。根据其他考古资料综合分析：城头山建城的时间，由1993年认定的距今5300年提前为距今约6000年。

第四阶段认识。2000～2001年，在对城西北部发掘中，发现了大溪文化时期所筑一、二期城墙的环壕，证明大溪文化时期城北垣在屈家岭文化时期的城北垣之南约30米，表明几个时期的城垣并非完全重合。

目前，城头山古城址为学术界公认的中国最早筑造的城墙，其筑造时段可分为四个不同时期：最早始筑年代为大溪文化一期，时间超过了6000年，为城墙的规模基本定型。第二个时期，大致为大溪文化中、晚期，约距今5600～5300年之间。第三、四时期，属于屈家岭文化早、中期，约距今5200～4800年之间（湖南省文物考古研究所：《澧县城头山古城址1997～1998年度发掘简报》，载《文物》1999年第6期）。

1996年，包括城头山城址在内的城头山史前时期文化大遗址，被列为全国重点文物保护单位。2001年，被评为"中国二十世纪100项考古大发现"。2005年被国家确定为"十一五"重点保护的大遗址。

杨国庆

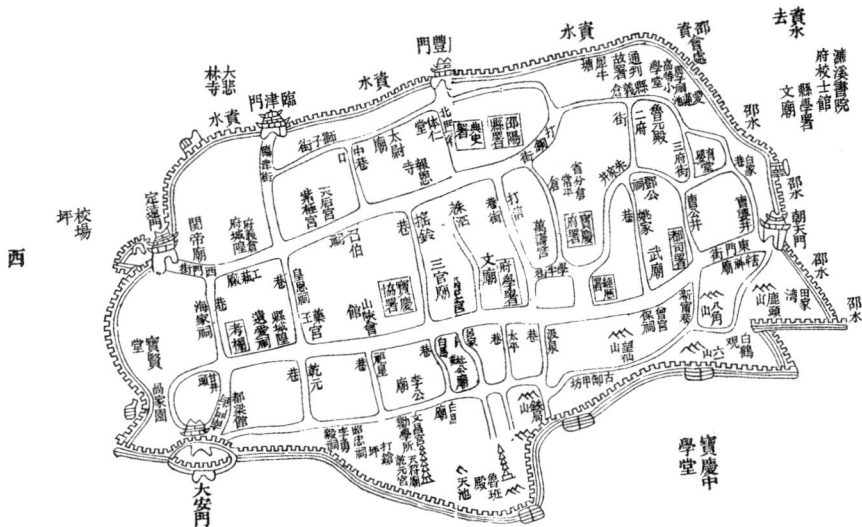

△ 邵阳附宝庆府城图　引自《邵阳县乡土志》清光绪三十三年刊本，载《中国方志丛书·华北地方·湖南省（114）·邵阳县乡土志》

　　邵阳，原名"昭陵"、"宝庆"，位于湖南省西南部，素为"上控云贵，下制长衡"的交通要塞，为湘中及湘西南文化中心和商品集散地之一。

　　西汉初，始设昭陵县（县治位于今市西区，另据光绪二年《邵阳县志》卷三称"秦置昭陵县"，备考），属于长沙郡，为境内设县之始。此后，建置、隶属及治址多有变化。西晋太康元年（280），武帝司马炎因避其父司马昭之讳，改昭陵郡名为邵陵郡，改昭陵县、昭阳县为邵陵县、邵阳县。唐代，设邵州，辖邵阳、武冈二县。邵州与邵阳县自此在今市西区同城而治。南宋理宗赵昀当太子时，曾封为邵州防御使。他登基为帝的次年（1225），将年号定为"宝庆"，又升邵州为宝庆府，以纪念自己的潜龙之地。明清时，为宝庆府。1913年，废府为县，后设邵阳市。1994至今，邵阳市辖三区七县一自治区，代管一县级市。

春秋鲁哀公（前494～前468在位）时代，楚王族白公善筑城防守，"塘山为城，堑江为池。六岭拱其南，濬水绕其北，东临邵水，西接神滩，固楚南之雄镇也"（嘉庆二十五年《邵阳县志》卷四），后人俗称"白公城"（1934年《宝庆府志》卷一"宝庆自秦以前，其旧事莫可考矣"）。此后，因建置变化及治所迁移，城池几经兴废，城址也多有迁移。西汉，因设县而移治于南，始筑一座土城。此城沿袭至宋，其间毁损、修缮的详情，文献疏于记载。南宋乾道八年（1172）四月，因"修湖南诸州城"（引自《宋史·本纪》），邵州地方官吏遂也修缮城池。嘉定十二年（1219），知州刘保在南城上建镇边楼，毛宪撰有《镇边楼记》。后又在南门上建清远楼（后毁）。元末，城墙及附属建筑先后毁圮。

明洪武六年（1373），总制胡海洋、指挥黄荣先后奉命筑造宝庆府城，城周1311丈。天顺年间（1457～1464），指挥汤泰主持大规模增修城池，城周9里13步（折合1529丈）、高2.5丈，设城门5座：东曰"朝天"，西曰"定远"，南曰"大安"，北曰"丰庆"（《考工典》误记为"庆丰"），西北曰"临津"。在西门及南门外各建造月城1座，城高平于主城。其中，南门外瓮城长28丈，西门外瓮城长29丈。设炮台12座，城上建楼合计7座（其中城门楼5座）。护城河"东北以江为堑，西南浚濠长九百七十丈，阔一十五丈"（嘉庆版《邵阳县志》卷四）。万历四十五年（1617）五月，邵阳遭遇洪水，大水"从女墙入城，毁坏民居无算"（嘉庆版《邵阳县志》）。由此可知，当年邵

▽ 宝庆城北门丰庆门　本文照片均由杨国庆摄

△ 宝庆城北侧的临津门及城墙遗址

阳城墙仍十分坚固，并没被洪水冲毁。崇祯十年（1637），宝庆知府陶琪因时局不稳，主持修补宝庆城池，疏浚护城河，"并建敌台于城四隅要害处"。次年五月，邵阳知县张轨端因修城防御，操劳过度而死（1934年《宝庆府志》卷四）。

清顺治十二年（1655），偏沅巡抚袁廓宇从城防需要考虑，从长衡等各府征集民夫修建宝庆府城，又以"门多难守，塞临津门"，在另四座城门上重建城楼。还于东门北侧建水港，以泄城内诸水。康熙十二年（1673），知府李益阳主持修缮城东南隅坍塌处。康熙二十一年，宝庆知府梁碧海、邵阳知县

▷ 宝庆城文物保护标
志碑及《赋》碑

△ 宝庆城门石质拱券

张起鹍主持修葺北门，并疏浚护城河。乾隆十二年（1747），知府王玮重修东门楼。乾隆十八年，知府徐以丰主持重修南门楼，并采纳风水先生的建议，重开临津门，有利于地方的科举。咸丰元年（1851），知府魁联主持大规模疏浚护城河，又于要道处设置石炮台。次年，宝庆同治黄文琛主持更修城墙，"以

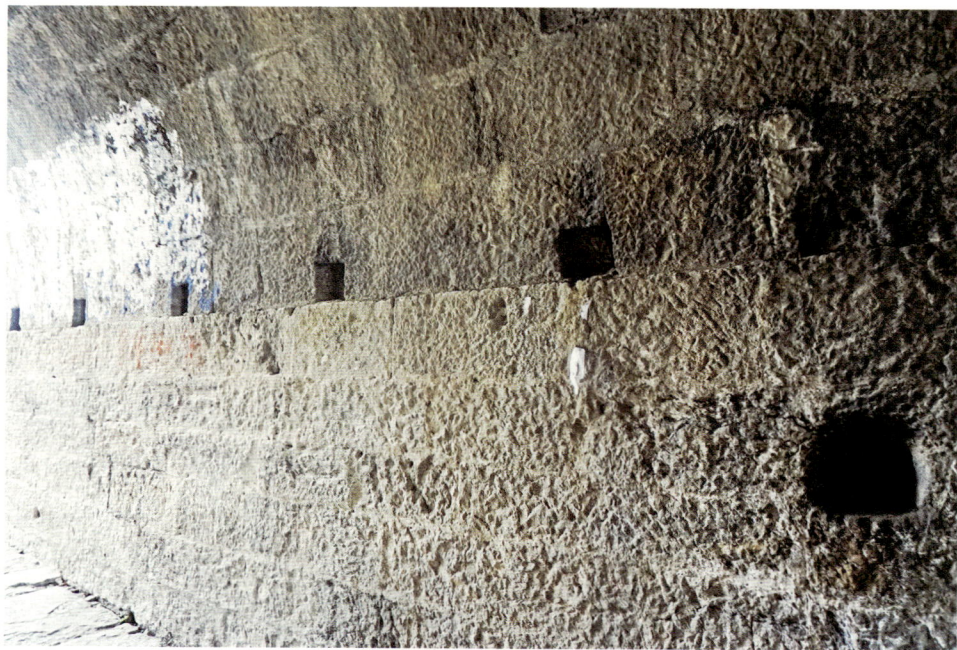

△ 宝庆城临津门内的一排方孔，作用不明

大石铺甃，女墙叠砖，上覆石板，而城始完"。经过几次修缮城池，使宝庆城在太平天国战争期间"官军倚壕而营，贼不能犯"，而民间则有"铁打的宝庆"俚语的流传。咸丰十一年，知府邵绶名主持修城，还于城上"筑舍以带幕，凡百一十四。每垛置石墩，凡千一百四十七"（光绪三十三年《邵阳县乡土志》卷一），还沿城墙开设三处涵道（即所谓的"城门内侧有通往城外的地下暗道"），以供城内的泄水（光绪二年《邵阳县志》卷二）。同治三年（1864），在地方乡绅的建议下，由地方官吏主持重修宝庆城，将沿江城墙全部采用青石和红砂石砌筑。

1912年以后，宝庆城墙逐渐损毁。尤其自20世纪30年代以来，因抗日战争和城市建设的需要，宝庆城墙被陆续拆除。

20世纪80年代以后，宝庆城墙只有北门、临津门两座城门，以及犀牛塘、西外湾各一段城墙，总计长约1000米。此后，在地方政府支持和文物部门参与下，并结合城市建设，对幸存的宝庆府古城墙进行了维修，并修复了北门（丰庆门）、临津门两座城楼。

1990年，宝庆府古城墙被列为市级文物保护单位。2002年，宝庆府古城墙被列为省级文物保护单位。2013年，宝庆府古城墙被列为全国重点文物保护单位。

杨国庆

▽ 城墙下的"城墙路"

宝庆府城池：晋邵陵郡在城北二里，即楚白公胜所筑。后，移治稍南。明洪武间，总制胡海洋造城，高二丈五尺，围一千五百二十九丈，计九里十三步。西南月城二。顺治十二年，偏沅巡抚袁廓宇增修，建门四：东曰朝天，西曰定远，南曰大安，北曰庆丰。邵陵县附郭。

——清《考工典》第二十一卷，引自《古今图书集成》

▽ 宝庆城北侧的天然护城河资江

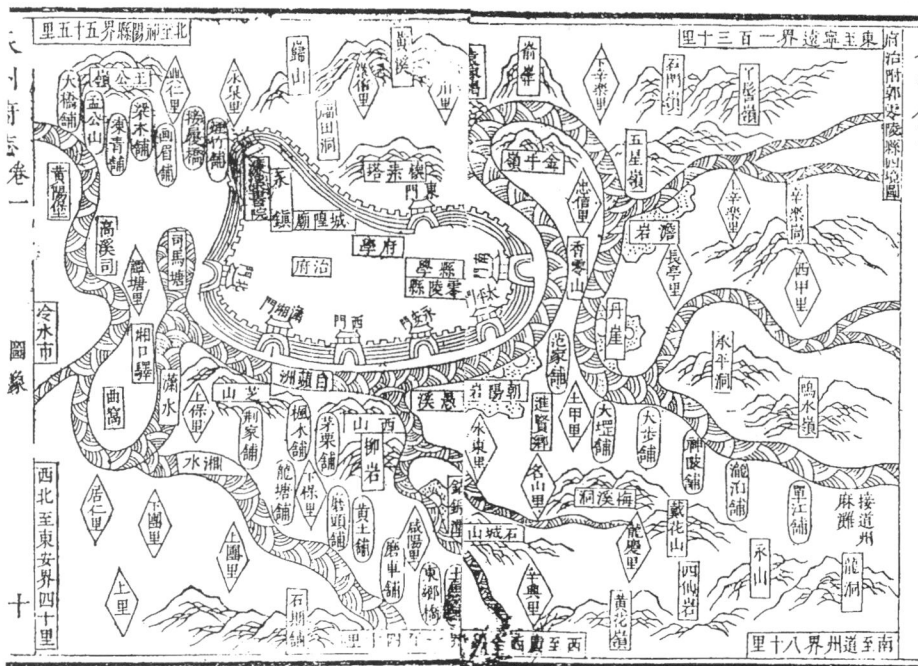

△ 永州府治附郭零陵县四境图　引自《永州府志》清康熙三十三年刻本，
载《中国地方志集成·湖南府县志辑（42）·永州府志》

　　永州，古称"零陵"，位于湖南省西南部潇湘二水汇合处，因此有"潇湘"和"竹城"的雅称及别称，也是中国瑶族文化和楚文化的发祥地之一。

　　西汉元朔五年（前124），封长沙王刘发之子刘贤为泉陵侯，置泉陵侯国（治所在今永州市零陵区）。元鼎六年（前111），析桂阳郡，始置零陵郡。东汉，零陵郡治迁至今永州市零陵区。此后，隶属及建置均有变化。明清时，为永州府与所辖零陵县同城而治。1982年，设立永州市（县级）。1995年，永州由县级市升为地级市。

　　永州筑城，始于汉元鼎六年（前111），因置零陵郡而筑土城。此城被后世所沿用，因永州"人蒙厚泽，耕凿相安"，所以，"自有不埠而高，不池而深，不关而固者"（宋·吴之道：《永州内谯外城记》）。直至南宋绍兴年间（1131~1162），赵善谧开始大规模增修里城，外城则未及修缮。由此可

△ 永州城宋代东门遗存　本文照片均由杨国庆摄

知，永州城在南宋以前就已是内、外两重城池的格局。开庆元年（1259），因
有民乱，导致永州城受损严重。平乱后，提刑黄梦桂于景定元年（1260）秋，
会同地方官吏一道主持永州外城的修缮，其长度为1635丈。修城工役未竣，黄
梦桂免职离去，由邱驿、张远猷等官吏相继修城，采用烧制城砖砌筑西、南两
面，其他仍为土城。数年后，谢信出任永州知府（据同治六年《永州府志》卷
三"职官表"载，谢兴任职时为"开庆"年，对照当时人吴之道所撰的《永州
内谯外城记》，其"职官表"记载有误）后，随即"登城历览"永州，并认为

▽ 永州城城墙文物保护标志碑

△ 永州城明代东门外瓮城城门　　　　　△ 永州城明代东门瓮城内建筑遗存

"掌故之职，城郭为先"，提出继续修城，大规模修城得到官民的一致赞同。景定四年秋，农闲时开工，于次年夏竣工。设主城门4座：东曰"和丰"，西曰"潇清"，南曰"镇南"，北曰"朝京"。另开便门5座，"以通汲水"。其他外城附属建筑，如垛口、城楼等也逐一增修完固，得到全城百姓的交口称赞。此后，咸淳年间（1265～1274）也有过修缮，直至元末。

明洪武六年（1373），在永州卫指挥的主持下，大规模拓修城池。城周长为9里27步、高3丈、宽1.45丈，外有护城河（除城西利用了潇江为自然屏障）。设城门7座：正东、正南、正西、正北、太平、永安、潇湘，各城门均建城楼，还依城增建了得胜楼（在关帝庙后）、望江楼（在城西北隅）、镇永楼、五间楼（在城东北隅）。全城设垛口2942座、窝铺76座。不仅如此，还制定了守城制度："以千百户官分守之，无事则专修葺，有事坐为汛地（明清时，称军队驻防的地段。笔者注）"（参考同治六年《永州府志》卷三）。永州城旧有敌楼35间、串楼1396间，至崇祯年间（1628～1644），已全都毁圮。崇祯年间，江都人时任观察的史起元以及地方官吏金维基、龙登俊等先后主持修城，"陴（即垛口）者使高，塌者使新"（蒋向荣：《修城碑》），增高城墙4尺。修缮后的城墙为"青石为城，上砌火砖"（据光绪二年《零陵县志》卷二）。崇祯十一年，永州城墙遭遇战火，损毁严重。

清顺治四年（1647），增建永州城敌楼7间，并对护城河进行了疏浚。康熙四十二年（1703），根据朝廷提出的各地修缮城池的要求，永州府经过多次商议，于康熙五十三年十月修城，资金由所属八县共同捐修。零陵县知县朱尔介负责其中2/5，其余由其他属县负责。修城中，"百役争赴，畚锸斤斧，杵筑运甓"，一片繁忙景象。竣工后，永州城"楼堞焕然一新"，"愉快而忘疲矣"（引自朱尔介《修府城记》）。乾隆二年（1737），零陵县知县王钦命申请用库银资金修城。乾隆五十九年，大水毁城，多处地段坍塌。零陵县知县丛之钟请用库银资金，重修城池及城楼等附属建筑。嘉庆二十二年（1817），因城墙毁坏总计约数百丈，零陵县知县宗霈捐资主持修城。竣工后，宗霈撰有《补修府城记》，详述其事。道光二十六年（1846），零陵知县俞舜钦（另据光绪四年《道州志》卷二载"道光二十五年俞舜钦任道州知州"，待考）捐资主持重修城池。咸丰十年（1860），知府杨翰利用当地乡绅集资捐款修建窝铺58座。次年，再建炮台6座。光绪元年（1875），零陵县知县稽有庆捐廉2000

▽ 永州城明代东门瓮城内的宋代主城门及明代瓮城门

△ 永州城东门外瓮城城墙遗址

缮，由乡绅黎得盛、何若泰经办，"不许丁书（官府中书办一类的小吏，笔者注）过问，以期钱归实用"（光绪二年《零陵县志》卷二）。此次修城，计修垛口130丈，修缮北城望江楼地段城墙5丈多，正南门城上增建炮台1座，还将各城门扇进行了更换。之后，还订立了城墙日常维修办法：每年的冬十月，由零陵县衙雇工清除城墙缝隙间的"荆棘蔓绿"。

1912年以后，永州城墙逐渐毁圮（如部分垛口、城楼等），但是城墙的基本规模尚存。1936年，因修建湘桂公路而将北门段城墙拆除。1950年，拆除太平门段城墙。1953年，拆除大西门段城墙。1955年，拆除小西门段城墙。此后，永州城墙先后被拆除多处。

20世纪80年代以后，当地政府开始重视古城墙的保护，并于2002年以"东门城墙"之名，列为市级文物保护单位。2003年又以"永州古城门"之名，列为市级文物保护单位。

2011年8月2日，据新华网记者周楠题为《千年古城湖南零陵仅存古城门破损严重亟需修缮》的报道称：零陵古城仅存的"东城门多处出现破损，如果遭遇大风大雨侵蚀，险情有可能进一步加重，当地市民呼吁'救救古城门，千万不要让它垮塌'"。报道称："附近一位女士告诉记者，2003年东城门被定为当地市级文物保护单位，但一直没有人来搞过维修保护。"后经记者了解，永州市已将东城门列入"'十二五'永州市文物抢救性保护规划"和"零陵区东山景区文物抢救性保护"的范围，将对这些文物古迹进行抢救性保护。

杨国庆

永州府城池： 即古零陵郡城，创于汉武帝元鼎六年。自汉至五代，皆仍其旧。宋咸淳，始廓而增焉。元，因之。明洪武初，更新之，周围计九里二十七步，高三丈，广一丈四尺五寸，东北二面池深二丈，阔如之；西阻潇水，无池；西南至东堤水为池。东一门曰正东；南二门曰正南、太平；西三门曰正西、永安、潇湘；北一门曰正北。门各有楼。零陵县附郭。

——清《考工典》第二十一卷，引自《古今图书集成》

▽ 永州城内新建的仿古建筑"零陵楼"，为当地的地标性建筑

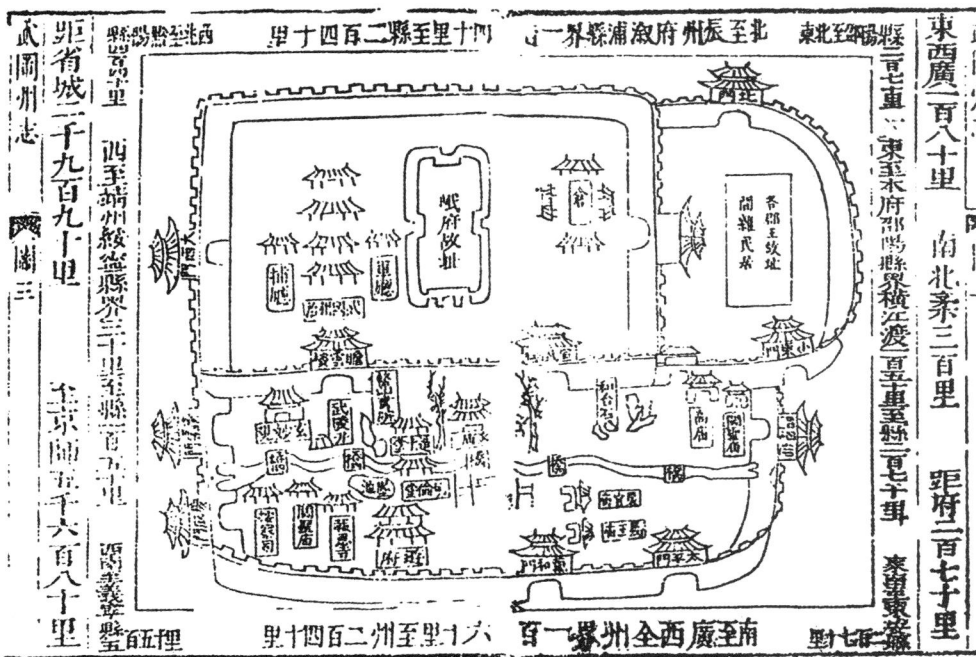

△ 武冈州城图　引自《武冈州志》清康熙二年版

武冈，古称"都梁"，位于湖南省西南部，处在邵阳市西南五县市中心，素有"黔巫要地"之称。2011年，武冈被列为省级历史文化名城。

汉文、景帝年间（前179～前141），置武冈县，属长沙郡。后置都梁侯国，故有"都梁"之称。此后，建置及隶属多有变化。宋元时，为府、路、军、州治。明清时，为府、州建置。1913年，废州为县。1994年，撤县设市（县级市），属邵阳市代管。

武冈最早筑城详情不明，据明清时地方志称：武冈州城筑于宋，沿用于元时，"仅余垣址"（嘉庆二十二年《武冈州志》卷十六）。另据《大明一统志》称：在武冈州"济川门百步，旧有楼。曰宣风雪霁。盖宋时所建"（转引光绪元年《武冈州志》卷三十一）。宋理宗赵昀任邵州防御使时，曾书"宣风雪霁"四字，匾悬于楼。是古代武冈观赏雪景的胜地，后毁。

明洪武四年（1371），江阴侯吴良征讨"杨清甫之乱"后，"相地度宜，增筑旧垒为城"。并采用青石砌筑墙体，"内外皆石，上亦石镘之"，遂为石城，城周长746丈、高2丈、宽8尺。城上建有战楼（疑似"串楼"）760间、军铺（即窝铺）43座，环城筑垛口，外设护城河。开筑城门4座：东曰"宣风"（《考工典》记为"宣恩"），西曰"定远"，南曰"济川"，北曰"迎祥"（不久封塞，至清光绪元年时，已"无址可考"）。正德十三年（1518），知州龚震为方便城内外交通，在济川门西侧新开城门并建城楼，取名"新南门"（城楼后毁，知州冯璟重修后题名为"瞻云"）。嘉靖二十九年（1550），岷康王朱誉荣在城内东北隅增建夯土"小王城"1座，城长1.6里，设东、南、北三门。并制定城池日常维修制度：遇有损毁，由军民按"军三民七"比例分别承修。嘉靖四十五年，因有苗民反叛而"劫新宁"，判官徐机、守备槐寅奏请增筑外城。隆庆元年（1567），朝廷下令宝庆府同知段有学、知州蒋时谟等先后主持"计费甃砌"修城，历时数月而竣工。计城长736.79丈、高1丈、顶宽8尺，建城门3座：东曰"迎恩"，南曰"薰和"，西曰"庆成"。垛口高4尺。设鼓楼（疑似城楼）3座，添设东南隅"萧公堰头"（后称"太平门"）、西隅"土桥"（后称"清渠门"、"渠水拱"）水门2座，以通渠水。竣工后，吕调阳撰有《新筑外城记》，详述其事。崇祯十二年（1639），岷显王企镖感觉武冈城池"低薄"，遂组织军民修城，百姓承担其中3/10，并按里甲"照粮输役"。此次大规模修建城墙，为"悉拆更筑，其延袤如初。高广倍旧制。再展北城，合计七里"（光绪元年《武冈州志》卷三十一）。

清康熙三年（1664），知州吴从谦等地方官吏主持，重建济川门城墙上的宋时旧楼（明末毁于战火），仍称"宣风楼"（该楼光绪元年复建。1912年后塌废。1994年得以重建），楼内用于祭祀"文昌"神。清初，武冈城门先

◁ 武冈古城一角 湖南省文物局供图

后设有12座。乾隆年间（1736～1795），北城南垣（在城内）毁圮，南门随之亦毁，北门、东门均被封堵，宣恩门和定远门也被堵塞，仅留济川门、新南门和外城的5座城门，共计城门7座，并先后改名为："南门"（后改"薰和门"），"太平门"（又称"水南门"），"迎恩门"，"水西门"（又称"清渠门"），"庆成门"，内城的"济川门"和"新南门"。乾隆二十三年，武冈遭遇洪水，"溢东门，水关圮，并毁城三十丈余"。知州席芬主持军民捐修城墙，计耗银860余两。此后，历任地方官吏修补城墙，几乎没有中断，如：嘉庆二年（1797），知州李采主持修补损毁地段城墙。嘉庆二十二年，知州许绍宗主持重修城墙77余丈，新修垛口97座。道光十七年（1837），知州查惠率军民补修城墙，重修全城垛口。咸丰九年（1859），御史袁甲三奏全国各地应注重城池的修缮，有钱出钱（或用捐输款），有力出力（按军功有奖），以防太平军。在这样大背景下，武冈地方官吏更加重视城防，并于咸丰十年正月十七日在知州谢廷荣的主持下，开始大规模增修城墙，于次年二月初二竣工。在正北城上修建大炮台1座，"方长计二十余丈，圆长计四十余丈"；在城东北城上又建炮台1座（俗称"小炮台"），"方长计二十余丈"，还在城上不同地段修建炮台计52座，修补城门4座，城墙计长863.75丈。此次修城，经审核共耗资18476.566两（光绪元年《武冈州志》卷三十一）。正因为明、清两朝武冈连续不断的大规模修缮城墙，致使民间流传有"宝庆狮子东安塔，武冈城墙盖天下"之俚语。

1912年以后，武冈城墙尽管曾有局部修缮，甚至增修城门，但总体上维修力度呈现颓势，远非昔日可比。因此，许多地段仅存基址。

20世纪80年代以后，据文物部门调查，武冈城墙幸存4段（内城2段、外城2段），总长1450米。墙基石深入地下0.5～2米不等。墙垣高6～6.6米不等，分四层砌筑。城墙基址、城门保存完好，均为方条形青石砌筑。1993年，地方政府耗资百万对现存城墙进行了修葺或重建。

1981年，都梁侯国故址（侯治于今市郊七里桥一带）被列为县级文物保护单位。2003年，武冈城墙被列为市级文物保护单位。

杨国庆

武冈州城池：明洪武初，江阴侯吴良增筑旧垒为城。周围七百四十六丈，高二丈，阔八尺。上竖战楼七百六十四间。门四：东曰宣恩，西曰定远，南曰济川，北曰迎祥。正德十三年，知州龚震又建一门，曰新南。嘉靖二十九年，岷康王又奏添土城一座。

——清《考工典》第二十一卷，引自《古今图书集成》

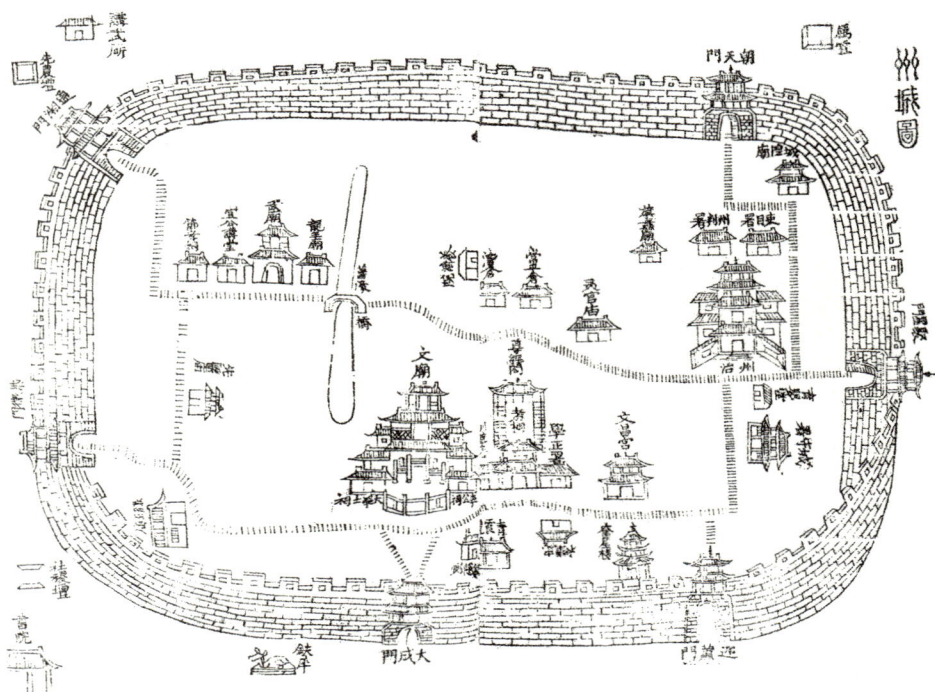

△ 茶陵州城图　引自《茶陵县志》清同治九年重修本，载《中国方志丛书·
华北地方·湖南省（321）·茶陵县志》

茶陵，位于湖南省东部，与江西省接壤，因地处"茶山之阴"，有"茶乡"之称，后因炎帝神农氏崩葬于"茶乡之尾"而得名"茶陵"。

汉高祖五年（前202），始置县，属长沙国（同治十年《茶陵州志》卷四）。另据《元和郡县志》云："因南临茶山，县以为名。"隋开皇九年（589），并入湘潭县。唐武德四年（621），复置茶陵县。此后，建置、隶属均有变化。元世祖至元十九年（1282），升县为州。明洪武五年（1372），改州为县，自此隶属长沙府。成化十八年（1482），再复州治，并沿袭至清。1913年，改州为县。1983年，茶陵县划归株洲市。

据文献记载，茶陵境内最早筑城始于西汉元朔四年（前125）。汉高祖刘邦的五世孙、长沙定王之子刘欣，受封茶陵节侯，在今茶陵县火田镇莲溪村由刘欣主持筑造土城，史称"茶王城"（嘉靖十二年《长沙府志》卷五）。五代

△ 茶陵古城墙角楼 本文照片除署名外，均由株洲市文物局供图

十国时期，楚王马殷之孙马宏芳在茶陵高陇镇与湘东乡的长兴村相邻处也曾建一座土城，俗称"马王城"（迄今仍残存了三段土城遗址）。宋大中祥符年间（1008~1016），茶陵知县邓谊在茶陵县思聪乡大兴村境内，另造一座土城，史称"金州城"（迄今仍有残城墙基遗迹）。这三座土城，因建置、军事、水患等因，先后被废弃。

宋代中叶，县治迁至今茶陵城关镇一带，而县治"建自宋中业（叶），在聚星门内数十武"（同治十年《茶陵州志》卷九）。开始并未建城池（同治十年《茶陵州志》卷四），直到南宋绍定四年（1231），在湖南安抚使余嵘授意下，由知县刘子迈主持大规模兴筑城池，次年竣工。由于该城南边面临洣江，"东枕江水，冲荡不能成城"，刘子迈采纳风水先生建议，铸重7000余斤的铁犀牛（体长2.1米、宽0.8米、卧高1.1米，呈坐卧状），置于江岸（故茶陵又有"犀城"之说），"以杀水势"。又在岸边城址用木桩、石块夯实城基，"而土其上，城乃成"（嘉靖十二年《长沙府志》卷五）。该城周长5里13步（另据嘉靖版《长沙府志》称，周长"九百三十五丈"）、基宽3丈、顶宽略小于基宽、城高2.5丈，开有城门5座。护城河的东、南两面以洣江为之，西、北两面为人工开挖，河长1.5丈、宽6.5丈。元初，达鲁花赤顾复主持修城时，将五门定名为：东曰"聚星"，南曰"迎薰"，西曰"紫微"、"通湘"，北曰

033

"朝天"。元至正二十年（1360），该城为江西袁州农民义军王欧攻占。元至正二十四年，"因元万户府置为卫，以智慧范谷保领之"，刘海、杨林相继修葺土城。

明洪武二十年（1387），在从都督李胜授意下，由指挥赵才、知县李士谦主持，大规模向西拓展城池。比之旧城"广加四里"，墙体为石，上部及垛口为城砖，城门用厚重的铁皮包裹。城门仍为5座，但各门加筑城门楼，筑外瓮城（惟因南门外临江，未建月城），建敌楼8座、角楼4座、更楼22座、垛口2166座（此据嘉靖版《长沙府志》，另同治十年《茶陵县志》卷四称：垛口2366座）。还对护城河进行了疏浚。此后，茶陵城墙多次遭遇水灾而导致损毁，在地方官吏重视和组织下，均能得到及时修缮，如：万历年间（1573～1620），就至少发生过两次；崇祯九年至十年间（1636～1637），有民造反"登城如猿猱所至"，知州苏泰逃至北堤，"增垒加堞约二尺许"。

入清以后，茶陵城墙仍遭多次水灾之患，城墙局部坍塌、开裂、臌胀等险情时有发生，均由地方官吏主持修缮。但是，由于修城经费巨大，也有几次缓修的情况。康熙十年（1671），知州熊应昌将学宫迁入城内后，因面对城墙，遂于迎薰门和紫微门之间增开城门，取名"大成"（后改名"文星门"）。康熙十七年，针对城墙抵御洪水的考虑，地方官吏还曾打算将护城河加深增宽，遭到当地略知风水的人反对，认为茶陵城池"以傍西来龙，有关风水"，又担心护城河加宽后，引江水入濠，"城因濠倾"，遂罢此议。乾隆二十九年（1764），知州戴保豫主持大规模修城，"环城易以坚石"，城外沿洣江驳岸采用"深基厚垒，为工甚巨"。乾隆四十九年，茶陵城再次遭遇罕见洪水，大水入城"成巨浸"。知州杨令琢下令开掘北城墙一段60余丈，以排城中之水。嘉庆十四年（1809），茶陵城遭遇更大洪水，城内大水深约2丈许，

◁ 镇守河岸的茶陵铁犀
几百年不锈不蚀

几乎成了一座水城，城墙内外开裂达40余处。水灾之后，经多次查勘和经费估算，最后还是以"经费甚巨，暂缓兴工"。道光六年（1826），洪水又一次毁城。直到道光二十九年，在知州葆亨的捐资后，得以实现对四座城楼的修缮，以及滨江城堤的修复。咸丰二年（1852），太平军焚毁东门城楼。之后，茶陵城多次遭遇战火及洪水，导致城墙损毁严重，同治二年（1863），知州王述恩主持将茶陵城池修补完善。直至光绪十六年（1890），茶陵城仍然"完固"。值得注意的是，此时茶陵城的垛口数为1170座（光绪十六年《茶陵州呈报咨询事宜清册》），相比较明洪武二十年（1387）的垛口2166座，少了近半。因此，明末清初时，中国城墙盛行的垛口"并二为一"之风，同样也影响到了茶陵城，只是文献未详载此次改筑于何年。

1912年以后，茶陵城墙因年久失修，许多附属建筑逐渐损毁。但是，城池的基本架构和规模保存较好，民间故有"茶陵的城墙，安仁的城隍"之俚语。

20世纪80年代后，当地政府加大了古城墙保护力度，先后两次较大规模修缮了城墙及包括城楼在内的部分附属建筑。

2001年，茶陵古城墙被列为省级保护文物保护单位。2013年，茶陵古城墙被列为全国重点文物保护单位。

杨国庆

茶陵州城池：宋绍定中，刘子迈筑。东南枕江，铸犀江岸以杀水势。周围五里，高二十五丈，广如之。池深一丈，阔六十五丈。门五，曰：聚星、迎薰、朝天、紫微、通湘。康熙十七年，知州熊应昌复开一门，曰大成，合旧门为六。

——清《考工典》第二十一卷，引自《古今图书集成》

▷ 茶陵古城迎湘门
孙秀丽摄

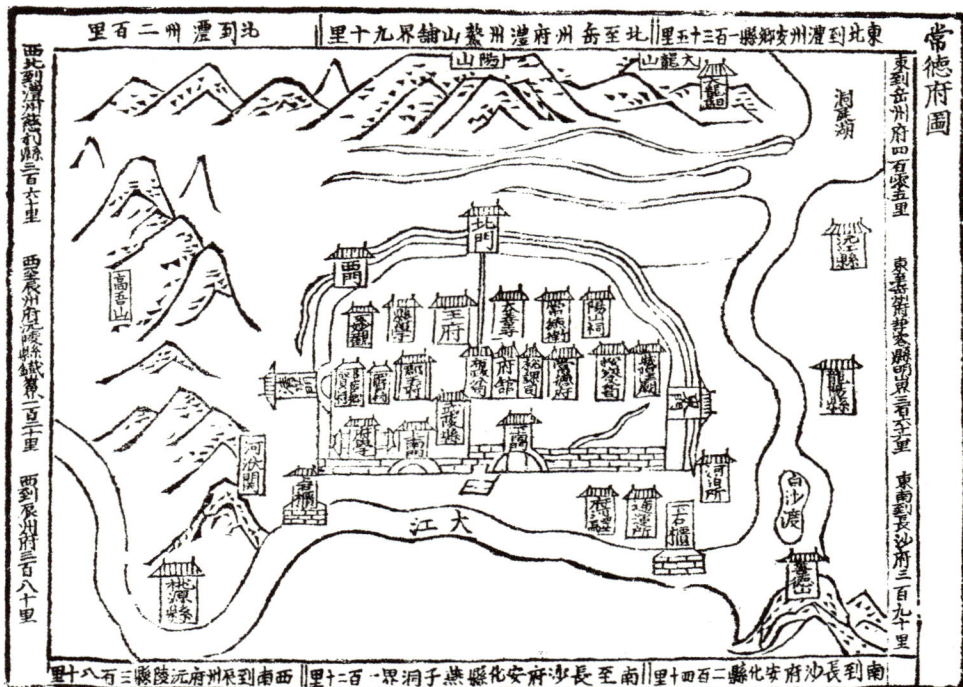

△ 常德府图　引自《常德府志》明嘉靖天一阁本

　　常德，别称"柳城"，古称"武陵"，位于湖南省西北部，地处长江中游洞庭湖水系、沅江下游和澧水中下游，自古有"西楚唇齿"、"黔川咽喉"之称。

　　商周时期，常德独立建制虽尚未建立，也无文献详实记载。但从商周时期550多处遗址及出土文物分析，已呈现出经济开始繁荣的景象。秦时，常德属黔中郡，郡治设临沅县（即今常德古城）。汉高祖时（前206～前195），改黔中郡为武陵郡。此后，建置、隶属均有变化，其名先后有"武陵"、"朗州"、"鼎州"等。宋政和七年（1117），升鼎州团练为常德军节度使，"常德"之名始于此。乾道元年（1165），鼎州升为常德府。此建置为明清时所沿袭。1988年，撤销常德地区，建立省辖地级常德市。

　　常德境内筑城较早，除所辖澧县新石器时代的城头山遗址外，还有众多各个时期的古城址。如：石门县商周时期的溇阳城城址，春秋战国时期的溇阳城遗址；临澧县东周时的古城岗城遗址，战国时的宋玉城址、申鸣城遗址；桃源县战国时的采菱城城址；澧县战国时的鸡叫城古城址；常德市秦汉时的索县城，东汉时的沅南城址等。这些古城址大多先后被列为全国或省级、市县级文物保护单位。

常德最早筑城始于秦昭襄王三十年（前277），秦昭襄王派遣大将白起入楚，占领了黔中郡，"留其将张若守之。若筑此城以拒楚"（清·顾祖禹：《读史方舆纪要》卷八十《湖广·常德府》）。该城位于"滨沅水之阴，即张若城遗址"（同治二年《武陵县志》卷八），即张若筑城于沅水北岸，从而奠定了今天常德城的基础。今人陈致远在《常德古城修建史考述》（载《湖南文理学院学报》社会科学版2006年第4期）中，引用唐代李吉甫《元和郡县志》的记载："张若城，在（郎）州东四十步。初，秦昭王使白起伐楚，遣张若筑此城以拒楚，并统五溪。"陈致远先生根据上述资料，纠正了明清以来地方志记载"楚人张若筑城"（嘉靖十四年《常德郡志》卷二）之误。东汉时，梁松参与平定武陵"五溪蛮之乱"后，在留守武陵时将郡治从义陵迁回武陵，并对旧的"张若城"进行了大规模修筑。当时虽为郡治，规模也不小，但仍为土城。东吴时（222～280），吴国太常潘濬平定"樊伷叛乱"之后，发现武陵"郡城大而难固"（宋·乐史：《太平寰宇记·郎州》），"又筑障城，移郡居之"（同治二年《武陵县志》卷八转引《一统志》）。据陈致远考证，该城为"大城之中又套小城"，但其规模不详。此后，常德城池沿革记载不详，直至"后唐时，副将沈如常砌二石柜。上在府城西南百步，下在府东南一里，皆累趾于江滨，上垒以石，捍御水势，保障城垣。至今赖焉"（嘉靖版《常德郡志》卷二）。后周显德五年（958），周行逢对常德城池有过一次较大规

▷ 1943年，常德大捷后，中国军队驻守在毁于炮火的常德城城墙 南京城墙保护管理中心藏

模的增修。宋乾德元年（963），诏令以朗州地方的夏税收入作为修城资金。景定四年（1263），宣抚使韩宣、吕文德主持大规模修浚常德城池。为加强常德城防，又在善德山上营造了一座"南城"，与常德城互为犄角。"今名望城坡"（同治二年《武陵县志》卷八）。竣工后，得到了朝廷诏奖。元延祐六年（1319），常德路郡监哈珊（《考工典》记为"监哈萨"）因担心府学棂星门"逼近城堞，其趾即大江，恐易圮坏"，筑石柜1座，高2丈多，"以杀水势"（嘉靖版《常德郡志》卷二）。至顺三年（1332），郡守纳璘不花、军帅蒋大不花先后主持筑造常德土城。据陈致远考证，此次筑城当为城内人口的增加，而扩建城池。在元代普遍拆城、毁城的大背景下，常德扩建城池的现象则并不多见。但是，此次的扩建城池，奠定了明清时期常德城池的基本格局，则是无疑的。至正二十四年（1364），朱元璋部将攻取常德，总管胡汝按旧城规模修缮，此时仍为土城。

明洪武六年（1373），常德卫指挥孙德"再辟旧基，垒以砖石，覆以串楼，作六门，浚濠池，而制始备"。该砖石城池周长1733丈（约9里13步）、高2.5丈。城上建串楼1583间、警铺157座、垛口3248座。设城门6座：东曰"朝阳"（建有外瓮城），西曰"清平"、"小西门"，南曰"下南门"、"上南门"，北曰"拱辰"（建有外瓮城）。除上南门因有沅江天险不另设护城河外，其他各段护城河深宽不等。此后至明末，据地方志的不完全统计，常德城池的修缮不少于七次。为提供日常维修城墙的砖瓦，常德城外还设有两处窑厂："一在北门外，一在清平门外五所。共匠人五十名，轮拨千户一员，岁董其事，以备修城砖瓦"（嘉靖十四年《常德府志》卷二）。崇祯十一年（1638《考工典》记为"二十年"），在东阁大学士杨嗣昌的奏请后开工，建议由边官鄗惠明等充任修缮城池的提调官，并"全仿边城"修缮要求，对常德城进行大规模修缮，至崇祯十三年竣工，被称为"极其壮饰"（嘉庆十八年《常德府志》卷七）。

入清以后，常德城池损毁及修缮不断。仅据地方志记载，至咸丰十年（1860）时，至少较大规模的修缮达12次之多。其中损毁主要原因是水患等自然毁圮和战火，修缮的重点基本围绕损毁地段展开，从规制上看基本承袭了明城的旧制。惟有城垛数量，较之明城减少超过了一半，为1363座。六门更名了四门："朝阳"更名"永安"，"下南"更名"临沅"，"上南"更名"神鼎"，西曰"清平"、"小西"更名"常武"，北曰"拱辰"。每座城门对开的二门，也与各地其他城门一样，采用铁皮（铁叶）包裹，但需要不时更换。

1912年以后，出于防洪需要，在常德镇守使冯玉祥（1918～1920年，驻扎常德）主持下，曾对常德城墙临江地段进行过修葺。"冯玉祥当时所修的这段城墙，即在今笔架城一带"（引自陈致远《常德古城修建史考述》）。1938年冬，出于"城垣只能供优势武器之敌人利用，不如拆毁，以免资敌"（黄潮如：《常德守城战纪实》，引自常德市武陵区政协文史委员会编《武陵文史》第五辑）的认识，常德"也拆城了，在西门经北门以迄东门，城垣全毁，笔架山一段，则完整无缺"。留下的城西南这段城墙，主要是出于防洪的需要，"到90年代，临江城墙全部挖除，筑以水泥防水墙，其他地段墙基和护城河之上多已楼房林立，旧迹难寻"（转引自陈致远《常德古城修建史考述》）。

20世纪80年代后，随着当地政府对城墙的重视和城市建设发展，当地文物部门陆续发现了一些古城墙遗存。如位于市城区水星楼旁的一段，残墙长度不到百米。

1990年，宋代鼎州城址被列为市级文物保护单位。2000年，元至明时的笔架城、明代常德府古城墙相继被列为市级文物保护单位。

杨国庆

常德府城池：城自周赧王三十七年，楚人张若筑。后唐副将沈如常上下砌二石柜，以杀水势。元延祐六年，常德路郡监哈萨于府学前砌石柜一座。明洪武甲辰，总制胡汝即旧城修之。六年，常德卫指挥孙德垒以砖石，覆以串楼，作六门，浚深池。城高二丈五尺，周围一千七百三十三丈，计九里十三步。六门：东曰永安，上南曰神鼎，下南曰临沅，西北曰常武，正西曰清平，北曰拱辰。南临大江，东、西、北壕池环之。崇祯十年，杨嗣昌疏筑新城，高三丈。武陵县附郭。

——清《考工典》第二十一卷，引自《古今图书集成》

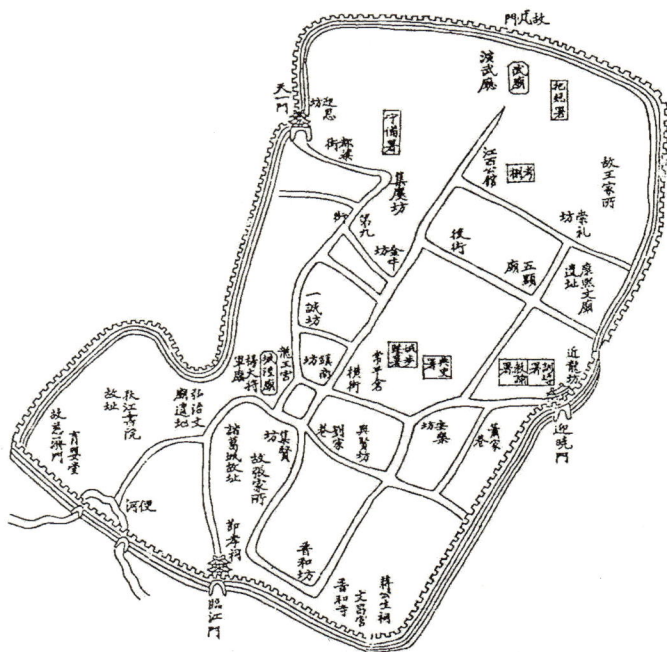

△ 城步县城图　引自《宝庆府志》清道光二十九年修，民国二十三年翻印本，载《中国方志丛书·华北地方·湖南省（302）·宝庆府志》

　　城步苗族自治县位于邵阳市西南边陲，古为南楚与百越相交之城，系"南楚极边"之苗疆。

　　历史上城步北部和中部、南部分属不同政区。隋末，萧铣据邵阳，设武攸县，治今城步儒林镇，为置县之始。唐武德四年（621），李渊平萧铣，武攸更名为"武冈"，仍治今儒林镇。北宋初，武冈县治迁出后，于熙宁八年（1075）旧址置城步寨，"城步"之名始于此。明弘治十七年（1504），置城步县。此后至清末，城步县隶属宝庆府（曾一度隶属靖州）。1956年，撤销城步县建制，建立城步苗族自治县。1986年，城步苗族自治县划隶邵阳市。

　　明以前，城步筑城难考。仅知明初设城步巡检司，筑有土城，详情不明，民间俗称的"古诸葛城"，实为明以后所建城墙。明弘治十七年（1504）秋，因置县而由委官范山主持"拓城步巡检司旧址"，由军民共同增筑城池，"自南绕西而北，役民；自北绕东而南，役军"（康熙二十四年《城步县志》卷二），工程延至正德元年（1506）冬竣工。城周5.3里、高1.8丈、宽0.8丈，城上建有串楼220间。设城门3座：东曰"迎晓"，西曰"天一"，南曰"望江"。之后，知县林宗撰有《建县城碑记》，详述其事。嘉靖二十二年（1543），知县饶㮣主持重修城池，虽城墙较旧城稍显高大，但是城墙太近山麓，仅南门通巫水，而城中"不可井"，百姓日常用水成为问题。此后直到晚清，城步解决城中用水问题，成为历任地方官吏无法回避的大问题。嘉靖三十九年，"广西叛苗攻城劫库，城步戒严"。城中缺少日常用水，"杯水如醴"，而导致人心不稳（同治六年《城步县志》卷二）。嘉靖四十五年，在知县徐机、教谕杨志礼先后主持下，拓广南城，补建东、西两段城垣与新建的南城墙连接，各长24丈（城上串楼，则按每间1丈计，各补建串楼24间），使城更近于江，"引巫水入城"，以解决城中用水问题。隆庆二年（1568），知县胡采主持勘查城墙损毁地段，获准修葺后，与千户陈万策等共同督工修城，并改望江门为"临江门"，"规模更丽"。万历二十四年（1596），知县胡采维修过的城墙再次坍塌，知县元宗孔申请修城官银，委托千户胡尚忠、刘伦等"如法修砌"。万历二十六年，知县谌廷锦认为城中居民仍然不方便，又于南东隅新开城门，取名为"慈济门"（该城门于清乾隆末年被封堵），"引流至门注之，城守藉以无虞"。次年，城楼及城门等处多有损毁，地方官吏"请支官食"，委托典史杨达依照元宗孔修缮样式重修。万历三十年，知县胡梦珍主持对东北段城墙维修，动用官银610余两，也如元宗孔修缮样式重修，又在南

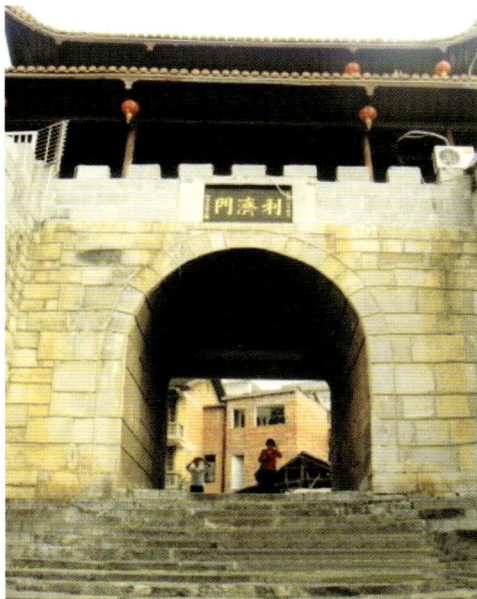

▷ 修缮后的城步城利济门　张雨泽提供

门外增筑一座外瓮城，"引水入内，以备不虞"。八年后，知县竹密建议开挖一条石砌深沟，"引水至小南门，开井注之"，以缓解城市日常用水。万历四十二年，知县汪察主持又将"旧城一百三十丈有奇，移城临江，砌堤筑城。移南门东过数十步，又于城西南就势开便河，引水入城"。自此，城中水系呈"东进西泄，水道通流，民皆便于取汲"（同治六年《城步县志》卷二）。之后，由于未能及时疏浚，这条便民小河逐渐淤塞。

入清以后，在历任地方官吏重视下，城步城池基本得到及时修浚。顺治十六年（1659），知县淩万程主持营建东门迎晓楼、南门临江楼。康熙（1662～1722）初年，知县王国宁（康熙二年任）建望江亭于南门上。康熙二十一年（1682），知县王谦捐资主持修缮城池，对淤塞的便民小河故道进行疏浚，使之"通泄如初"。次年，有广西周大圣率众造反围城，由于便民小河恢复了原有功能，使城中百姓有恃无恐。城步城"旧无女墙、垛口"，直到乾隆十三年（1748）才开始增筑，知县张方佳"斥卖社仓粟，以修女墙，高二丈许，又修垛口"（1934年《宝庆府志》卷九十七）。此后，对城步城池维修增补不断。继乾隆二十五年、乾隆三十二年、乾隆四十七年维修城步城墙后，嘉庆二十年（1815），知县梁如纲重修迎晓、临江两座城门楼。道光十六年（1836），知县戴鸿恩主持修城，建西门城楼，补修东、南两座城门楼，均勒石为匾：东门曰"迎晓楼"，南门曰"临江楼"，西门曰"天一楼"。竣工后，戴鸿恩撰有记。

1919年，在地方官员的主持下，曾修补部分城墙及城门楼等附属建筑，并改临江门为"利济门"。此后，因年久失修和战火、城建等因，城步城墙逐渐毁圮，甚至大部分被先后拆除。

20世纪80年代以后，据当地文物部门调查，当年城步城仅存南门城楼以及数米长的残垣。1990年，南门城楼被列为县级文物保护单位。建于乾隆七年（1742）的长安城，位于城步横岭，周2.8里，开东、南、西三门。2003年，该城遗址以"长安营古城墙"之名，被列为县级文物保护单位。

杨国庆

城步县城池：旧城，围五里三分，高一丈八尺，阔八尺，上覆串楼二百二十间。明嘉靖丙寅，署印判官徐机因南城临江，增东西各二十四丈，串楼各二十四间。至嘉靖三十八年，知县竹密建议用石砌。

——清《考工典》第二十一卷，引自《古今图书集成》

△ 道州州城图 引自《道州志》清光绪三年刊本，载《中国方志丛书·华北地方·湖南省（294）·道州志》

道州（即今道县），位于湖南永州市南部、潇水中游，地处湘、桂交界之地，自古是湖南通往广东、广西及西南地区的交通要塞。

秦始皇二十六年（前221），置营浦县，为道县建县之始，因县治位于营水之滨而得名。唐武德四年（621），以零陵郡之营道、永阳二县置营州，改永阳县为营道县（原营道县改唐兴县）。次年，改为南营州。贞观八年（634），改名道州。此后，建置及隶属多有变化。明清时，基本以道州为治。1913年，改道州为道县。1996年至今，道县隶属永州市。

道州筑城始于隋大业十一年（615），夹江夯土为城。宋淳熙年间（1174~1189），因有民乱，地方官吏出于城防考虑增筑土城，城门设为9座。此城在元末时被废。

明洪武二年（1369），道州守御千户刘珍主持大规模修城，改夹江之城

△ 道州古城墙一角 湖南省文物局供图

为江北一城（潇水与濂溪河汇合处），并以石筑城，城周长5里96步、高2.6丈、宽1.5丈。城顶建有串楼703间、窝铺楼37座、敌楼3座、垛口1752座。设城门5座：东门、南门、西门、北门、小西门（后因"王和尚之变"，遂闭塞），各城门均建城楼和外瓮城（月城）。外瓮城上设串楼73间、垛眼211个。从东门至小西门有护城河，深、宽各1丈。万历三十三年（1605），改串楼为平顶城（又称"阳城"），并订立城墙日常养护和修缮办法：城东南一带属州治地方分管；西北及小西门一带属卫分管。其中地方所属的地段又详分为所属各里分修，每里应负责36号7寸，出现损毁应及时修缮。然而，由于具体执行时多有"奸猾"、"作伪"之人，城墙多处地段并不坚固，甚至"转瞬即颓坏"，修后的城墙"人可攀援而上"（嘉庆二十五年《道州志》卷二），官府也很无奈。崇祯十一年（1638），因农民起义运动四起，在道州地方官吏主持下，由当地乡绅、官吏、民众以及"客寓城中者"的外乡人集资修城，不仅加高增厚城墙，在城上四周开有炮眼"以便固守"，还拆除了城东南隅的一座寺庙（风水先生曾称：此庙对道州科举不利，遂毁之），取其砖石用于修城。之后，又因登封乡一个姓黄的富民犯法，被判罚出资修城，修城才得以竣工。道州的护城河自东门外起至小西门外，长956.5丈。护城河里不仅种植藕，还养鱼，属于宁远卫分段负责（后废，无属）。

入清以后很长时间，道州城未能随时修缮，城墙"塌圮不堪。难以资保障，而卫地方"（光绪四年《道州志》卷二）。直到道光二十五年（1845），在知州俞舜钦（另据光绪二年《零陵县志》卷二称"道光二十六年时，俞舜钦为零陵知县"）与同僚及乡绅商议后，动员所属城乡民众"自愿按粮饷，输金以助"，共耗银10135.6两。大规模修城之役于同年十月十五日开工，次年十一月初八竣工。拆修损毁坍塌地段城墙379丈，对全城薄的地方加厚，低的地方加高，膨裂的地方进行拆补，采用新砖砌筑垛口1500座、城门4座，设城楼大小各2座、炮台15座、望楼12座，对开的城门每扇均包铁皮，城门拱券内安放垒石。竣工验收结论是："工坚料实"。此次修城，得到了朝廷的嘉奖，并提出今后修城需按旧制"军民分管"，其中地方则由各乡负责一段。还在城上各段"竖立界碑，分清段落"（光绪四年《道州志》卷二有详细记载）。

1912年以后，道州城墙由于年久失修，逐渐毁损，甚至部分地段和城门也被拆除。

20世纪80年代后，地面城墙仅存两段，城门仅存东、南二门。残存的西门至一中段和西门至濂溪电影院段城墙，全长约1.5公里。

2003年（一说1979年），道州古城墙被列为县级文物保护单位。2006年，道州古城墙被列为省级文物保护单位。

杨国庆

道州城池：旧城夹江。宋淳熙中，增筑。元末，废。明洪武初，守御千户刘珍改筑于江北。周围五里九十六步，高二丈六尺。池深一丈，广亦如之。门五：曰东、南、西、北、小西。

——清《考工典》第二十一卷，引自《古今图书集成》

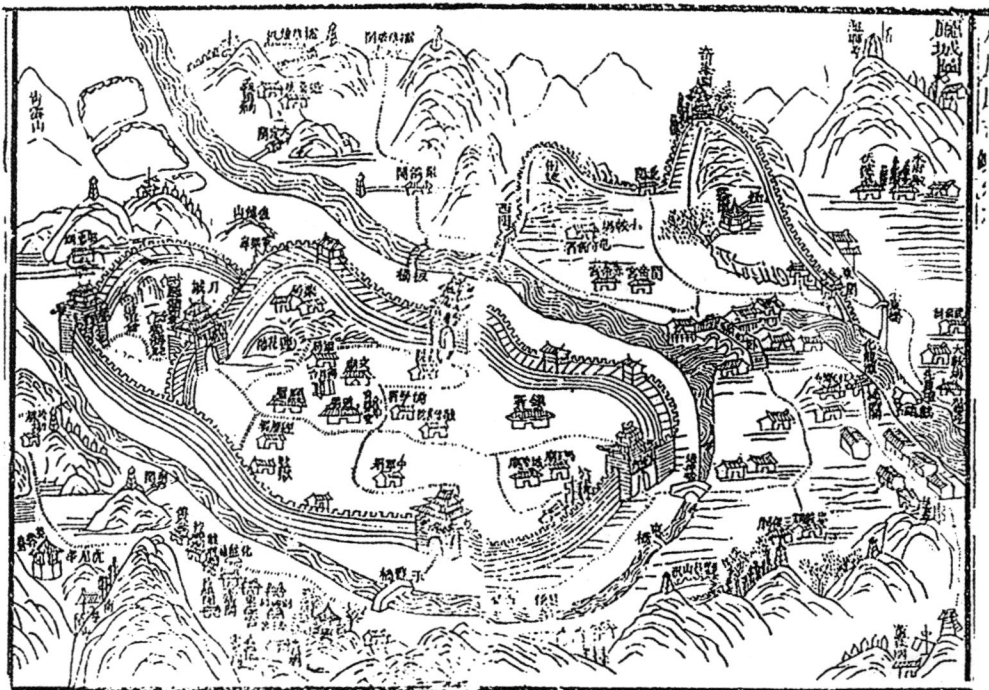

△ 凤城图　引自《凤凰厅志》清道光版

凤凰，位于湖南省西北部、云贵高原东侧的武陵山麓，史称"西托云贵，东控辰沅，北制川鄂，南扼桂边"，是湖南省湘西土家族苗族自治州所辖八县市之一。2001年，被列为国家历史文化名城。

自古境内为"五溪苗蛮之地"，战国以后，其境隶属多有变化。元时，在渭阳境内设五寨司，五寨长官司驻镇竿（今凤凰县城）。康熙三十九年（1700），设镇竿镇。康熙四十三年（1704），"苗人向化，裁去土司。置凤凰营于厅地"（光绪七年《凤凰厅志》卷一），简称"凤城"。辰沅永靖兵备道亦由芷江移驻凤凰，自此凤凰成为湘西的政治、军事、文化中心。乾隆十六年（1751），改凤凰营为凤凰厅。嘉庆元年（1796），散厅升为直隶厅。1913年，改厅为县。1957年至今，隶属湘西土家族苗族自治州。

凤凰筑城（不含唐代所筑的渭阳县城），始于元、明时期，由五寨司土

△ 条石铺砌的登城步道　本文照片均由徐振欧摄

△ 城楼及步道

官主持修建，初为土城（乾隆三十年《辰州府志》卷七）。之后，屡经战乱，土城残破不堪，仅存遗址（1930年《凤凰厅志》卷七，抄本）。

△ 城顶石砌步道

　　明嘉靖三十三年（1554），移麻阳参将孙贤驻防镇竿城。嘉靖三十五年，开始大规模砌筑砖城，历时15个月竣工。设东、南、西、北四门，均建有城楼。此后，城墙年久失修，至崇祯（1628～1644）末年，已损毁严重。

　　入清以后，随着朝廷出于巩固湘西境内社会稳定的需要，凤凰城的地位也越加突显，被称为"扼黔省八厅之要"（乾隆三十年《辰州府志》卷七）。因此，城墙不仅随毁随修，而且还有两次拓展。如：康熙四十八年（1709），凤凰城内官吏及乡绅，有倡议修建石城之议。但是，修城的巨资没有得到落

▷ 修缮后的城顶及垛口

实。康熙五十四年，督抚提请行省，自督抚至所属州县各地方官吏们，捐俸以资助大规模修葺凤凰城。由兵备副使周元文和通判庄清度担任修城工程的总负责人，五寨司吏目蒋大章负责具体施工。该城周长127丈、高1.5丈、顶宽7尺、基宽1.05丈，建垛口475座。城门仍为4座，均建有城楼。乾隆二十年（1755）及二十八年，巡抚陈宏谋、巡道纪虚中先后两次主持会商，认为凤凰厅城范围过小，"军民多驻城外，不可恃以守"，提出了扩建凤凰城池的设想，并作出了扩城的规划。直到乾隆五十一年，在同知曤椿又一次奏请后，终于得到朝廷批准扩建凤凰城池。自西门至北门（笔架山段）拓展城墙245丈，新开西门，曰"阜城"。嘉庆二年（1797），同知传鼐详准在笔架山城中建炮台1座，对北门至西门段城墙进行拓展并修缮，计长276丈。重修城门并定门名：东曰"升恒"，南曰"静澜"，北曰"璧辉"，还于城西增建城门1座，曰"胜吉"。增建各城门外瓮城，总长120.4丈，增建炮台1座。此次拓建和维修城墙前后，地方官吏还捐修了城墙上的望楼10座。晚清时，凤凰古城基本完好。

1933年，有"湘西王"之称的陈渠珍（1882～1952），率国民军新编第

▽ 湖南凤凰古城门

△ 城门及拱券

34师进驻凤凰城，拆阜城门，向南扩修，新开南门渠城门1座。此后，凤凰古城基本没有修缮之举。

1958年，出于当时城建需要，拆除了南门、西门及沿线地段的城墙，改建为马路。只是因历史上沱江多洪水，临江地段（东门至北门）和其他地段部分城墙得以保留，用于防洪。但是，凤凰城遗存的残垣上被居民房屋侵占，昔日垛口大部分被拆作他用。

20世纪90年代以后，随着凤凰古城旅游业发展的需要，开始逐步修复、复建了城墙、城门，以及北门与东门的城楼；而修复的西门阜成门，则并不在原位置上。

2002年，凤凰古城墙连同境内的沈家堡遗址，被分别列为县级文物保护单位。此外，1989年，凤凰县境内的回龙阁关门、东关门、西关门、东门城楼、北门城楼，被分别列为县级文物保护单位。

另，凤凰县境内的黄丝桥古城，于1983年被列为省级文物保护单位。湘西明清边墙——全石营营盘遗址，于2002年被列为省级文物保护单位。

杨国庆

△ 衡州府城池图　引自《衡州府志》清乾隆二十八年刊刻，清光绪元年补刻本，载《中国地方志集成·湖南府县志辑（36）·衡州府志》

衡阳，雅称"雁城"，位于南岳衡山之南，因山南为"阳"，故得"衡阳"之名。自古衡阳为中南地区的重镇之一。

衡阳，古为衡湘国。战国初，为楚国所灭，改称"庞邑"，为楚南重镇。汉高祖五年（前202），衡阳为酃县，属长沙国。魏黄初元年（220），孙吴早期政权于长沙郡西部设衡阳郡（县治设于今衡阳市珠晖区和平乡湖东村境内），属长沙国，下辖蒸阳（今衡阳县）等县，为历史上首次出现以"衡阳"命名的郡（另一说为吴太平二年置郡）。此后，建置、隶属及辖境均有变化，明清时，为衡州府（建置也有过变更），辖衡阳等县。1942年，设衡阳市。1950年，衡阳市改由省辖，衡阳等区县属之。

衡阳境内筑城，文献均称"唐以前无考"（光绪元年《衡州府志》卷八）。1952年，湖南省文物工作普查队在酃湖的附近发现了汉代酃县故城址。

经发掘东西土墙残垣尚存，还出土了大量其他文物。1956年，该城故址被列为省级文物保护单位。1991年，酃县故城遗址被列为市级文物保护单位。

据文献记载，衡阳筑城，始于五代后周显德年间（954～960），编竹为栅（嘉靖十五年《衡州府志》卷三。清代方志均称"初立木栅"）。北宋咸平年间（998～1003）、南宋绍兴年间（1131～1162），先后两次改用版筑土城，尚没竣工。直到开庆元年（1259），元兵南侵，攻破衡州，尚未完固的土城被毁为墟。景定（1260～1264）中，知州赵兴说（嘉靖志中称"税"）主持修城，始将土城竣工。

明洪武（1368～1398）初，指挥使庞虎主持大规模增修衡州府城。成化（1465～1487）初，知府何珣主持大规模改筑城池，墙体易土为石，"南望雁峰，北枕石鼓；潇湘萦其东，蒸水抱其西"（嘉庆二十五年《衡阳县志》卷七）。城周1270.8丈（合7里33步3尺，引自嘉靖版《衡州府志》）、高2.5丈。建城门7座：东曰"宝日"（清代改称"柴埠门"），东南曰"阅江"（清代改称"铁炉门"，又称"黄道门"），南曰"回雁"（清代改称"南门"），西曰"安西"（清代改称"大西门"），西北曰"望湖"（清代改称"小西门"），北曰"瞻岳"（清代改称"北门"），东北曰"潇湘"。因东、西二门"常闭不启，惟起五城楼"（同治十三年《衡阳县志》卷四）。在城墙顶上，还建有串屋（后废），以荫护城。护城河自南而西至北门，河长826丈、深4尺、宽13丈。城东的护城河以湘水环绕为天然屏障。竣工后，有"太子洗马泰和罗璟作记"（嘉靖版《衡州府志》卷三）。万历二十一年（1593），因有居民长期将灰土倾倒衡州府护城河南段，导致"南门吊桥东一段，几失旧

▽ 衡阳城北侧城墙残存一段，已被当代居民楼围裹　本文照片均由杨国庆摄　　▽ 衡阳城北侧城墙残存一段，位于演武坪居民楼后

址"。后经地方官吏主持疏浚，南面的护城河才得以贯通（之后，复塞复浚，一直延续到晚清）。崇祯十年（1637），有兵犯城，监司李嵩率部依托城墙而退敌。崇祯十二年，桂藩提议增修城墙。崇祯十五年，开始大规模修城，高、厚各5尺。次年秋，城西尚未竣工，而张献忠"流寇犯城"。官吏们弃城奔走他处，而百姓与义兵则殊死"逐寇，复城"。分巡监司王鼎镇命指挥王克猷主持全面修缮城墙及附属建筑。

清顺治四年（1647），衡阳城楼毁于战火。顺治十八年，在巡抚袁廓宇、知府李光座、通判吕之绎主持下，将其被毁城楼修复。此后，直至道光（1821～1850）初，除城楼屡有修缮外，衡州城池基本没有进行太大规模的修城（参考道光十三年《衡阳县志》卷四）。而城墙的日常维护，则由所属的清泉、衡阳两县分修。道光二十六年（1846），知府高人鉴率官民捐资大修城门和城楼，并创建东门、西门城楼（同治八年《清泉县志》卷二）。咸丰二年（1852），知府陆传应（另据光绪十六年《衡阳县奉饬查询各项事宜清册》称，此事为"咸丰五年"）主持修城，增高垛口3尺。次年，兵备道文格主持修建炮台14座、增筑外城720余丈、炮台15座。至同治十二年（1873）时，衡州府城周2255步、高2.5丈、顶宽1.6丈、基宽3丈，全城垛口938座。

1912年以后，衡阳城墙逐渐毁圮，甚至被人为大规模拆除，部分护城河也被人为填塞，成为道路或城市用地。

据2013年5月31日《衡阳晚报》题为《明翰社区里，那一段隐于闹市的古城墙》的报道称：衡阳古城墙还有遗存，分布在市区不同地段。如在衡阳市的明翰社区，演武坪4号、演武坪2号、演武坪1号的楼栋之间，还残存着一段200多米长的古城墙基址。除此段城址外，在石鼓区潇湘街道城基巷，也有一段10余米长的古城墙基址。这些残段城墙尽管保存状况较差，但这是衡阳古城最真实的城市发展见证之一，弥足珍贵。

杨国庆

衡州府城池：始于周显德间。自宋迄明，累费增筑。围一千二百七十丈八尺，合七里三十步，高二丈五尺。甃以石，荫以串屋。凡七门：东宝日、阅江，南回雁，西安西、望湖，北瞻岳，东北潇湘，门各建层楼于上。明崇祯戊寅，桂藩增筑之，高五尺，厚五尺。池濠自南而西至北三面，袤八百二十六丈，深八尺，阔十三丈，周迴于西南，汇流于东北。其迤东一带，则以湘水环绕为堑。衡阳县附郭。

——清《考工典》第二十一卷，引自《古今图书集成》

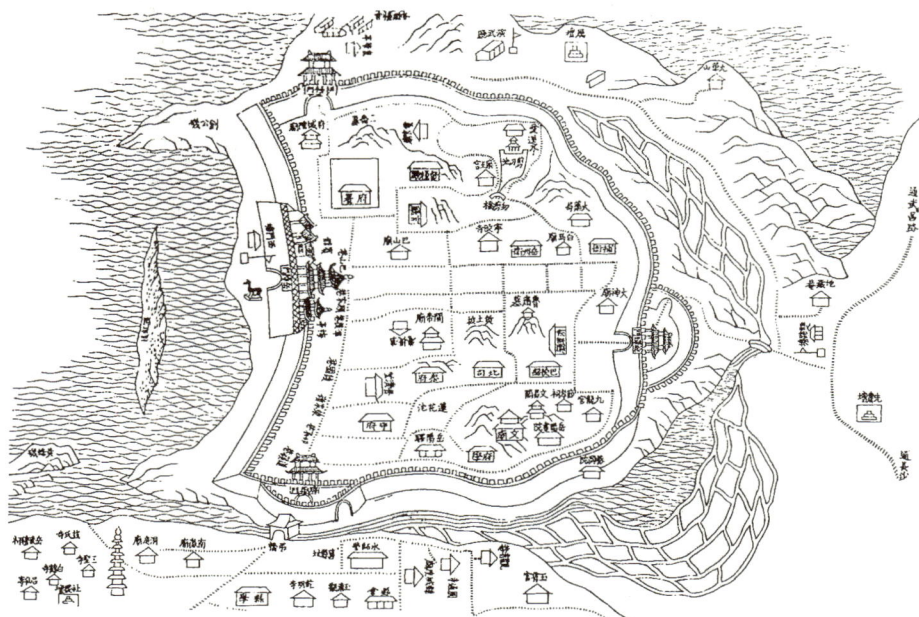

△ 岳州府城图　引自《岳州府志》清乾隆十一年刻本，载《中国地方志集成·湖南府县志辑（6）·岳州府志》

岳阳，古称"巴陵"、"岳州"，位于湖南省洞庭湖之滨。岳阳西门城头的岳阳楼，与湖北武汉黄鹤楼、江西南昌滕王阁并称为江南三大名楼，有"洞庭天下水，岳阳天下楼"之誉。1994年，岳阳被列为国家历史文化名城。

夏商时期，为三苗之地。春秋战国时，属楚，后称"东陵"。西晋太康元年（280），建立巴陵县。元康元年（291）置巴陵郡，郡治设在巴陵城。此后，建置及隶属多有变化，名称曾有"巴州"、"岳阳郡"、"岳州"等。明清时，为岳州府。1913年，废府存县，改称岳阳县。1975年，复设岳阳市（县级）。1983年，岳阳市升为省辖地级市。

岳阳主城区筑城，最早始于西晋太康元年（280），因设巴陵县而筑城池。但是，如果依照今日岳阳行政区划，则之前先后筑造过至少三座城墙，即：商周时期，在城陵矶筑起"大彭城"（位于云溪区）；东周时期，在今岳

△ 1938年11月13日，侵华日军在岳州城的岳阳楼 南京城墙保护管理中心藏

阳城区所筑的东、西麋城（据《通典》称："巴陵城之可考者，始此。"具体位置尚有争议）；东汉时期，三国东吴鲁肃镇守巴丘时，所筑的巴丘城（据《三国志》称："吴实筑二城。邸阁城以屯粮；巴丘城以屯兵"）。因此，巴丘城仍为军事城堡性质，非城市性质的城墙。

西晋太康元年（280），始筑巴陵城，详情记载不明。而东晋（317～420）时，"陶侃（259～334）筑城于东八里"，其城被疑为邸阁城的拓修（嘉庆九年《巴陵县志》卷六），也非巴陵城。地方志中明确记载的城池，则为南北朝时宋元嘉十六年（439）所筑的巴陵郡城，设有城门3座：曰"楚泽"、"碧湘"、"会泉"。唐天宝年间（742～756），裴光赞主持"重加版筑"巴陵城（同治十一年《巴陵县志》卷二）。如果县志所载不误，则表明公元439年所筑之城，当为夯土城墙，故有"重加"之说。该城还得到当时文人的关注与赞许，如孟浩然的《望洞庭》"气蒸云梦泽，波撼岳阳城"；杜甫的《泊岳阳城下》"江国逾千里，山城仅百层"；李白的《与夏十二登岳阳楼》"楼观岳阳尽，川迥洞庭开"等，均为唐城的形胜之述。宋时，巴陵城池毁圮及修缮详情难考，但清代学者根据《宋史》《岳阳风土记》《丙寅郡治》等籍考证，当时多次出现江湖大水对城墙损毁的零星记载。今人称："到北宋时，因多年洪水冲刷，西城墙不断垮塌。至滕子京使岳州时，西城墙已内移数百步，当年的巴陵城一部分已没入湖中，岳州城已不再是当年那不规则的圆形，而变为狭长的带形，故后人称其形制为'扁担洲'"（刘武、刘璨：《从岳阳古城的历史沿革看其城墙的沧桑变迁》，载《岳阳职业技术学院学报》2007年第3期）。元至正二十四年（1364），吴王朱元璋与汉王陈友谅的残余势力大战岳州，放火烧城，城门及城墙损毁严重。

明洪武四年（1371），在旧城的基础上进行拓展改筑。洪武二十五年，指挥音亮重新用砖石甃砌，城周7里、高2.6丈多。垛口1365座，垛高4尺。设城门6座：曰"迎阳"（东门）、"昌江"（永乐年间，封塞）、"岳阳"（西门，即岳阳楼所在）、"水西门"、"南门"、"北门"。城门均建外瓮城，东门、南门外的护城河上还架有活动的吊桥，遇警时由守御城门士兵在城上将桥吊起（至

▽ 修缮后的岳阳城　本文照片除署名外，均由杨国庆摄

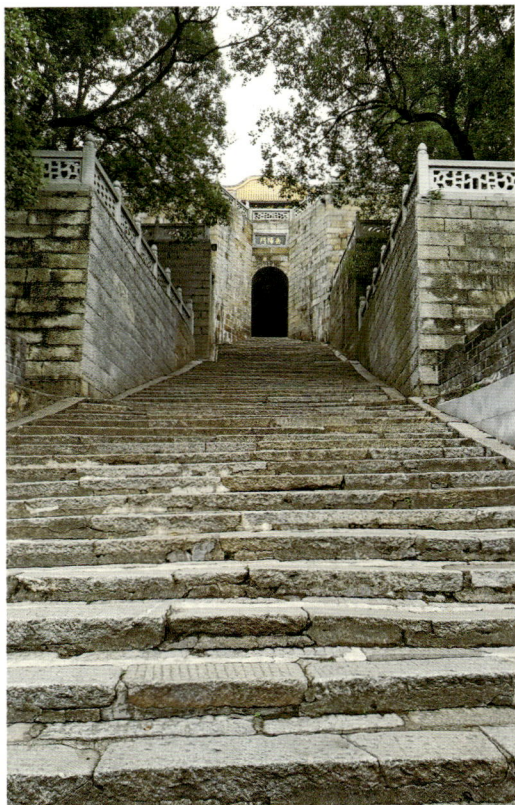
△ 岳阳门外入城台阶

清代时，出于商贸和便利维修，这些桥已改为固定的桥，甚至在桥上建有桥廊）。城北凿通汴河，引水绕城东南达千余丈，河深2丈、宽10余丈，蓄水为护城河。此后，历任地方官吏修城不断，维修费用极高，动辄库银万两（嘉庆九年《巴陵县志》卷六）。如嘉靖年间（1522~1566），知府王柄、赵之屏、金藩、姜继增等相继修葺城墙，并在北门外瓮城上建有"四贤祠"。隆庆（1567~1572）初，针对洞庭湖水暴涨时毁城的情况，分巡副使施笃臣、知府李时渐先后主持重修城墙时，在城外另筑一道土堤以护城墙。隆庆六年，同知钟崇文自南绕北加砌垛口，周长数百丈、高6尺许。万历（1573~1620）末年，修城时，封塞水西门。崇祯（1628~1644）末年，岳阳城池遭遇战火，损毁严重。

入清以后，在历任地方官吏重视下，岳州城池随坏随修，基本保持完固。康熙八年（1669），巴陵知县李炌重建城楼4座：东曰"迎晖"，南曰"迎薰"，北曰"迎恩"，西曰"岳阳"。康熙五十四年，知县王国英奉文动用库银主持大规模修城。雍正四年（1726），巡抚布兰泰动拨库银重修。不久，城墙再被湖水冲塌。乾隆五年（1740），总督班第上奏后，用舵杆州岁修的银两，由知府田尔易、知县张世芳主持修葺岳州城损毁地段，计长6.3里，改部分城门名：东曰"迎晖"，南曰"瞻嶽"，北曰"拱极"，西仍曰"岳阳"。乾隆三十九年，知府兰第锡、知县熊懋奖上报请修岳阳城，获批后拨库银69820.33两，由巴陵县、湘乡县、平江县各知县分段、分资负责，大规模进行维修城池，除西门"岳阳"名不改外，其他改名为：东曰"湘春"，南曰"迎薰"，北曰"楚望"，还增筑小西门1座。工程自乾隆三十九年十二月十一日动工，乾隆四十一年正月十一日竣工，共修1148丈。西边城墙再次向内缩（嘉庆九年《巴陵县志》卷六）。道光十年（1830），知县徐瑹主持重修补砌。咸丰二年（1852），在知府廉昌、知县胡乃谷奏请后，主持修城，于西门外旧址（北起小西门，南至天皇巷）建筑外瓮城，并新辟城门曰"金潭"，耗费资金30000

两。次年，知府贾亨晋主持修城，全城拆补垛口为1093座，总长4805步。道光（1821～1850）末年，岳阳四座城门楼，仅东门楼完固，其他均颓毁严重。光绪六年（1880），修缮城墙时，重建西门城楼。光绪十一年，知县刘华邦增筑东门外瓮城，计长114步；北门外瓮城，计长118步。

1923年，岳阳县署以财政紧缺、无以为济为由，效法长沙拆城售砖，以度维艰，征得县议会同意后，并张贴了告示。次年，拆毁城墙1300余米，售予邑绅、商贾市民营建房屋，得银元1515元。至此，偌大的岳阳城仅存西门岳阳楼地段城墙，墙长110米、高6.8米（参考刘武、刘璨《从岳阳古城的历史沿革看其城墙的沧桑变迁》）。

20世纪80年代以后，在当地政府重视下，对包括岳阳楼在内的残存城墙进行维修加固。2002～2007年，还复建了岳阳楼地段的城墙，总长约1200米。

1988年，岳阳楼及其附属的城墙被列为全国重点文物保护单位。

杨国庆

岳州府城池：自春秋时，楚子使王孙由于城麇。三国，吴鲁肃城巴丘。晋，陶侃亦城巴丘，在府东八里。宋元嘉十六年，因鲁肃旧围增筑，内跨冈岭，外滨三江，历代俱仍其旧。有门：曰楚泽，曰碧湘，曰会泉。明洪武四年，始拓而筑之。二十五年，指挥音亮重加甃砌，周一千四百九十八丈，计七里，高二丈六尺有奇。雉堞一千三百六十有六，高四尺。为门者六。永乐间，废昌江门。万历末，又废水西门。今门四：东曰朝阳，西曰岳阳，南北各以方名，咸有月城。东南门外各有桥者一。北凿河，周千余丈，深二丈，阔二十余丈，即古湟也。西滨大江。隆庆初，副使施笃臣筑土堤御水。六年，同知钟崇文于冈上加砌女城，自南徂北，周数百丈，高六尺。巴陵县附郭。

——清《考工典》第二十一卷，引自《古今图书集成》

▷ 岳阳古城残存墙体

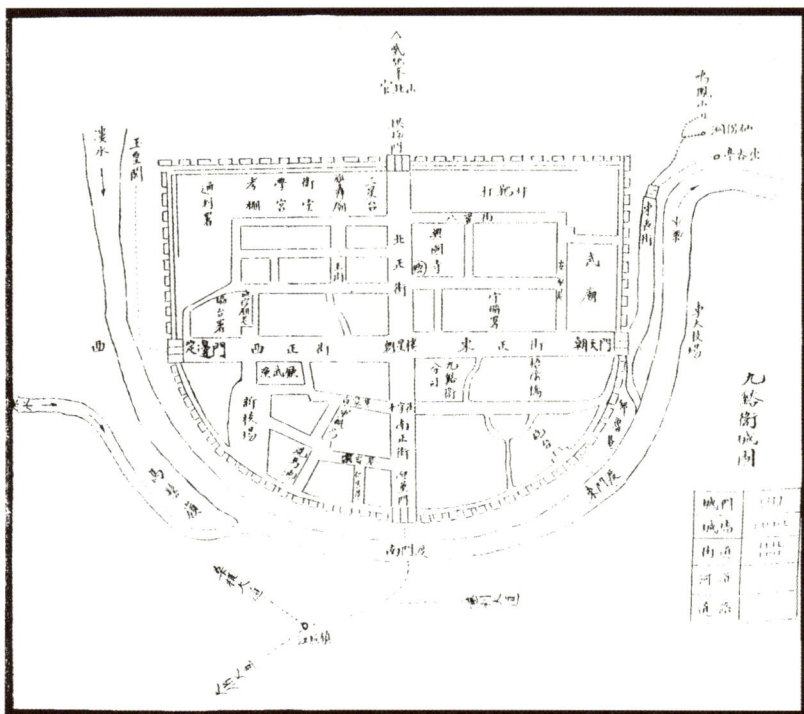

△ 九溪卫城图　引自陈宗瀛《九溪卫志》

　　九溪卫城，位于湖南省张家界市慈利县西北部的江垭镇。该城东抵洞庭，西通巴蜀，岳郡之锁钥，自古有湘西北"诸夷之襟喉"之称，是湘西北地区交通、商贸、文化重镇和兵家必争地。

　　九溪，因有九条溪流汇合于古索口，故名。明洪武二十三年（1390），朝廷为加强对湘西北的统治，在慈利县西北90里二十一都古索口的九溪寨设卫，取名"九溪卫"。按明代兵制，一般卫辖前、后、左、中、右五所，而九溪卫还辖安福、添平、麻寮等诸所（不久，又增澧州所、安抚司等机构），属于"加强、超编"的一个大卫。该卫曾管辖范围甚广，相当于今湘鄂边区广袤地区。康熙八年（1669），因诸土司纳土归流（指改土司制为流官制），升澧州为直隶州，裁并九溪（后改名"九溪营游击"，仍驻扎于此）、永定二卫辖地，为慈利等四县所辖。此后，隶属多有变化，今属慈利县江垭镇。

△ 江垭镇九溪卫城北门拱极门　本文照片除署名外，均由杨国庆摄

明洪武二十二年（1389），澧州土官夏得忠联合慈利、大庸一带少数民族再次掀起较大规模的起义。明太祖朱元璋命靖宁侯叶升、东川侯胡海统领10万大军前往征剿。胡海占据古索口（九溪）后，立栅栏守御。次年，因设立九溪卫，在指挥吕成、韩忠等率领下，大规模营造卫城。城呈弧形，周长9里13步、高1.8丈。设垛口1254座，高4尺。设城门并建城楼4座：东曰"朝天"，南曰"迎薰"，西曰"定边"，北曰"拱极"。此城东、西、南三面有溇江

▽ 江垭镇九溪卫城文物保护标志碑

▽ 迎薰门券门洞据地表约1米多位置的水文位置标记，内容为"民国二十四年六月初五日洪水涨至此"

△ 江垭镇九溪卫城南门迎薰门内侧

△ 江垭镇九溪卫城南门迎薰门
赵梦薇摄

环绕，为天然护城河，利用长度为520丈；北面新开护城河480丈。指挥乐壑还"创窝铺四十六座，以便巡卒。作串楼为间八百六十有四，以覆庇城址"（万历元年《慈利县志》卷十六）。景泰（1450～1456）初，设九溪、永定二卫各自共同承担湘西北地区的防御。隆庆三年（1569），以岳州府增设通判驻此，督核边储。守备改驻永定卫城（即大庸卫旧城，明洪武时筑），而九溪卫城不久倾圮（乾隆十五年《直隶澧州志林》卷二）。万历（1573～1620）初，由原驻防旗军2860人，新增操备舍余559人，合计3419人驻守九溪卫城。之后，城池损毁及修缮无考。

清康熙元年（1662），朝廷为进一步巩固卫城，从湖北安陆调兵一协（约相当现在一个旅）进驻九溪城。康熙七年，在副将李承恩主持下，曾大规模修城，垛口可能在此次修城中"并二为一"，数量应有减少，以适应火兵器发展中防御的需要。乾隆元年（1736），朝廷改协为营游击，仍驻扎于此。城垣虽有残缺（嘉庆二十二年《重修慈利县治》卷二），甚至城墙"颓坏，无完堞"（1923年《慈利县志》卷七），但至清末，仍不失为荆、楚的重镇之一。

1912年以后，九溪城池及附属建筑逐渐大部分毁圮，甚至部分被人为拆除。

20世纪80年代以后，据文物部门调查显示：昔日的九溪卫城尚存部分残垣、城门及护城河。城北残墙约存千米，皆用石头、砖块垒筑；南、北的城门拱券及部分城墙保存较好，底座用石条砌筑，青砖券顶；南城门外侧刻有"迎薰门"的匾额尚存。

△ 江垭镇九溪卫城南门迎薰门

△ 九溪卫城南门迎薰门外护城河上的吊桥（航拍） 刘浏摄

2011年，九溪卫城被列为省级文物保护单位。

杨国庆

九溪卫城池： 明洪武二十三年，指挥吕成、韩忠筑。高一丈八尺，周一千丈，广九里。西南壕堑四百八十丈，东隅大河为壕五百二十丈。雉堞九千三十五，串楼九百一十八间。门四各有楼：东曰朝天，南曰迎薰，西曰定边，北曰拱极。

——清《考工典》第二十一卷，引自《古今图书集成》

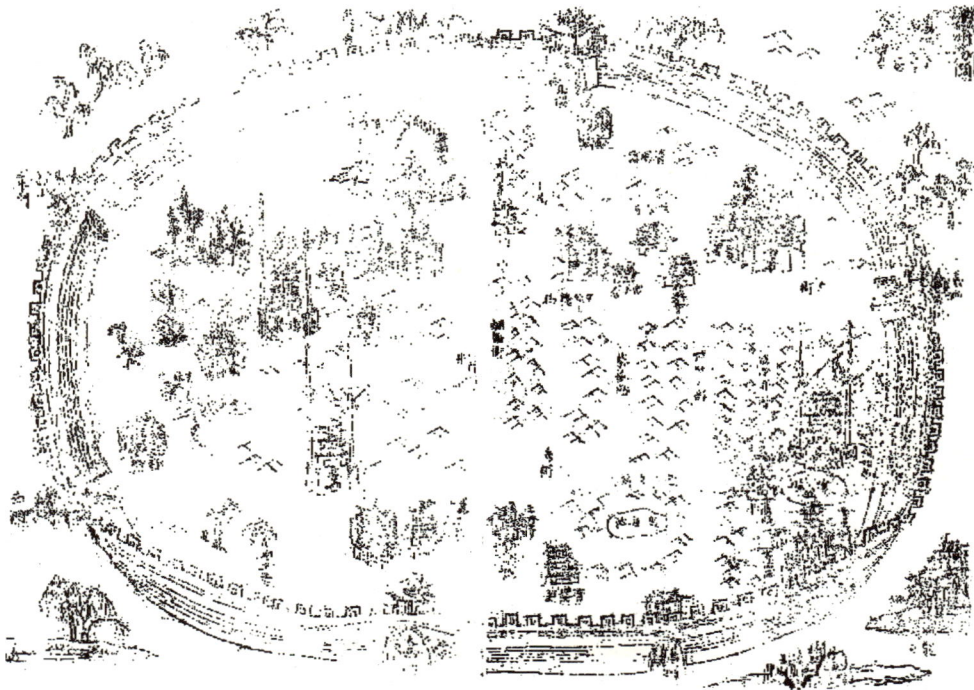

△ 澧州州城图　据《直隶澧州志》清道光元年版，张君重绘

　　澧县，古称"澧州"，因澧水贯穿全境而得名，位于湖南省西北部、澧水中下游、洞庭湖西岸，是湘西北通往鄂、川、黔的重镇，自古有"九澧门户"之称。

　　春秋战国时，其境属楚。汉时，其境属武陵郡零阳县。南朝梁绍泰元年（555），始置澧州。隋开皇九年（589），改澧州为"松州"（不久，复其名）并设澧阳县。此后，建置、辖域及隶属均有变化。明洪武九年（1376），澧州府降为澧州，并裁澧阳县入州治，属常德府。清雍正七年（1729），"以诸土司纳土归流，升澧州为直隶州"，隶属岳常澧道（岳常道更名为岳常澧道，驻澧州）。1913年，废州为县，始称澧县。1988年，隶属地级常德市。

　　据文献记载，澧州筑城，在隋以前无考。而据近现代考古，则在澧州境内发现隋以前已有筑城活动，且为不少著名的古城址。如：新石期时代的城头

△ 澧州古城墙一角 湖南省文物局供图

山遗址（另文专述）；战国时期的鸡叫城古城址（2002年列为全国重点文物保护单位）等。唐、宋时，因治所迁徙，而城址多变。

明洪武五年（1372），澧州府治从新城（新洲）迁现址，由总督萧杰主持营造城池，初为土城。永乐二年（1404），城墙始甃以砖，城周长9里13步、高1.5丈，上加女墙。城周设有护城河。此后，因澧州多次遭遇水患，在成化年间（1465～1487），指挥柴启加以重修，并将上游来水筑堤引导、加修石岸（城的东、西、南三面）、添设石柜，"以护城脚"（乾隆十五年《直隶澧州志林》卷二），"水患稍杀"（道光元年《直隶澧州志》卷四）。嘉靖（1522～1566）中，参政刘廷诰主持修城时，更城门名为：东曰"澧阳"，南曰"兰江"，西曰"石慈"，西北曰"金川"，北曰"松滋"。万历十年（1582），澧州城仍因水患导致城墙损毁多处，修城的工程量不菲。随调九溪卫前五屯田澧州所为守御，并按"民七军三"的比例参与修城。其中，自东南隅至西南隅1123号，为军人修筑；而东门敌台段和南门敌台段，则分别由城东隅和城南隅之民分修。万历二十二年，州牧管宗泰主持于关庙修建一道石堤，以补护城堤，"州人赖以安堵"。明末，澧州城墙遭遇战火和水患，墙体及垛口等处均有损毁。崇祯十二年（1639），对损毁地段城墙进行了补修加固，并嵌督修城墙记事碑于墙上（今已成残碑）。

清顺治六年（1649），在守道王燧、孙养翼，知州汤调鼎、栾元魁、张圣宏等地方官吏先后主持下，大规模修补澧州城。顺治八年，增建外瓮城3座，瓮城门与主城门之间的道路"皆令屈曲出径"；敌台6座。不久，因战火和常年大雨以及水患，导致澧州城脚砖石风化、破损严重达全城1/3。康熙二十二年（1683），百姓按旧制应役修补城墙时，由于工役长短不均，"当事犹豫，不克兴工"，产生激烈争议，甚至闹上了公堂。知州朱士华虽加以劝导并稍加均役，但修缮效果并不完善。康熙四十五年，知州宋永穆修改瓮城门为直门，城门名未改。康熙六十年，知州黄炎于东门上建紫极楼（不久毁圮）。澧州城建成之后，城墙易损毁最大的问题是水患，尤其城东的护城河"一濠受众水之注；一城当两（河）口之冲"，且下游多有"民堤重重，拒东水难宣泄"，导致城脚浸泡于水。因此，当地历任官吏意识到"欲城之永峙，必水先安流"，先后多次组织大规模地疏浚河道、修筑堤坝的工程，"费巨工浩"。乾隆二十六年（1761），知州锡尔达领帑主持重修城池。当时，城墙上部用砖，下部用石，城周长1472丈、高1.6丈、女墙高3尺，垛口3368座。城门更名为：东曰"潆绣"，南曰"晏澧"，西曰"澹江"，西北曰"金牛"，北曰"清风"。还在城南面新开一门，取名"小南门"，以便利百姓取"薪、水"之需。乾隆五十七年，知州方维祺捐廉主持修补小南门至大南门一带护城河驳岸。嘉庆六年（1801）十二月，知州周士拔上任伊始，即捐资主持修缮城墙东北隅的内城数十丈。嘉庆二十一年，州牧张映蛟也用捐资的方式，维修大南门至小南门一带内城。嘉庆二十五年，州牧安佩莲同样捐资修城，维修小南门外护城石堤数十丈。此后，在澧州历任地方官吏重视下，澧州城池虽因战火、自然灾害等受损，但基本得到及时修缮。如：道光二十年（1840），州牧延禧倡捐维修城墙10余丈，次年竣工。道光二十九年，东门遇仙楼右石岸溃数十丈，城墙也有坍塌。州牧吕裕安主持倡捐修城，直到咸丰二年（1852）在州牧张建翎主持下，工程告竣。同治元年（1862）六月，"蛟水大涨"，城体有六处坍塌，其中"金牛门至大西门三凤山后膨裂城身三十余丈"。在三任州牧连续主持大规模维修后，于次年竣工，基本恢复了城墙的旧制，还增建了炮台12座。

1935年夏，澧、澹、涔三水齐发，城破堤圮。1943年，东门、大西门段城墙遭日军轰炸，数处损毁严重。

1950年，出于城市防汛需要，当地政府主持修补城墙，并加高约1米。1973年，澹水河改道，古城堤西、北堤段逐渐被挪作他用。

20世纪80年代以后，文物部门调查显示，昔日澧州古城尚存长约2000米、高3~5米不等残段，以及澧浦楼等城墙附属建筑。在小南门一带还发现许多砖文，其中有"太"、"太平"、"仁和里人口"等。而在明初南京城墙上就有澧州提供的城砖（杨国庆、王志高：《南京城墙志》第291页），另《南京城墙砖文》一书中也提到"仁成里"、"太平二号"、"太平三号"等类似砖文，两者之间是否存在关联，尚需进一步研究。

2000年，澧州古城被列为县级文物保护单位。2006年，被列为省级文物单位。2013年，被列为全国重点文物保护单位。

杨国庆

澧州城池：城自隋改为松县，筑松县城。唐、宋迁徙无常。明洪武初，复迁于此。总督萧杰垒土为之。永乐二年，甃以砖，高一丈五尺，上加女墙，周千丈。外有壕。成化中，指挥柴启更筑城址。嘉靖中，参政刘廷诰更名：东门曰澧阳，南曰兰江，西曰石慈，北曰松滋、金川。顺治六年，守道王燧、知县汤调鼎修砌。八年，建月城三，敌台六座。

——清《考工典》第二十一卷，引自《古今图书集成》

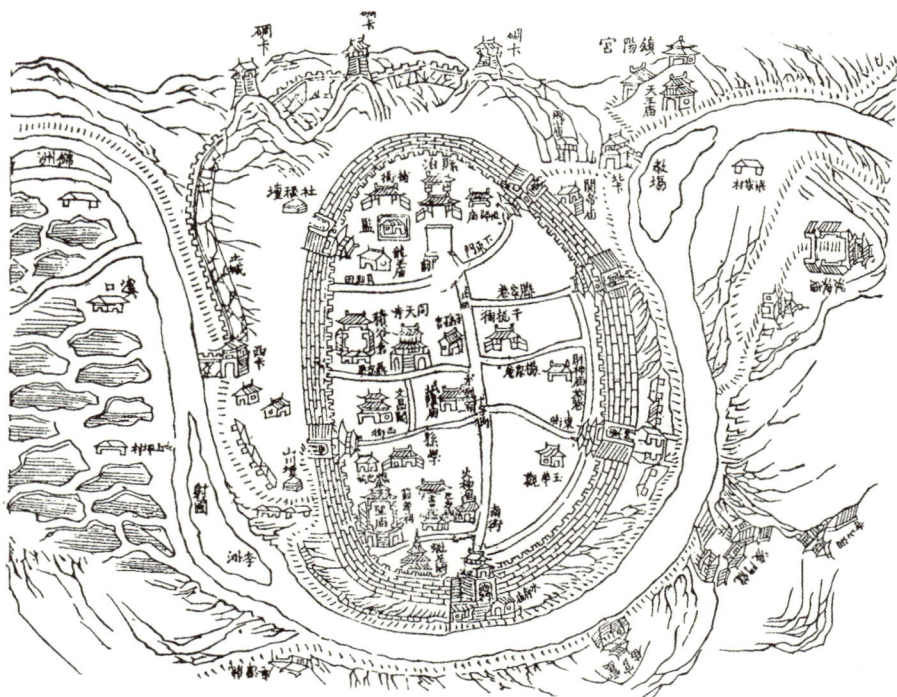

△ 麻阳县城图　引自《同治新修麻阳县志》清同治十三年刻本，载《中国地方志集成·湖南府县志辑（65）·同治新修麻阳县志》

麻阳，位于湘黔边界的湖南省西部，在其境内方圆不足百里的锦江流域，分布着18处盘瓠庙等其他文化遗址。

秦时，设黔中郡，统治麻阳在内的五溪地区。南朝陈天嘉三年（562），始置麻阳戍，列入行政管辖之地。唐武德三年（620），始置麻阳县，隶辰州。此后，建置及隶属均有变化。宋熙宁八年（1075），麻阳县治迁至锦和（今锦和镇）。明清时，麻阳县隶属辰州府。1953年，县治从锦和迁至高村。1988年，设立麻阳苗族自治县。1998年，属地级怀化市。

麻阳最早筑城于何时，文献记载不详。唐长安四年（704），始筑土城。宋熙宁八年（1075）迁治，直至元末，关于城池兴建与修缮等情况的记载失考。

据文献记载，麻阳老县城于"明洪武（1368～1398）初，筑土城基"

（康熙三十三年《麻阳县志》卷三）。景泰六年（1455），城池毁于当地苗乱。成化八年（1472），都御史吴琛奏行知府易贵、都指挥锁坚等地方官吏及驻军，依照旧城基而修筑土城。弘治十七年（1504），知县程良能拓展县城，增建东、西二门。正德五年（1510），知县张熇申请修城，经知府戴敏转呈兵备副使徐潭获准后，委派通判周参"督县修筑砖城"（实为砖石构造的城墙），动用库银800余两，于农闲时由征集民夫参与筑城，新城比旧城大，周441丈（此据县志，而戴敏《筑石城记》载"五百零四丈"），设城门4座：曰"南门"、"西门"、"下东门"、"朝阳门"。城"门上为重屋鼓楼"，城顶还建有串楼481间（另据戴敏《筑石城记》载"间数如丈，高一丈有五"）。城东、南外临锦河，作为天然护城河，城北开挖的护城河宽6尺、深3尺。竣工后，张熇派人请戴敏撰写了《筑石城记》，还制定了城墙日常维修的规定："七里分定，遇坏修补。"嘉靖二十六年（1547），有苗民反叛，知县朱瓒主持修城，开筑北门并建城楼（后因流传对城内风水不好，遂被封塞），曰"与存"。竣工后，朱瓒撰有记。万历十一年（1583），知县蔡心一建兵马司，招兵守城。崇祯年间（1628～1644），知县程国祚主持大规模修城，增高垛口3尺。明末，麻阳城墙毁圮于战火，"串楼颓坏，城覆于隍"。

入清以后，在地方官吏重视下，城墙虽时有损毁，但能得到及时修葺。康熙二十五年（1686）冬十月至次年春正月，在朝廷诏令"天下缮完城池"的大背景下，麻阳知县黄志璋遂主持大规模修城，"用石板平盖，筑以垛口，不用串楼，以图永固"（康熙三十三年《麻阳县志》卷三）。修缮后的麻阳城池及五座城门楼（称为"鼓楼"）"美轮美奂，稚老喧传：自有城池以来，所未有也"（黄志璋：《修麻阳县城记》）。竣工后，黄志璋撰有《修麻阳县城记》，并镌石碑立于东门外。然而，仅至次年春，由于春汛大水骤至，将城墙"冲决将半"（同治十二年《麻阳县志》卷二）。康熙三十一年，知县陈辉璧委托典吏吕文龙督修城墙。修缮后的城池"街民夜户不闭，较前制颇称完备"。雍正三年（1725），知县丁育果主持重修城墙，并改南门于旧址。雍正七年二月，城外民居失火，延烧至东门，城楼被焚。知县赵宏仪随即捐资给予修缮。由于麻阳城墙外部采用岩石砌筑，而内墙则为夯土墙，女墙"多用泥砖、灰粉。每逢雨久，间有坍塌"（乾隆十二年《续麻阳县志》上卷）。乾隆七年（1742），知县宫受禄委托典吏施敬修主持修城，修城材料内外"始尽用石，女墙尽用火砖"。然而，城墙过于单薄，"举足可踰女墙"，垛口也多有损毁。嘉庆二年（1797），知县阎广居申请官银后，主持修城。并"于城外西山就三峰，各造碉楼一座。又以城西当苗冲，劝谕居民合力筑土墙一道"，土墙长达365丈、高1丈、厚2.5尺，"跨山越河，包裹碉楼，捍御城垣"。还在通往县城的小路上建造"石卡门二座"，当年八月，全部竣工。同治四年（1865），麻阳城由于战乱及年久失修，"败堞颓垣，莫资守卫"。在知县吴兆熙、姜钟琇等地方官吏主持和地方乡绅支持下，断断续续直到同治十年才竣工。此次先后两次大规模修城，耗资20000多银两，不仅在城外环山筑堡，比之前碉楼设施更加"扩充"，还修补了麻阳城墙损毁地段。

1912年以后，麻阳城墙虽曾有过增修，如1938年增修南门等碉堡，但是总体上城墙还是逐渐毁圮，甚至因战火及城建被拆除。

20世纪80年代以后，据文物部门调查显示，麻阳城墙仅存朝阳门、下东门，在茶巷弄、二中背后两侧仍保留残墙一段。

1984年，麻阳城墙以"锦和城墙朝阳门、下东门"（包括部分残址）之名，被列为县级文物保护单位。1988年，麻阳县清代木包木山古堡，被列为县级文物保护单位。

杨国庆

麻阳县城池：明成化中，开府吴琛筑土城。正德中，邑令张煽砌以砖，开设四门。嘉靖二十六年，邑令朱瓒乃立大楼，增辟北门，采石重修。

——清《考工典》第二十一卷，引自《古今图书集成》

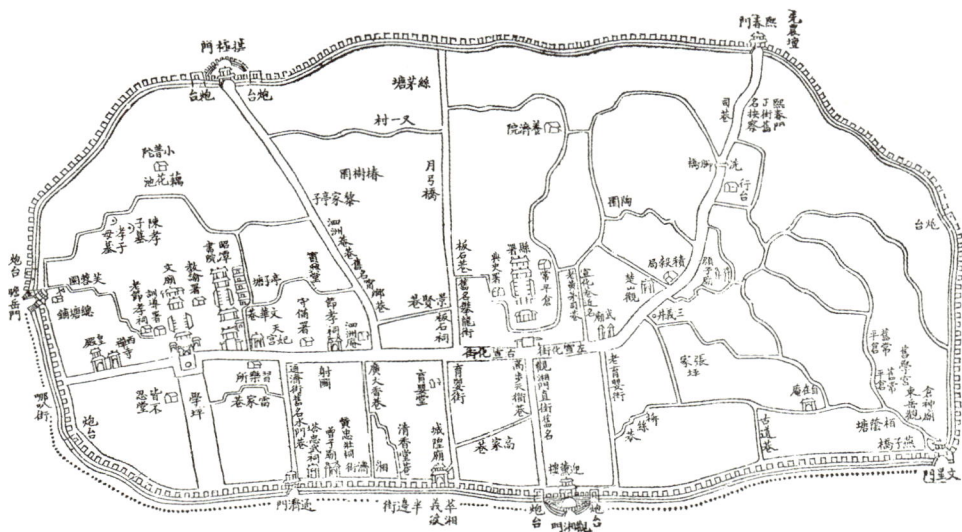

△ 湘潭县城图　引自《湘潭县志》清光绪十五年刊本，载《中国方志丛书·
华北地方·湖南省（112）·湘潭县志》

　　湘潭，别称"莲城"，又称"潭城"，位于湖南省中部、湘江中游，与
长沙、株洲各相距45公里和26公里。2011年，被列为省级历史文化名城。

　　汉代，湘潭市境内始设湘南县。此后，随政权更迭，建置、隶属及疆域
多有变化。唐天宝八载（749），新设湘潭县，设县治于洛口（今易俗河），
至此，今湘潭县、湘潭市区境域大致稳定。明清时，湘潭县隶属长沙府。1950
年，析湘潭县城关区为湘潭市。1980年，湘潭市升为地级市。

　　湘潭，筑城"明以前无考"（乾隆二十一年《湘潭县志》卷六）。自嘉
靖和隆庆年间（1522～1572），因多有民乱，城市治安难以得到保障。万历四
年（1576，《考工典》称"万历二年"知县为吴仲，有误），巡抚赵贤鉴于其
治无城，遂下文湘潭知县吴仲，令其主持修城。该城"其制坐北向南，后负平
岗，前临湘水"，土城周1332丈、高1.8丈，设城门6座（《考工典》记为"周

△ 20世纪30年代，湘潭县城墙旧影 刘洪涛提供

围二千五百丈，高一丈六尺。为门七"）：东北曰"熙春"，东南曰"文星"
（后俗称"小东门"），南曰"观湘"（清乾隆间，知县苏畅华修城时悬额
"迎薰"），西南曰"通济"（为水门），西曰"瞻岳"，北曰"拱极"。城
门上均建有城楼，全城垛口2646座（乾隆二十一年《湘潭县志》卷六）。此城
初未建护城河，唯城南临湘江，西、北两面近后湖。不久，土城多处地段出现
坍塌。在典史张大礼负责修缮城墙时，采用城砖砌筑城墙300丈。由于耗资巨
大，遂打算每年不断烧制城砖，逐步用城砖替代土城。知县包鸿奎在其撰写的
《修城说》中称："恨吾不及为之，以待后之贤者藉手焉。"其实，包鸿奎的
愿望很长时间未能实现，基本仍为土城。不过，自万历以后，当地乡绅时常自
愿出资修葺城河之间的堤岸。如万历年间，乡绅王相"独出重金，甃石岸"
（光绪十五年《湘潭县志》卷二）。崇祯年间（1628～1644），推官李犹龙负
责县事，主持修城，并采用砖石维修损毁地段。但新修的城墙及垛口，部分毁
于崇祯十六年（1643）的战火。自明以后，湘潭城墙外的湘江沿岸，商业贸易
十分发达，民间就有"金湘潭"、"小南京"之称。

　　清初，知县阎安邦、刘应泰先后主持修补湘潭损毁地段城墙。康熙二年
（1663），因有虎夜入湘潭城扰民，虽张罗将虎捉住"献功于庙"，并设宴庆
功，但百姓认为"防患无如修城。不修、修不周致，虽擒百虎非治也"。知

县郑有成遂于当年夏主持修城，于次年秋竣工，在城西南旧有生湘门（此门不知何时所开），"后以不利于潭，知县郑有成塞之"（乾隆二十一年《湘潭县志》卷六）。由于湘潭城墙自观湘门至文星门一带临近江边，发大水时极易损毁，加上地方时有战乱，导致城墙经常损毁，也经常需要及时修补。仅康熙年间（1662～1722），较大规模修城至少在六次以上。其中康熙二十三年，知县姜修仁主持修城时，捐资"筑土为垣，内外始蔽"。不久，湘潭土城还是"复坏于水"，最严重的是康熙五十二年的大水，毁坏城墙数十处。乾隆二十五年（1760），知县秦鑅为彻底解决湘潭城的水患问题，遂经报请得库银24000两，主持大规模修建砖城，完成了昔日包鸿奎的夙愿。此次修城用砖729.6万块，并自观湘门至文星门城河之间砌筑石堤（俗称"秦堤"），堤长达197丈、高1丈，累石五层（"需石九千八百五十丈"，引自秦鑅《重修县城记》），以护城墙。50多年后，城墙仍先后出现损毁。嘉庆二十年（1815）及二十二年，知县张云璈两次捐修城墙。道光（1821～1850）末年，先是大水毁城，咸丰四年（1854）又遭遇太平军战火，城墙损毁严重。战后，知县孙坦多方集资过万，用于修城，使湘潭城墙再次"垣堞益崇"。光绪十七年（1891），在地方官吏主持下，由城工局督造城砖用于城墙的大规模修补。清

▽ 湘潭城西侧城墙遗址，位于雨湖路的路基下　本文照片除署名外，均由杨国庆摄

△ 湘潭城西侧城墙遗址现状，位于雨湖路路基下

代的湘潭城守，按非战时状态的兵力并不多。乾隆九年时，"实存城守马步兵二十七名"；乾隆四十六年，增为35人；嘉庆五年时，名义上为马步兵17名，实际仅11人（嘉庆二十三年《湘潭县志》卷十四）。

1912年以后，由于抗战和城市发展的需要，湘潭先后拆除了大部分城墙，部分城址被用来修筑成马路。其中1966年"文革"时期，再次拆城取砖，用于当时建造的防空洞。

△ 湘潭城西侧城墙上的砖文

20世纪80年代以后，据当地文物部门调查，昔日城墙仍存有一段，位于湘潭市河西喇叭街口与大埠桥交界处（雨湖路东段的一段路基）。该段残墙约百余米，残高不足2米，部分城砖上可见砖文（如"光绪十七年城工局"、"窑户周惟石"、"窑户周茂兴"等）。2012年后，当地政府结合城建，开始对此段城墙给予规划性保护。

杨国庆

湘潭县城池：治旧无城。明万历二年，巡抚赵贤檄知县吴仲城之。周围二千五百丈，高一丈六尺。为门七，覆以楼，南曰观湘、通津，东曰文星、枕湖、熙春，北曰拱极、瞻岳，又水门曰通济。

——清《考工典》第二十一卷，引自《古今图书集成》

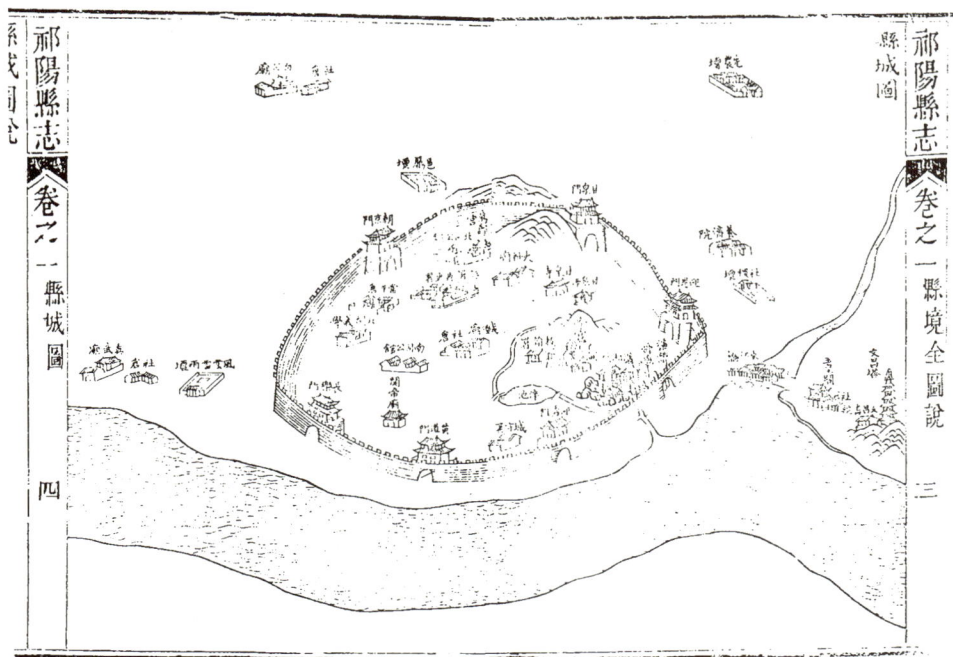

△ 祁阳县城图　引自《祁阳县志》清同治九年刊本

祁阳，位于湖南省南部、湘江中游，因地处祁山之南而得"祁阳"之名。

汉以前，祁阳境内隶属其他郡县或属地。东吴元兴元年至天纪四年（264～280），析泉陵县置祁阳、永昌二县（另1931年《祁阳县志》称：东吴孙亮太平二年即公元257年始设县），祁阳县治设于今祁东县金桥镇新桥头村（参考彭徐楷《祁阳故城考》），因县治地处古祁山之南，故名"祁阳"。此后，建置、隶属及境域均有变化。明清时，祁阳县隶属永州府。1996年，祁阳县隶属地级永州市。

从祁阳县历史上看，在不同地点曾先后筑造过三座城池。东吴（222～280）晚期，因设县而始筑城。城址位于祁东县金桥镇，系土城。这座土城后被沿用至隋。唐贞观四年（630），祁阳恢复县的建置，将县治迁至海水湾（今茅竹镇老山湾村和茶园村一带。另1931年《祁阳县志》称：新筑城池之事为唐武德

△ 祁阳城东南段城墙遗址 本文照片均由
杨国庆摄

△ 祁阳城城墙不同时期的城砖及
块石，位于原迎秀门旁

年间。有误），并新筑一座土城。此城后被宋、元两朝所沿用，明早期仍曾被
用。上述祁阳两座土城，由于文献记载不详，仅知元时，祁阳城墙时常遭遇水
患，甚至"屡被江涨淹废"（嘉庆十七年《祁阳县志》卷六），其他如规制及
修缮等情况不明，待考。

明景泰三年（1452）十二月，巡抚李实有鉴于正统年间（1436～1449）
境内时常"有苗警"，百姓几年不能过正常生活，加上旧城濒临湘江常遭水患
之灾，在地方官吏同知苏孔机、知县王元觐的主持下，遂将县城迁治于"高爽

▽ 祁阳城南部黄道门原址

▷ 祁阳城残存城墙及防空洞
遗址

地，分功修筑"土城1座，城周480余丈、高1.8丈、宽1.2丈。沿城建有串楼，
"以抵风雨"。唯有四门均用石材砌筑，每座城门的对开门扇均以铁包裹，城
门上设城楼。新城建设于次年十月竣工，何维贤撰有记，详述其事。显然，
这座城池的规模太小，"不足聚庐"（嘉庆十七年《祁阳县志》卷六）。成化
九年（1473）冬，湖广巡抚吴琛来祁阳时，环顾城墙后叹曰："城非石不能贻
久，非池无以却敌"（夏正时：《修城记》）。成化十年十月至次年十月，
在巡抚刘叔荣再次督促下，由郡守杨尚贤等地方官吏主持大规模重修城池，
城周拓为1512丈、高2.5丈，"周遭尽固以石"（参见夏正时《修城记》）；
而据成化十三年谢一夔《修城记》称"城高一丈又六尺，内外甃以砖石"。
设城门6座：正南曰"宣化"（后改名"长乐"），正北曰"望祁"，正东曰
"渡春"，正西曰"控粤"，东南曰"镇南"，东北曰"进贤"，城门上均建
有城楼。护城河深1丈、宽2丈（另据谢一夔《修城记》称：护城河宽"一丈五
尺，深一丈一尺"，开工与竣工的时间也略有差异，今从县志）。弘治七年
（1494），江水暴涨毁城近半。灾后，知县袁儦主持重修，修筑城墙120丈，

△ 祁阳城新建的潇湘楼及市级文物保护标志碑

又于谯楼下"甃石为门"，城上旧有串楼658间，此次修建了120间。万历三十年三月至次年十一月（1602~1603），知县沈学发现城上串楼毁圮严重，遂拆除全部串楼，"累石为平头城"，耗资1700余两（翰林院修撰焦竑《祁阳县修城记》）。竣工后，尚书（先后任吏、刑、户部）陈荐（祁阳县咸菜塘人）撰有记，详述其事。崇祯十三年至十五年（1640~1642），在地方官吏主持下，拓展祁阳城，使城周7.3里、高2丈、基宽2丈、顶宽1丈。设城门7座，城墙内外均用石材，垛口则用砖筑，高5尺。此城被称为"楚南各郡邑城工，未有坚实完密如祁（阳）者"（同治九年《祁阳县志》卷六）。民间俚语"祁阳城墙永州塔，宝庆狮子盖长沙"，由此而来。

清顺治十二年（1655），知县童钦承重建城门楼7座，并定名：正南曰"长乐"（俗称"驿马"），东南曰"黄道"、"迎秀"，正东曰"潇湘"，东北曰"迎恩"（俗称"寿井"），正北曰"甘泉"，西北曰"朝京"（俗称"罗口"）。康熙（1662~1722）初，祁阳的官民"以潇湘门有碍风水，闭塞至今"（同治九年《祁阳县志》卷六）。又根据当时风水说，在迎秀门城楼里供奉魁星神像；在朝京门城楼里供奉元武神像，并有僧人管理日常的香火、暮鼓晨钟。之后，城墙先后出现多处坍塌。雍正六年（1728），知县谭镳主持捐修城墙209丈，后因工役繁重而中止。雍正十年，知县王式淳继续捐修城墙，计551丈，并修葺城门及城楼。乾隆二十八年（1763），知县李蒨捐修城楼，"易以重檐"。乾隆五十九年五月，洪水冲塌城墙数处。知县王述周"借帑修理，分年扣廉归欵"，主持重修城周9.3里、高2丈。嘉庆九年（1804），洪水冲塌黄道门一带城墙。道光二十八年（1848），知县王葆生主持修缮坍塌和臌裂地段，以及城墙附属建筑（如垛口等），在迎秀门城楼建魁星阁。咸丰十一年（1861），由于久雨导致长乐门地段城墙坍塌50余丈。知县于学琴主持修补城墙，"工坚料实"。次年竣工后，周厚生撰有记，详述其事。

1912年以后，祁阳城墙由于年久失修，逐渐毁圮。1949年以后，因城市建设需要曾拆除部分城墙。

20世纪80年代以后，据当地文物部门调查，祁阳尚存部分城墙，如潇湘门至黄道门约304米，以及其他遗址。

1992年，祁阳古城墙被列为县级文物保护单位。

杨国庆

祁阳县城池：旧城在今治东南。明景泰中，移筑今地。成化、崇祯间，递筑之，基址视旧益大。城周围七里，高二丈，广一丈二尺。池深一丈，阔如之。建门六，正东曰渡春，正西曰控粤，正南曰长乐、望祁，东南曰镇南，东北曰进贤。顺治十二年，知县童钦承建城楼于六门。

——清《考工典》第二十一卷，引自《古今图书集成》

竹山城
房县城
襄阳城
宜城城
随州城
铜锣关
远安城
钟祥城
荆门城
黄陂城
归州城墙
当阳城
汉口城
盘龙城
罗田城
宜昌城
麋城
汉川城
武汉城
荆州城
汉阳城
黄冈城
公安城
蕲州古城
鸡鸣城遗址
洪湖

汉水
丹江口水库
汉水
清江
长江
江

N

湖北

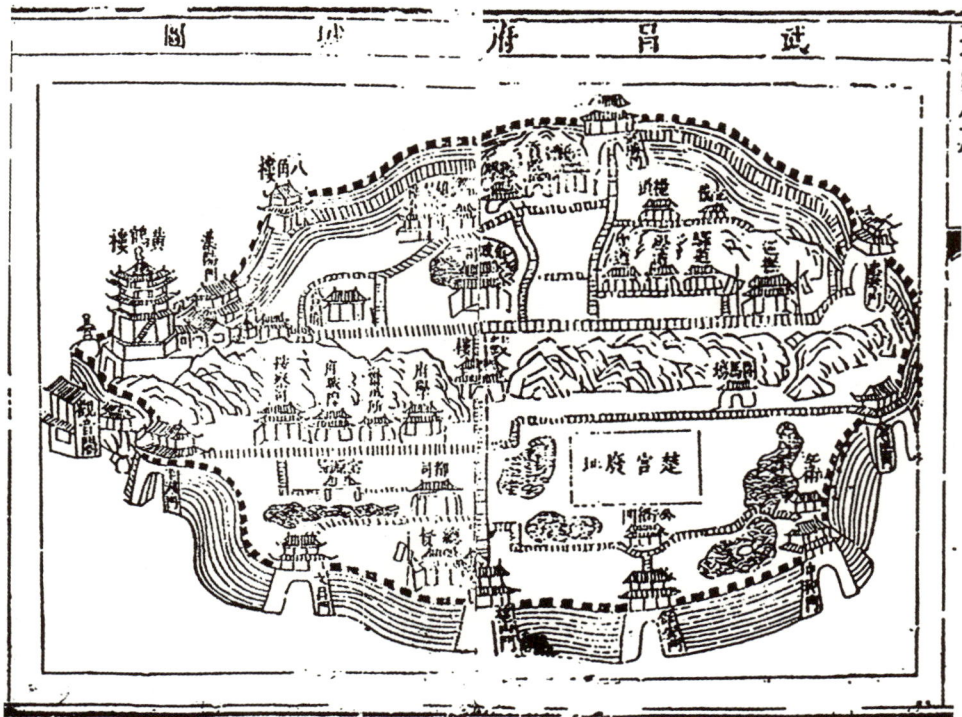

△ 武昌府城图　引自《湖广武昌府志》清康熙二十六年版

武汉，简称"汉"，俗称"江城"，位于中国腹地中心、江汉平原东部、长江与汉江交汇处。1986年，被列为国家历史文化名城。

西汉时，其境为江夏郡沙羡县地。隋时置江夏县和汉阳县，分别以武昌、汉阳为治所。元至元十八年（1281），武昌成为湖广行省的省治。明代为武昌府。清代沿用。1861年3月，汉口正式对外开埠。1949年，正式设立武汉市，由中央直辖。1954年，改为湖北省省会。

武汉最早筑城，始于三国吴赤乌年间（238～251），吴主孙权在黄鹄山（1921年《湖北通志》卷二十五记为"黄鹤山"）东北筑土石城，取名"夏口城"（一说为黄武二年）。该城方圆仅二三里，塘山堑江，实为地形险要的军事堡垒。南朝宋孝建元年（454），孝武帝在夏口设置郢州，并在夏口城的基础上进行城垣的修茸和扩建，即古郢州城，称为"郢城"。至今遗址尚存，自黄鹤楼后往东至鹔望塔，全长300米。1983年在重建黄鹤楼施工中掘出一城垣横断面，与《江夏县志》所记"薄砖结砌"、"墙基坚好"的夏口城相似。1983年，鄂州城垣遗址被列为市级文物保护单位。

隋开皇九年（589），隋文帝改郢州为"鄂州"，沿用旧城，鄂州城初为夯土结构，江风一起满城灰土，不利于民居生活。唐宝历元年（825），牛僧孺为武昌军节度使，因原土城土质恶劣，将欲圮塌，故将土筑城垣全部改为砖砌，城区在原夏口城基础上向北、东、南三面扩展，北临沙湖，东至小龟山，南抵紫阳湖，西达蛇山西端。宋皇祐年间（1049～1054），鄂州知州李尧俞重修城池（据清康熙二十三年《湖广通志》卷七）。

明洪武四年（1371），江夏侯周德兴主持增拓武昌府城。城周长17里多（计3098丈，清康熙二十六年《湖广武昌府志》卷一记为"二十里"）、东南高2.1丈、西北高3.9丈（《考工典》记为"二丈九尺"）。设城门9座：东曰"大东"、"小东"，西曰"竹簰"、"汉阳"、"平湖"，南曰"新南"、"保安"、"望泽"（清康熙二十六年《湖广武昌府志》卷一记为"望山"），北曰"草埠"。城壕周长3343丈、深1.9丈、宽2.6丈。嘉靖十四年（1535），御史顾璘重修，改城门名：大东改为"宾阳"，小东改为"忠

▽ 武汉三城总图 美国国会图书馆藏《武汉城镇合图》，王腾提供，张君重绘

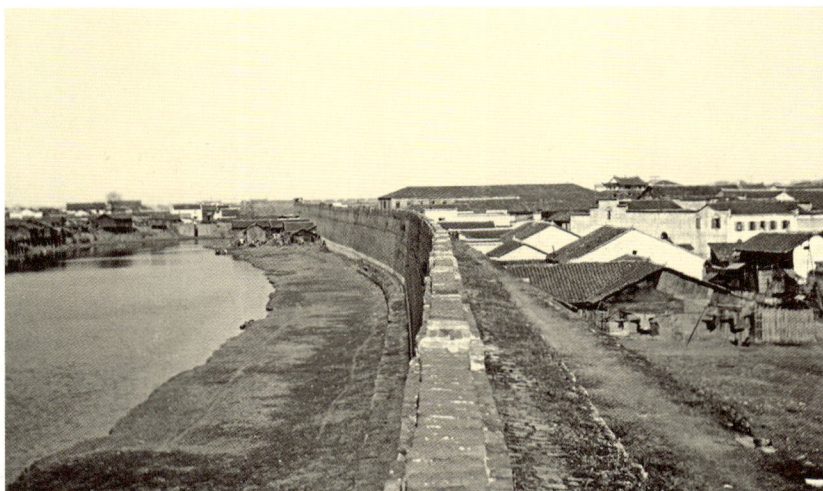

◁ 武昌西段城墙
（旧影） 本文
照片除署名外，
均由李炬藏

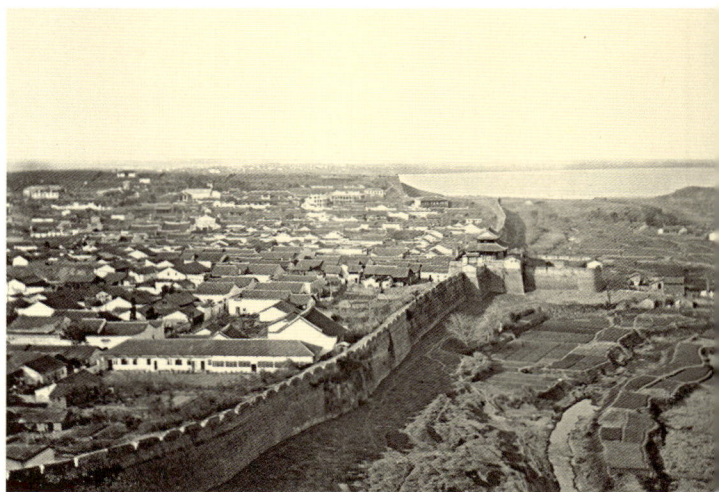

▷ 武昌东门及城墙内外
（旧影）

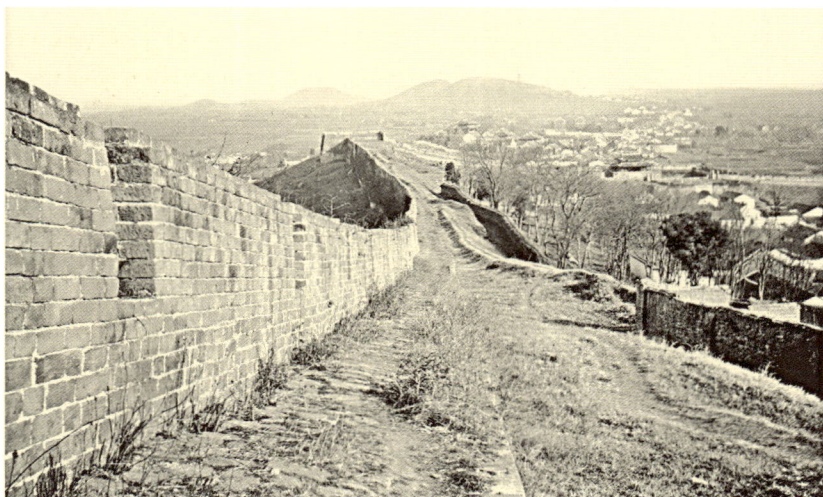

◁ 武昌城墙顶部
（旧影）

孝", 竹簰改为"文昌", 新南改为"中和", 望泽改为"望山", 草埠改为"武胜", 其他未改（据清康熙二十六年《湖广武昌府志》卷一）。

清顺治年间（1644~1661）, 总督祖泽远增修。康熙二十四年（1685）, 督抚率同城属吏重修。雍正六年（1728）, 重修。乾隆四十七年（1782）, 同治史湛等重修。乾隆五十二年, 知县史均重修。嘉庆六年（1801）, 知县王澍重修。同治四年（1865）, 知府黄昌辅修文昌、宾阳二门。同治八年和九年, 分别重修忠孝、平湖二门及楼堞、吊桥。光绪年间（1875~1908）, 湖广总督张之洞于中和门和宾阳门之间增辟一门, 称"通湘门", 设车站于门外, 以通湖南, 故址在今紫阳路东端, 靠近武昌火车站。由此, 城垣共有十门。此时的城垣周长3430丈、东西径5里、南北径6里、高2.8丈、底宽6.8丈、顶宽5.4丈。宾阳门至忠孝门1里180步, 忠孝门至武胜门3里, 武胜门至汉阳门2里180步, 汉阳门至平湖门1里, 平湖至文昌门1里180步, 文昌门至望山门1里180步, 望山门至保安门1里, 保安门至中和门1里20步, 中和门至宾阳门3里。门各有月城, 并设谯楼1座, 垛口共计2333座, 营房40座。另设水门2座, 有闸, 位于汉阳、平湖、武胜三门附近。北、南、东三面城外皆有城壕, 全长3343丈、深2

▽ 20世纪30年代, 汉阳城（今属武汉市）城墙 南京城墙保护管理中心藏

丈、宽2.8丈，西临长江。

1912年后，为纪念1911年武昌起义的成功，特将中和门改为"起义门"。1927年后，武汉城墙、城门因城市改造逐渐被拆除，城墙部分地段被改造为道路。

1981年，为纪念辛亥革命武昌起义，在原址上重建起义门。该门略依旧制重修城楼，城楼高11.3米，穿斗重檐歇山顶式二层建筑。檐下环以朱红廊柱30根。半圆形城门高5米，城门上方新嵌长方形石额，刻"起义门"三字，字为叶剑英亲笔手书。

1956年，起义门被列为省级文物保护单位。2013年，该城门被列为全国重点文物保护单位。

附：

汉阳城　东汉末年，于鲁山城基础上扩建而成。唐

▽ 新建的起义门，旧时称"中和门"　杨国庆摄

△ 武汉起义门文物保护标志碑 赵梦薇摄

▽ 新建的起义门城楼 杨国庆摄

武德四年（621），扩建。北宋沿用，城周围3.54公里，有城门8座：东曰"迎春"，南曰"沙洲"，西曰"孝感"，北曰"汉广"，东南曰"朝天"，西南曰"汉南"，东北曰"庆贺"，西北曰"下议"。形成"东南枕大江，北控月湖"，包容凤栖山（今凤凰山）和鲁山（今龟山）一部分的一座大城。北宋宣和四年（1122），因江河大水成灾，汉阳城被冲毁。明朝初年，汉阳知府程瑞重修汉阳城，大体依据南宋汉阳城的基础建造，城墙周围2.5公里，为单砖、无里城。有城门4座：东曰"朝宗"，南曰"南纪"，西曰"凤山"，北曰"朝元"，每座城门建有谯楼。不久朝元门被塞，只留下三门。嘉靖年间（1522～1566），始筑里城。其后多因战争及风雨、江水浸蚀，汉阳城屡毁屡建。清光绪三十二年（1906），汉阳知府严舫、知县林瑞枝等修复城墙及东谯楼后，改东谯楼为"汉江楼"。1925～1928年，东、南、西三面城墙被拆毁，改修马路，仅北面凤栖山尚可见当年城墙遗址。

汉口城　汉口城墙筑造时间较晚，清咸丰年间（1851～1861），为抵御太平军修建。城墙没有合围，靠长江一边是没有城墙的。汉口城墙存世时间也较短，清光绪三十三年（1907），湖广总督张之洞为了扩大市区，便利交通，决定拆除汉口城墙，在城基上修筑了一条马路，名为"后城马路"。

盘龙城　城址位于武汉市北郊约五公里的盘龙城湖畔，是古汉水注入长江的必经之地。盘龙城遗址于1954年武汉大水采土堵水时发现，经其后多年挖掘、鉴定，确认为距今3500年前的商代侯伯国君的都城，是商南征的重要军事据点，也是长江流域发现的第一座商代古城。城址平面近似方形，南北长290米、东西宽260米、周长1100米、面积75400平方米。城周有土筑城垣，现存西、南两面城垣，残高1～3米、底宽20米。城垣外坡陡峭，防止敌军攀登；内坡缓斜，便于守卫联络。城垣四面居中各开一门。城垣外有壕沟（即后来的护城河），城门附近壕沟内留有木桩残迹，类似城门吊桥。

盘龙城是中国商代遗址中保存较好的一座城址，现为全国重点文物保护单位。

王腾　肖巍

武昌府城池：*即省城也，旧在黄鹄山，孙吴赤乌中筑。至唐，牛僧孺始陶甓甃之。又有古万人敌城在黄鹄山顶，据胜设险。*

元因之。明洪武四年，江夏侯周德兴增筑拓修筑，周十七里有奇，计三千九十八丈，东南高二丈一尺，西北高二丈九尺，池周三千三百四十三丈，深一丈九尺，阔二丈六尺，为门九：东曰大东、曰小东，西曰竹簰、曰汉阳、曰平湖，南曰新南、曰保安、曰望泽，北曰草埠。嘉靖十四年，都御使顾璘重修，门仍九，易东大曰宾阳，小东曰忠孝，竹簰曰文昌，新南曰中和，望泽曰望山，草埠曰武胜。江夏县附郭。

——清《考工典》第二十一卷，引自《古今图书集成》

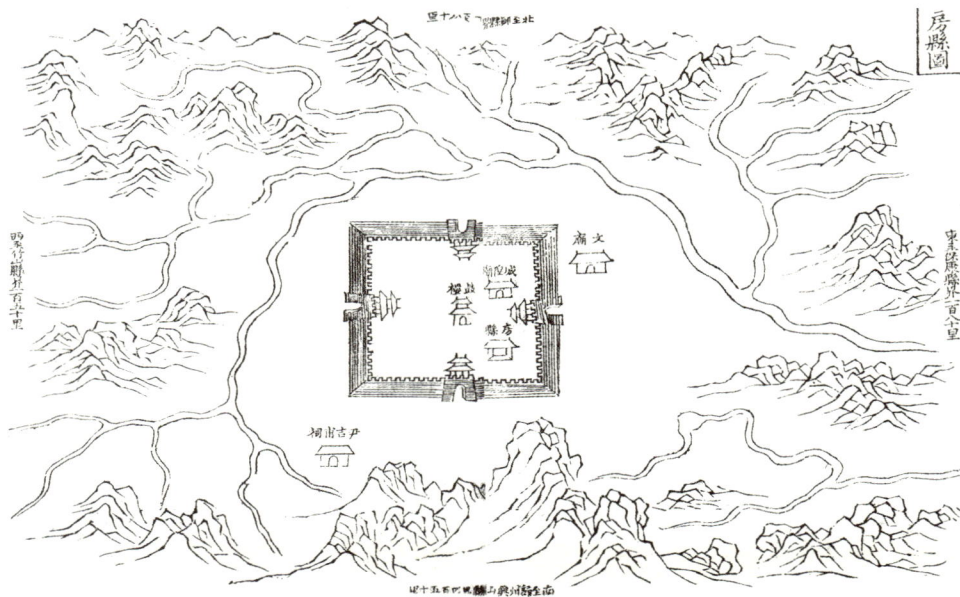

△ 房县图　引自《房县志》清同治四年刊印本

　　房县古称"房陵"，以"纵横千里、山林四塞、其固高陵、如有房屋"得名。位于湖北省西北部、十堰市南部，是楚文化的发源地之一。

　　秦置房陵县，属汉中郡。三国魏黄初元年（220），合房陵、上庸二郡为新城郡。隋大业二年（606），为房陵郡。唐贞观十年（636），改光迁县为房陵县，为房州治，隶山南东道。宋雍熙三年（986），升房州为保康军。元代为房州治。明洪武十年（1377），降州为县，始称房县。清代沿用。1936年，隶湖北省第八行政督察区。1994年，属十堰市所辖。

　　房县筑城始于北宋皇祐三年（1051），知州陈希亮在庐陵故城北侧营建城池，久废，形制、规模无考（据1921年《湖北通志》卷二十五）。

　　明洪武十年（1377），山硐寇发，调襄阳卫剿捕，遂留守，筑今城。城周725.2丈、东西径半里32步、南北径182步（计4里）、高1.5丈（清康熙二十三年《湖广通志》卷七记为"高二丈"），设城门4座、瓮城4座，门各有楼。四门各设铜炮2尊，铜炮高4尺、围3尺、厚2寸多、重约400斤。设有窝铺36间。城壕深7尺，宽3丈。崇祯七年（1634），有民反并攻陷房县城，城池俱毁。崇祯十年，知县郝景春率士民捐修170余丈，并疏浚城壕。崇祯十二年，张献忠攻城西关，主簿朱邦闻习铜炮用法，向敌还击，致死伤无数。房县被攻陷后，张献忠为泄愤毁去城垣雉堞，掘地埋炮而去（据清同治四年《房县志》卷三）。崇祯十四年，抚治王鳌永重修。

清顺治九年（1652），城复圮，王一正督兵修之，仅存雉堞，各楼、窝铺均未设。康熙三年（1664），知县傅六吉、典史高标重修。康熙七年，大雨，城池倾圮数处，知县田蒸髦修补如故。康熙二十二年，大雨毁城甚多，知县雷化龙再次修葺，修门4座：东曰"景春"，西曰"绥福"，北曰"承恩"，南门关闭。景春门筑月城，南向。据传知县王璋开南门，获金2锭、宝镜1个、宝剑1把，自觉怪异。后见一名男子自剖腹赴西河浣其肠，周氏妇忽赤身狂走，城中暴死者多人，复闭南门。乾隆五十四年（1789），知县常熙复改景春门向东，并于西北门修楼1座。乾隆五十九年，知县仇必达补修城墙（据清同治四年《房县志》卷三）。嘉庆元年（1796），白莲教围城，知县魏相臣修葺以防御，增高垛口3尺。次年，又于西北门增筑月城，重修南门，建敌台2

▽ 房县城墙西北角一段　本文照片均由杨国庆摄

△ 房县城墙西北角

座，城加高四五尺不等。咸丰三年（1853）六月，西河水涨泛滥，冲塌西面城垣100余丈，后南、北两面又因阴雨，坍塌10余丈。咸丰六年，义军攻城，城垣被毁。次年，知县金玉堂重修城垣。咸丰八年，知县郑庆华筑西门堡，并疏浚城壕。同治元年（1862），义军袭城，城垣再次被破坏。次年，知县李桢劝

▽ 房县城墙文物保护标志碑

△ 现存城墙仅存单面墙体

修西河保城堤（据1921年《湖北通志》卷二十五）。

1949年后，据当地文物部门测量，城周约3公里、高6~8米、底宽约4米、顶宽2.5米，均为石砖垒砌（今存纪年砖为明"成化丁未年"字样）。有垛口1001座。护城河宽4米。四门名称已改：东曰"景春"，西曰"来凤"，南曰"凯旋"，北曰"永定"。东、西、北门均有月城护围。从东门至西门约645米，从南门到北门约694米，略成正方形。1958年，因城建需要，城墙被逐步拆除。

20世纪80年代后，据当地文物部门调查，房县城仅存西北角房县一中长204米的一段相对保存较好。

1991年，房县城墙遗存被列为市（县）级文物保护单位。

肖璐　王腾

房县城池：旧土城，明洪武中修筑，成化中增修。高二丈，周围七百二十五丈二尺，计四里有奇，为东、西、南、北四门，城楼下有池。崇祯十年，知县郝景春补修一百七十余丈，濬池。明末毁。顺治间，秦帅、王一正修之。

——清《考工典》第二十一卷，引自《古今图书集成》

△ 公安县新城图　引自《公安县志》清同治十三年刻本

公安，位于湖北省中南部边缘、长江南岸，与洞庭湖平原一衣带水，与荆州古城一桥相连，有"七省孔道"之称。

汉高祖五年（前202），在其境建孱陵县。建安十四年（209），改孱陵县为公安县，取意"左公安营扎寨之地"。北宋时属荆湖北路江陵府，后又名为荆南府。明洪武九年（1376），公安属湖广布政司。清康熙三年（1664），属荆州府。1997年，属荆州市至今。

明正德五年（1510），公安始筑城墙，由知县周钺筑土城，名"吕蒙城"。嘉靖五年（1526），知县周臣筑砌砖石城墙（清康熙二十三年《湖广通志》卷七以及《考工典》记为"嘉靖二年"）。该城周长3里多，设城门4座，上有城楼。崇祯元年（1628），梅园失火，大火延烧一昼夜，城内外宫署、民房、祠庙、城楼全部烧毁。公安籍御史毛羽健向朝廷上疏，请求迁城椒园（今窑头埠），建土城1座、城门4座。崇祯七年，李自成农民起义军逼近荆州。公安籍锦衣卫掌卫事都督同知邹之有向朝廷上疏，以"时流贼遍满"为由，请求迁城于祝家岗（今花大堪西同和村），并由知县张大韶筑城。崇祯十三年，知县赵继鼎重修。崇祯十六年，李自成农民起义军攻克新城，将新城全部烧毁，县城迁回椒园（据清康熙二十三年《湖广通志》卷七）。

清顺治五年（1648），知县王百男将县城迁斗湖堤，建成官署，未筑城墙。顺治八年，县城迁回祝家岗新城，复建官署、城门。康熙三十八年（1699），知县许馨新开便河。康熙五十六年，知县杨之骈重新疏浚（据1921年《湖北通志》卷二十五）。县城重新修建，城周计5.3里。设城门4座：东曰"云翘"，西曰"瞻丰"，南曰"金华"，北曰"待诏"，各建城楼。同治十二年（1873），松滋县境江堤溃口，洪水漫及公安，县城被水冲毁后即迁唐家岗（今南平）。次年，建成土城，城周长558丈，并砖修城门4座：东曰"朝阳"，西曰"宝成"，南曰"文星"，北曰"迎恩"，门各有楼（据清同治十三年《公安县志》卷二）。

1938年11月11日，侵华日军对县城轰炸，官署、城墙被炸严重。此后，因城市建设发展需要，公安城墙逐渐被拆除。

20世纪80年代后，据当地文物部门调查，公安县城墙仅残存遗迹，尚可辨识。

▽ 鸡鸣城北侧残存城墙　本文照片除署名外，均由杨国庆摄

△ 鸡鸣城北侧残存城墙遗存

△ 鸡鸣城文物保护标志碑

附：

鸡鸣城遗址　位于公安县狮子口镇龙船嘴村。传说有二神夜间在此筑城，商定鸡叫停工，本地的土地爷在此作祟，假装鸡叫，二神弃城而去，故名"鸡鸣城"。城址呈不规则椭圆形，东南和西南角有明显的转折。据当地文物部门测算，城垣周长约1100米、顶宽约15米、底宽约30米，西北部城垣更是高出其他城垣部位1～2米左右。城垣外面的护城河周长约1300米、宽20～30米、深约1～2米。调查勘探表明，鸡鸣城是一处大型聚落，文化内涵丰富，年代久远，城垣、壕沟保存较好，是长江中游较少的一处史前城址，是研究原始社会

△ 鸡鸣城遗址航拍图　刘浏摄

发展和国家起源的珍贵的实物证据，对于研究长江中游和江汉平原这一地区文明形成过程也具有极其重要的意义。

2002年，鸡鸣城遗址被列为省级文物保护单位。2006年，被列为全国重点文物保护单位。

肖璇　王腾

公安县城池：旧名吕蒙城。明正德辛未，周钺筑土为城。嘉靖二年，知县周臣垒砖石筑之，后以滨江卫决，知县杨云才、高凤翔改迁椒园。崇祯末，复徙祝家冈，知县张大韶修砌。顺治五年，知县王百男建署于旧邑斗湖隄，八年，始移祝家冈之新城。

——清《考工典》第二十一卷，引自《古今图书集成》

△ 当阳县城垣图　引自《当阳县志》清同治五年修，民国二十四年铅印本

当阳，取荆山山脉之南为阳之意，位于湖北省中西部，地处沮漳河中下游，大巴山脉东麓，荆山山脉以南，是鄂西山地向江汉平原的过渡地带。

战国时期，始建当阳县，属南郡。西汉时期属临江国，后称江陵县。隋开皇七年（587），属荆州总管府。唐贞元二十年（804），废当阳县入荆门县，属江陵郡。北宋开宝五年（972），复置当阳县。明嘉靖十年（1531），当阳县随荆门州隶属承天府。清顺治三年（1646），改承天府为安陆府，当阳县随荆门州属安陆府。1988年，撤县设市。1992年，隶属宜昌市。

当阳筑城最早时间为明成化年间（1465～1487），因郧阳盗起，同知严瑞筑城，城长1里、宽150步，不久便毁于水患。以后土城几经修复，均因兵事或遭自然灾害侵袭而损毁，知县姜英依原址修筑。正德年间（1506～1521），刘六等作乱，知县刘珵以石筑城，以逼沮河之水，筑石矶作为城东北部屏障。

△ 当阳城的天然护城河沮漳河，位于当阳城的北部　赵梦薇摄

城周长700余丈、高1丈多，设城门4座。引西北真武港之水为城壕（据清康熙二十三年《湖广通志》卷七）。隆庆年间（1567～1572），知县张松开始疏通沮河的故道，并筑长堤护卫。万历三年（1575），巡抚赵贤、守道王琉、巡道邓林乔、知州赵睿视察当阳，议定修城，命代理知县任梦榛负责。城修毕，周长640丈、高2丈、厚1.2丈。设城门4座：东曰"紫盖"，西曰"玉阳"，南曰"凤川"，北曰"清漳"，并建城楼4座。另设水门4座、敌台和守铺哨所各7座，均为砖砌。崇祯七年（1634），有义军逼进县城，四面围攻，城池陷落。崇祯九年，知县区怀瑞增筑女墙，又于城外疏浚护城河（据1921年《湖广通志》卷二十五）。

清顺治二年（1645），李自成余部高有功、李来亨等进犯，县城再次被攻陷，城墙被毁。顺治十二年，知县唐彦衷修复。康熙四十四年（1705），知县张士琪修葺四门城楼。后因年久失修，城渐次倾圮。雍正五年（1727）后，知县王仲桂、周垂典陆续补修。乾隆二十四年（1769），知县苗肇岱详请动用国库银两增修城墙雉堞、城楼，面貌焕然一新。后又疏浚护城河，河长690丈、宽2丈、深1丈。嘉庆元年（1796），因教匪之乱，官兵反攻，城多圮毁。次年，知县汪云铭重修。咸丰元年（1851），知县董文煜重新疏浚城壕。咸丰八年，知县黄钟鸣补修（据1935年《当阳县志》卷三）。光绪十一年（1885），知县李元才捐修（据光绪十五年《当阳县补续志》卷一）。

20世纪初期，当阳城历经天灾与战乱，城墙逐渐圮毁。

20世纪70年代后，因城市发展建设需要，城墙陆续被拆除。

附：

糜城 在玉阳镇东南22公里、东北距富里寺2.6公里处，相传为蜀将糜芳守江陵所筑，故称之"糜城"。城墙周长约1670米、宽约12米、高约6米，成椭圆形，墙基均为夯土所筑。城的东、北、西三面与城墙三个土台遥相对称，有三座营盘故址。据考古部门调查，初步判断糜城为周代城址，汉代曾使用过。

△ 当阳糜城东侧夯土墙基外侧 本文照片除署名外，均由杨国庆摄

△ 当阳糜城东侧夯土墙基内侧

△ 糜城遗址航拍图 刘浏摄

1979年，糜城遗迹被列为市级文物保护单位。1992年，该遗址被列为省级文物保护单位。

肖璇

当阳县城池：旧无城。明成化初，同知严瑞筑，知县姜英又筑之。正德初，知县刘理赘以石，周七百余丈，高一丈有奇，为门四，引西北真武港水，环为池。万历间重修。

——清《考工典》第二十一卷，引自《古今图书集成》

▽ 当阳糜城文物保护标志碑

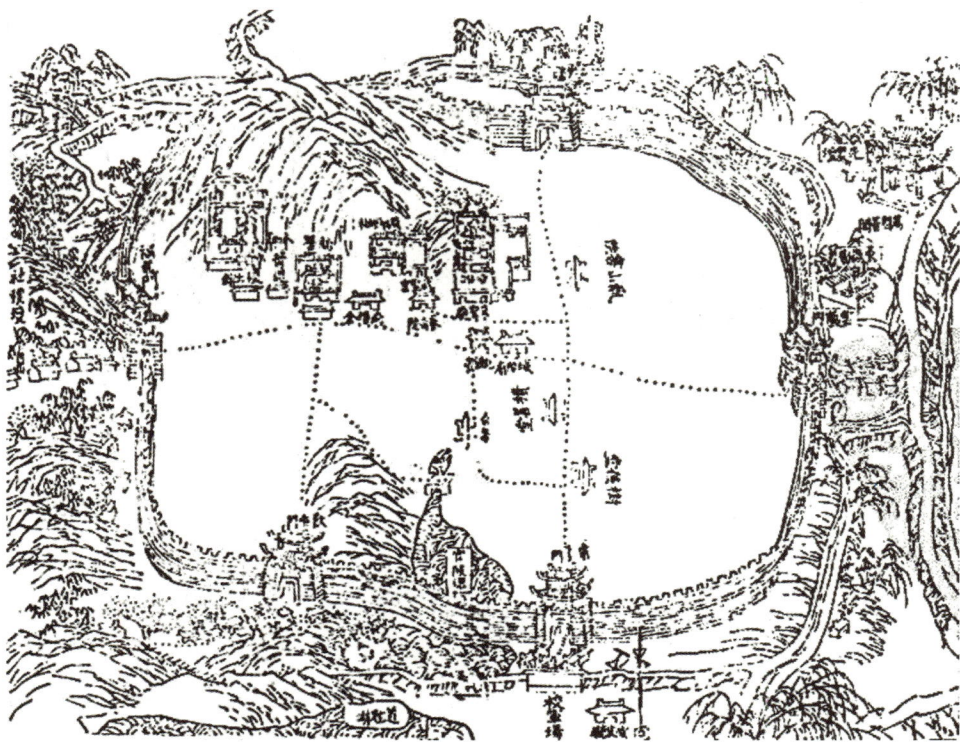

△ 汉川县城图　引自《汉川县志》清同治十二年版

　　汉川，位于湖北省中部偏东、孝感市南隅、汉水下游，素有"江汉明珠"和江汉平原"鱼米之乡"之美誉。

　　春秋战国时期，其境属楚地。后分属甑山郡、复州和沔阳郡。此后，建置、名称、隶属多有变化。洪武九年（1376），汉阳府降为州，汉川改隶武昌府。清康熙三年（1664），湖北、湖南分治，汉川隶汉阳府。1912年，汉川属江汉道。1997年，撤销汉川县，设立汉川市，以原汉川县行政区域为汉川市行政区域，由孝感市代管。

　　汉川建县以来，县名三易，县治三迁，县城也三次重建。北周保定元年（561），县名"甑山"，建城于甑山下，称甑山城。唐武德四年（621），改名汉川县，在新治泐山重建县城，称汉川城。五代后周显德五年（958），移治于今刘家隔镇境，再重建新城，称金鼓城。此后，县名先后改为"义川"、

△ 汉川城西门所在地　本文照片均由杨国庆摄

"汉川"，城址未变。元至元二十二年（1285），移治长城乡（今城关镇），此后300余年为"无城县"。

明崇祯九年（1636），知县孙先祚建筑城垣。城垣周长880丈，约7.3里，建雉堞1223座。设城门5座：东曰"云鹤"，南曰"绣豸"，西曰"伏龙"，

▽ 汉川城西门外护城河

北曰"承德"，西南曰"欢乐"（据清康熙二十三年《湖广通志》卷七），均建有城楼。城垣系砖石结构，外有壕沟环绕如带，称"腰带河"。

清康熙（1662~1722）初年，城壕淤塞，邑令吴又疏之。康熙十年，又淤塞如故。雍正四年（1726），城垣四面倾圮约33丈多。雍正七年，知县胡国选增修（据清同治《汉川县志》卷八）。乾隆五十六年（1791），署县事申辅廷呈报前知县玉瑞重修，修整城墙长303.2丈、高1.6~2.7丈不等，五门如故，增修炮台、城楼、马道、窝铺各5座。次年，又疏浚腰带河（城壕）。光绪三年（1877），地方官吏主持重修城墙（据1921年《湖北通志》卷二十五）。

1921年，汉川古城布局依旧维持明清格局。1938~1945年，累遭侵华日军破坏，欢乐街和西街及其区域城垣成为废墟。

1949年后，因城市建设需要，汉川逐渐拆城砖用于修建公共建筑。1956年前后，城墙被大部分拆除，仅剩仙女山后等残段。

肖璈　王腾

汉川县城池：治在汉上，旧无城。明崇祯九年，知县孙光祚创建，周围八百八十丈，约共七里三分，门五：南曰绣豸，西南曰欢乐，东曰云鹤，西曰伏龙，北曰承德。

——清《考工典》第二十一卷，引自《古今图书集成》

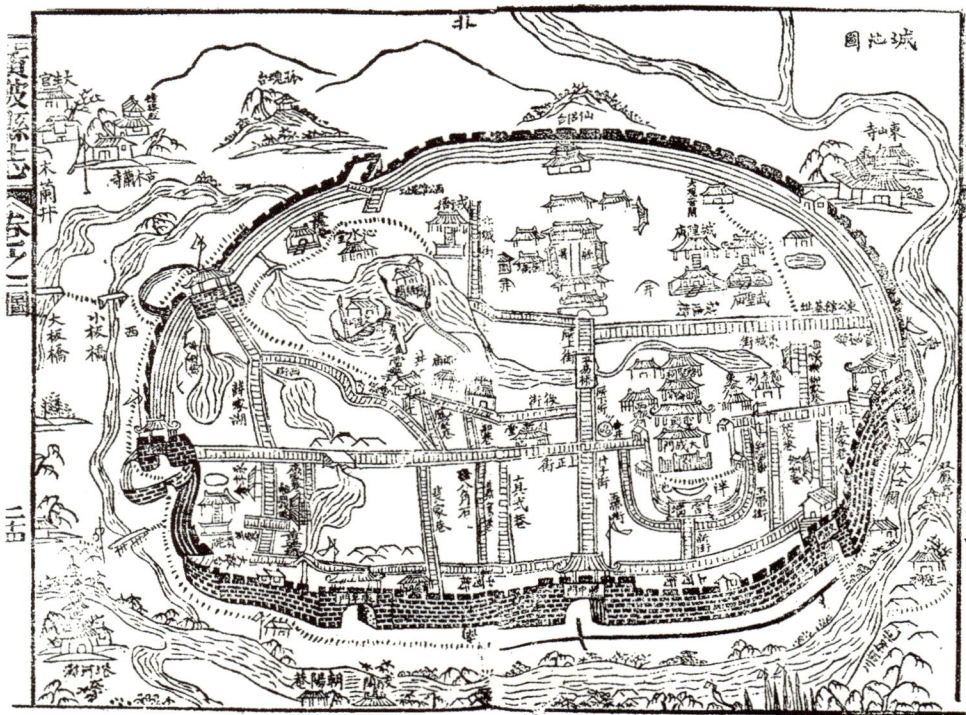

△ 黄陂县城池图　引自《黄陂县志》清同治十年版

　　黄陂，位于湖北省东部偏北、武汉市以北，曾是武汉市的郊县之一，有"千年古邑、总统故里、江北花都、孝信之城"之称。

　　北周大象元年（579），置黄陂县。隋初，改县为镇，后复为县。南宋端平三年（1236），移治鄂州青山矶。元至元十二年（1275），还旧治，属黄州路。明属黄州府。清雍正七年（1729），改属汉阳府。1998年，撤销黄陂县，设立武汉市黄陂区。

　　黄陂始筑城池于东汉末，刘表筑土城，其规模、形制不可考（据1921年《湖北通志》卷二十五）。后代沿用，逐渐倾圮。元至正二十四年（1364），明军管军总制王兴重修，城周长2760步、高1.2丈（据明弘治版《黄州府志》卷三）。

　　明洪武二年（1369），城墙坍塌，仅存土堑。正德十一年（1516），

▷ 黄陂城南门旁仅存的城墙残段 本文照片均由杨国庆摄

▽ 黄陂城南门所在地

△ 拆除城墙后，残留在路基下的城墙遗存

知县周旵修建营房供守备用。万历元年（1573），巡抚都御史赵贤、巡按御史舒鏊奏建砖城，州同陈汶督筑三个月竣工。内筑泥土，外砌砖石，城周长983.9丈、高1.8丈、宽1.2丈。设城门6座：东曰"昭明"，南曰"景福"，小南曰"康阜"，西曰"豫泰"，小西曰"丰亨"，北门因碍学宫，后废，又在东南方开一门，曰"文昌"（据清康熙二十三年《湖广通志》卷七）。六门洞均为石拱，上置城楼。城垣外围掘护城河，河宽3丈、深2丈。崇祯十七年（1644），李自成农民起义军进攻县城，城楼、雉堞半遭平毁。

清顺治二年（1645），知县张尚忠、杨廷蕴先后复修城楼、雉堞。康熙年间（1662～1722），县令杨廷蕴疏浚城壕。雍正四年至五年（1726～1727）间，县城遇水患，城倾圮。雍正九年，提请武昌府知府张淑郿捐资修理。乾隆二年（1737），县城东南隅被水冲塌，知县邵大业动币修筑。乾隆六十年，知县张曾秀重修，修毕，其周长5里多、高1.8丈、宽约1.2丈。又于文昌门上添建城楼，后圮坏。道光二十九年（1849），遇百年罕见大水，县城被淹，城墙坍塌，东、西、北三面尤甚，池濠大半被夷平。咸丰四年（1854），太平军攻占县城，四城楼毁于战火（据1921年《湖北通志》卷二十五）。同治四年（1865），知县朱际敉重修，十一月动工，次年九月竣工。条石砌基，青砖到顶，内外城身墙垣以灰砂砌筑。城周长983.9丈、高1.5丈、底宽1.6丈、顶宽1.4丈，有垛口1327座。设城门6座，门各有楼，各设卡房1间、水门3座、营房3座、敌楼3座、炮台4座。城东南潳水环绕，城西北深掘地壕。另于小西门添筑月城，分设南、北二门，周长36丈、高1.7丈，有垛口39座，城壕照旧式挑挖

（据清同治十年《续辑黄陂县志》卷二）。

1912年后，黄陂城之西北隅部分被陆续拆毁。

1949年后，除临滠水河的东南部城墙作防洪堤用保护完好外，其余皆陆续被拆除改建街道或兴建房屋。1977年，滠水下游改道后，东南部城墙也陆续被拆除。

20世纪80年代后，据当地文物部门调查，黄陂现仅有残垣三处，约百余米。此后，残存城墙也不断因建设需要而被拆毁。

肖瓛 王腾

黄陂县城池：原土城。明初，管军总制王兴守御本县，重修，高一丈二尺，周围二千七百六十步。正德十一年，知县周胃周围盖造营房。万历元年，巡抚都御使赵贤、巡按御史舒鳖奏建砖城，周九百八十三丈九尺有奇，高一丈八尺，横一丈二尺。六门：东曰昭明；南曰景福；小南曰康阜；大西曰豫泰；小西曰丰亨；后于城之巽隅，复开一门，曰文昌。

——清《考工典》第二十一卷，引自《古今图书集成》

△ 黄冈县城图　引自《黄冈县志》清乾隆二十四年刻本

黄冈，地处湖北省东部、大别山南麓、长江中游北岸，是湖北省文物大市之一。

秦汉时期，黄冈其境为郡国之属。自东晋以后，黄冈基本处于黄州、蕲州二郡（府、路）并治状态。明洪武元年（1368），改黄州路为府。清袭明制。1990年，撤销黄冈县，设黄州市。1995年，撤销黄冈地区和黄州市，设立地级黄冈市。

黄冈始建城垣时间不详，西临长江，以江为濠，三面略建垣壁。宋咸平（998～1003）初，知州王禹偁奏请筑城。治平三年（1066），重建州门。建炎（1127～1130）中，知州赵令峸奉召修城，六月乃成，其形制、规模已不可考，仅留三门名：曰"朝宗"、"向日"、"龙凤"（据1912年《湖北通志》卷二十五），城址在今城南二里左右（清康熙二十三年《湖广通志》卷七记为"一里许"）。

明洪武元年（1368），指挥黄荣揆度地势，将黄州城址向北扩展，废旧土垒，改用砖石砌筑。洪武十七年，指挥曹奉主持修筑。永乐六年（1408），指挥郭显主持修筑。修毕，城周1802.85丈、高2.1丈，厚度因多依山难以计算。设城门4座：东曰"清淮"，南曰"一字"，西南曰"清源"，西北曰"汉川"（据明弘治版《黄州府志》卷三）。城门上各建城楼3座。城上设警铺30座、雉堞2119座。城外以护城河环绕。正德年间（1506～1521），汉川门因水患崩坏，知府郑信修葺。万历十二年（1584），清源门火患被烧，知府范可奇修葺。崇祯八年（1635），知县李希沆增修，并疏浚城壕。崇祯十年，知县徐调元修筑城垣6000余丈。崇祯十六年，张献忠部队攻陷城池，屠城并毁城垣。同年秋后，知府周大启重新补修，修毕城垣周长如旧，高减低5尺（据清乾隆五十四年《黄冈县志》卷二）。

▽ 黄冈境内的郏城图 本文照片除署名外，均由杨国庆摄

△ 黄冈城城墙外景

▽ 黄冈城老城墙

清顺治二年（1645），知县汪士衡重修。顺治四年，知府牛铨建谯楼。康熙十一年（1672），知县董元俊重修雉堞、戍楼、警铺等，复明旧制。康熙十三年，大风毁清源门楼，知府于成龙重建。康熙四十五年，大水，城垣倾圮，灾后，知府李彦瑁重修。康熙五十四年，因积水城圮41处，知县钟苇重修，耗时三年才竣工。雍正二年（1724），因大雨，城圮，清源门、清淮门城楼皆毁，知府康忱重修。雍正十一年，清源门敌楼圮毁，知县畅于熊重修，题写匾名为"雄关楚北"。乾隆十三年（1748），城东北圮4丈余，知县邵丰镍重修，因城壕年久淤塞，知府禹殿鳌疏浚城壕（清乾隆五十四年《黄冈县志》卷二记为"乾隆十年"），自一字门至清源门，引聚宝山之水绕城，深1丈、宽1丈（据1912年《湖北通志》卷二十五）。乾隆二十三年，汉川门右侧城垣倾圮2.7丈，知县刘煜重修；清源门左侧倾圮8丈

▽ 黄冈城汉川门及月波楼

余，知府钱鏊重修。嘉庆四年（1799），知县张其章重修城池。嘉庆十三年，知县汪慕钟疏浚城壕。嘉庆二十年，墙身膨裂，知府吴之勷重修，至嘉庆二十二年竣工。计修外墙68段，共661.5丈；内墙14段，共178.5丈。修城门1座、门楼4座，并新建炮房、窝铺，未修城身652.5丈（据清光绪八年《黄冈县志》卷三）。嘉庆二十三年，知府吴之勷疏浚城壕。道光二十六年（1846），城垣复圮，知府祁宿藻重修45段，计346丈，门楼、炮房、窝铺均重新修葺。咸丰年间（1851～1861），太平军毁城，城垣渐圮，知府周炳鑑、知县薛元启重修。同治五年（1866），知府黄益杰曾重修，补修破烂152处、膨裂12处，城周长共1294.2丈，皆增修，高旧城或五六尺，或七八尺，或丈余，城北大士阁上筑大炮台1座，门楼、窝铺皆修葺一新，并重新疏浚城壕。同治八年，大雨，城垣复圮。知府英启重修城身8段，长127丈，并修清源、一字、汉川三门，城壕疏浚如旧（据清光绪十年《黄州府志》卷四）。

▽ 黄冈城汉川门航拍图　刘浏摄

△ 黄冈城汉川门内

　　1946年，县长朱怀冰命令拆去城墙，将城砖修建学校，古城被逐步拆除。

　　20世纪80年代后，据当地文物部门调查，现城墙遗址主要集中于胜利南村西背后一段，黄州区委大院西北侧至汉川门区人武部西侧一段经维修保存较好，四门仅存汉川门。汉川门及城楼月波楼为近年修缮、重建。

附：

蕲州古城　位于黄冈市蕲春县南部。始筑于南宋，全为石砌。依凤凰、麒麟二山而起，临长江而池，壮丽别致，规模庞大。宋元明清时期依托长江水运，明仁宗之子朱瞻堈在此建立了荆王府。据清嘉靖版《蕲州志》载，城周9里33步、高1.8丈、东南北阔17.8丈，两侧天堑弥漫，不可以丈尺计。有城门6

△　蕲州城北门省级文物保护标志碑

△　蕲州城北门雄武门的省级文物保护标志碑，被城下巨大的"李时珍药膳"广告牌遮掩

▽ 蕲州城雄武门夜景

座、城垛2165个、城上吊楼990间。现留存的蕲州城北门（雄武门），是一座完整的明代古城建筑，城门顶平台上建有纪念李时珍采药的"医圣阁"。

2002年，雄武门被列为省级文物保护单位。

王腾　肖瓛

黄州府城池：宋元在今城南一里许，西临大江，东傍湖泊。明初，指挥黄荣展筑今处，周九里许，一千八百二丈八尺有奇，高二丈一尺，缭以辎堑，池绕之。为四门：东曰清淮，南曰一字，西曰清源，北曰汉川。黄冈县附郭。

——清《考工典》第二十一卷，引自《古今图书集成》

▽ 蕲州城北门雄武门内侧

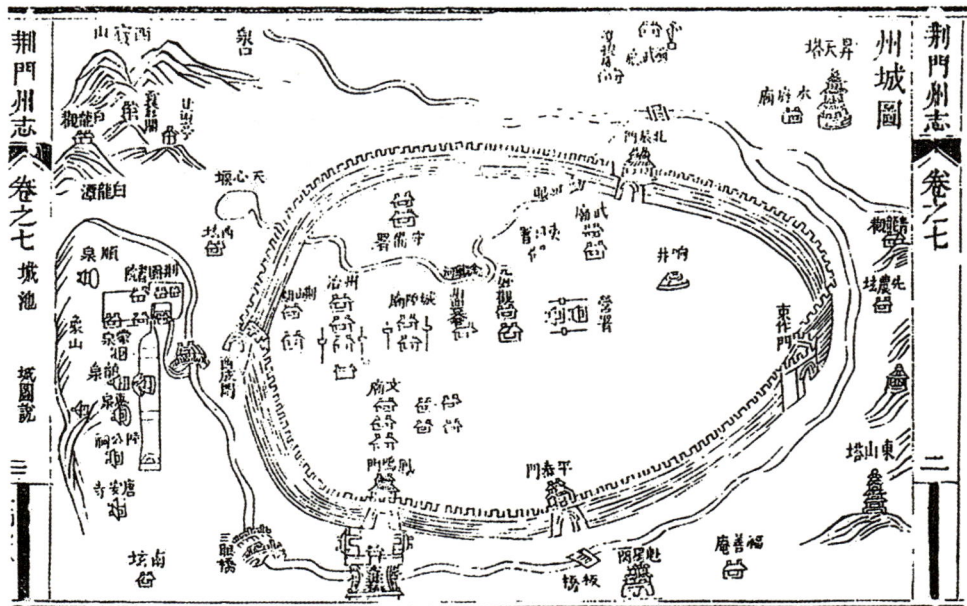

△ 荆门州城图　引自《荆门州志》清乾隆十九年版

荆门，位于湖北省中部，素有"楚塞三湘接，荆门九派通"、"荆楚门户"之称。

春秋战国时期，其境属楚国。唐代始设立荆门县。元代设荆门府（州）。明代复设荆门县。清代为荆门直隶州。1912年降州为县。1979年分设荆门县、荆门市。1983年，荆门县并入荆门市，升为地级市。

南宋绍熙二年（1191），陆九渊知军时，奏请朝廷所筑荆门城，据《与庙堂乞筑城札子》记载：（城垣）在江汉之间，为四集之地，南捍江陵，北援襄阳，东护随、郢之胁，西当光化、夷陵之冲。荆门固则四邻有所恃，否则有背胁腹心之虞。所修城池周围长900余丈（《考工典》记为"周八百丈有奇"）、高1.6丈，女墙高5尺，包砌三重，上建城堞，设置角台。增筑小城门2座，上建敌楼，并以冲天渠、荷叶渠为城壕。后人为纪念陆九渊筑城首功，

△ 荆门城南门凤鸣门　*本文照片均由杨国庆摄*

称此城为"陆公城"。宝祐二年（1254），赵葵再次修筑城墙（据1921年《湖北通志》卷二十五）。

明洪武（1368～1398）初，守御指挥使梅福于宋故址改用块石重筑，城周长800丈余、高1.6丈（据清康熙二十三年《湖广通志》卷七）。弘治十四年（1501）六月，山水暴涨，城西北一带皆毁。知州韩铣补之，城西北两面城墙收进百余丈，以远离水势。建城门4座，各建城楼：东曰"东作"，西曰"西成"，北曰"北辰"，南曰"平泰"。北面有池为濠，西、南、东三面引蒙、惠二泉为城壕，南门外有旧土城，久圮。嘉靖年间（1522～1566），佥事柯乔徙南门于学宫前（据清康熙二十三年《湖广通志》卷七）。万历三十三年（1605），知州阮上卿重建文明楼（据1921年《湖北通志》卷二十五）。崇祯七年（1634），李自成农民起义军进攻荆门城，知州石琢玉坚守三昼夜未破，随即退走。故有歌谣曰："豆腐城，铁石人。"此后石琢玉组织加固城墙，以发粮30石修城1丈悬赏，将原来的石城改为下石上砖混砌墙，周800丈多（清康熙二十三年《湖广通志》卷七记为"七百丈"）、高2丈、厚8尺。还增设了小南门，名曰"南薰"，并修筑月城。崇祯十五年，李自成农民起义军动用近两万兵力，采用登云梯方式，血战七昼夜将荆门州城攻破，城垣、公署尽数被毁

△ 荆门城南门外当年护城河遗存

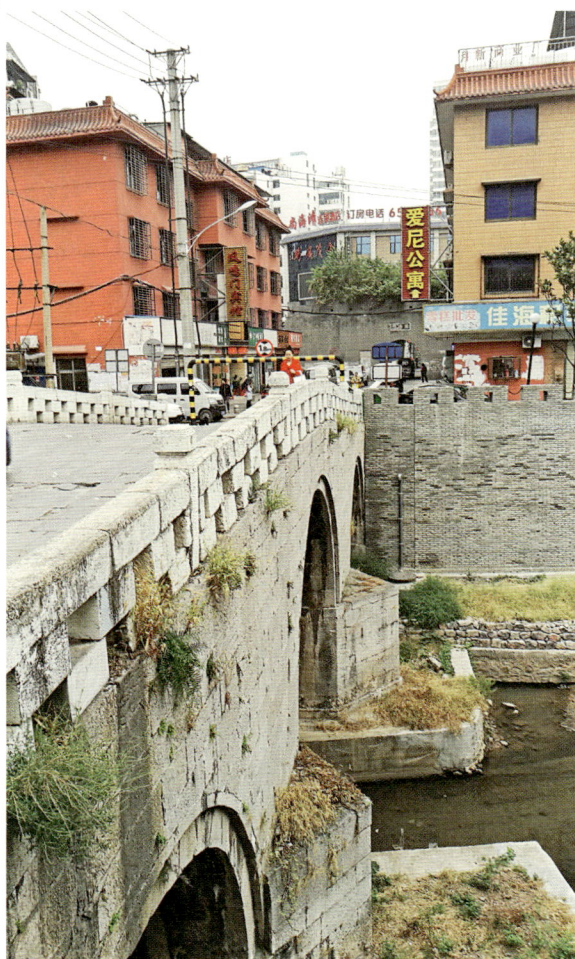

▷ 荆门城南门外护城河上老桥

（据清乾隆十九年《荆门州志》卷七）。

清顺治二年（1645），有义军攻城，门楼尽毁。顺治五年，副将张文富督率兵民重修。顺治十二年，守备孙光哲复建北城门楼（据清康熙二十三年《湖广通志》卷七）。乾隆九年（1744），大雨，积水涌入城内，致东、西、北三面城墙坍塌20余处，垛口倒塌300余座。次年，知州舒成龙开始补修，历时五年竣工，除修复坍塌城垣，还加修南、北二门。乾隆十五年，知州舒成龙又修复南薰门，上建门楼，供奉文昌神像，改名"凤鸣门"。乾隆十九年，捐修西门，加高、加宽两次。道光十三年（1833），知州宋国经修文明楼。道光十七年，知州吕恂重修城垣（据清同治七年《荆门直隶州志》卷二）。咸丰八年（1858），安陆知府兼荆门知州黄昌辅下令修补城垣，对五处城门加裹铁皮，并改平泰门为"南薰门"。

1938年，侵华日军先后两次轰炸荆门。1940年9月，侵华日军侵占荆门城，再次毁城，城垣仅剩残破不堪的五门。1945年后，曾按原基重新垒起城墙，但远未达到战前形制。

1949年后，随着城市建设需要等因，逐渐拆除了荆门城墙。

20世纪80年代后，据当地文物部门调查，荆门城仅存南薰门、凤鸣门二门楼及数段颓垣。1984年，老城区改造，重新整修护城河（据1994年《荆门市志·城乡建设篇》）。

肖璇 王腾

荆门州城池：即陆九渊所筑故址。明初，重筑之，周八百丈有奇，高一丈六尺。弘治末，知州韩铣修，为门四，各有楼。嘉靖中，佥事柯乔徙南门置学宫前，城北有池，东、西、南引蒙惠泉水为池。崇祯七年，知州石琢玉修筑，高二丈，厚八尺，周七百丈，又增设小南门、月城。顺治十二年，守备孙光哲建楼北门。

——清《考工典》第二十一卷，引自《古今图书集成》

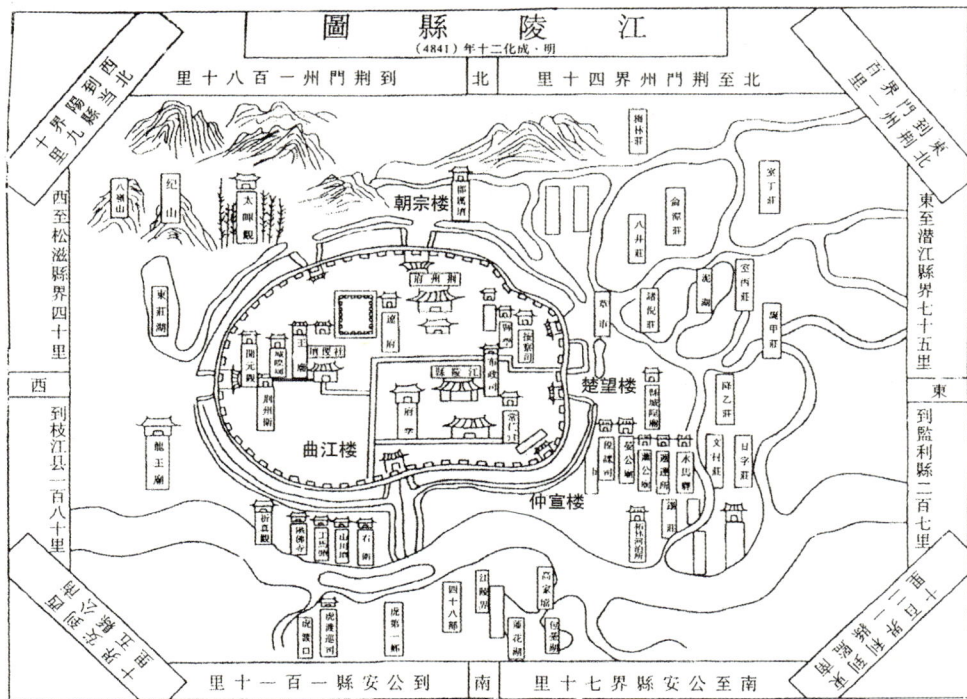

△ 江陵县图　引自浦士培《荆州钩沉》（作家出版社，2008年）

荆州，为古九州之一，以原境内荆山而得名，古称"江陵"。位于江汉平原腹地、湖北省的中南部、长江中游。1982年，被列为国家历史文化名城。

汉元封五年（前106），其境设立荆州刺史部，属南郡。晋永和八年（352），定治江陵。南北朝时期，齐和帝、梁元帝、后梁萧铣皆以荆州为国都。宋至道三年（997），始为荆湖北路，治江陵府。元至正二十四年（1364）后，改置荆州府。清袭明制。1994年，撤销荆州地区、沙市市，合并设立荆沙市。1996年，更名为荆州市。

荆州最早筑城时间不详。春秋战国时期，其境建有楚国故都郢，也是楚国船官地和渚宫（据清顺治十四年《江陵志馀·古迹》），此时已有城郭，但其建置、规模俱不可考。西汉初，临江王驻此，今城内汉砖也时有发现。三国

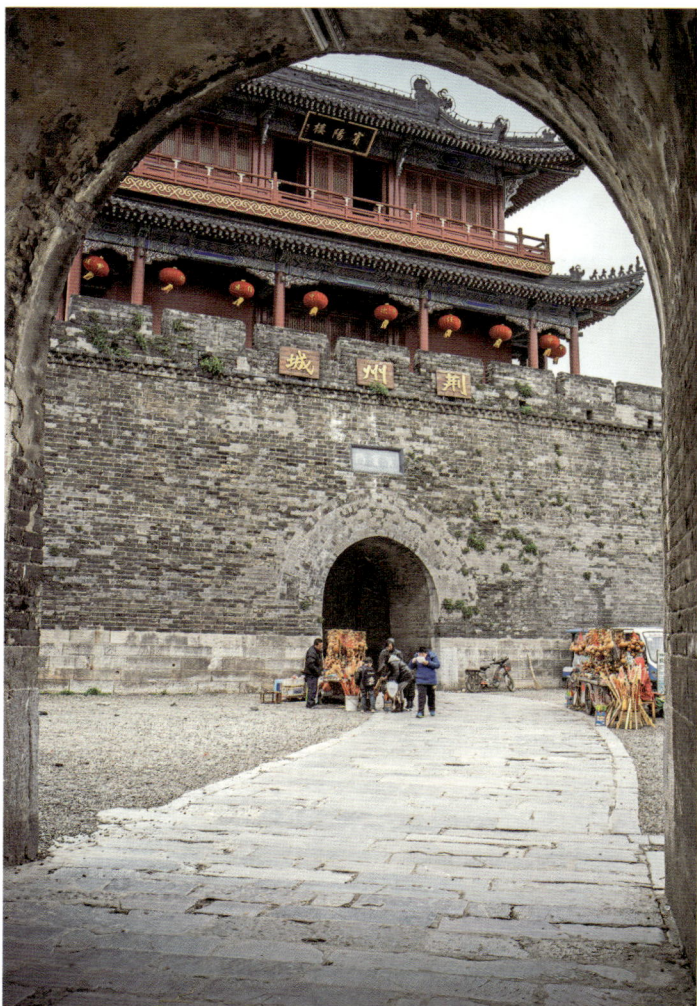

◁ 从外瓮城看寅宝门主城门 本文照片均由徐振欧摄

初期，吴太守朱然曾加以修葺（据1990年《江陵县志》卷九十五）。早期荆州城的最终筑成有两种说法：一为《水经注》所载："县曰江陵。旧城，关羽所筑"；另一为《舆地广记》所述："故城在县东南，有渚宫。今郡城晋桓温所筑。"后代志书多沿用第一种说法，为蜀汉关羽所筑。其后关羽北攻曹仁，吕蒙袭而据之，为土城，建置也不可考。

晋永和元年（345），桓温督荆州镇夏口。永和八年，还江陵，始大造城墙，建城楼（据清光绪三年《江陵县志》卷四）。南朝梁太清三年（549）"侯景之乱"时，以树木为栅，掘濠三重而守之，设城门12座，皆与建康（今南京）12座城门相同（据清光绪六年《荆州府志》卷八）。承圣元年（552），萧绎于荆州称帝建都。五代后梁乾化二年（912），南平王高季兴大筑重城，复建雄楚楼，"望沙楼为扞蔽，执奋锸者十数万人，将校宾友皆负土相助"，并挖运城外50里范围内的墓砖石修城。修毕，"阴惨之夜，常闻鬼泣及见磷火焉"。龙德元年（921），高季兴遣都指挥使倪可福营建外郭，并亲自巡城督造，慢者杖刑。后唐天成二年（927），又造内城，名曰"子城"（据1921年《湖北通志》卷二十五）。

宋代，经"靖康之难"后，荆州城雉堞圮毁，城壕多淤塞。淳熙十二年（1185）九月，安抚使赵雄奏请筑城，次年七月建成，为砖城，周长21里，建城楼、窝铺1000余间。同时为筑城烧制专供城砖，砖上刻有简单的责任铭文。淳祐十年（1250）五月，总领贾似道檄令主簿王登疏浚城壕（据清光绪六年《荆州府志》卷八）。

元至元十二年（1275），元世祖忽必烈诏令尽毁襄汉荆湖诸城。据考古部门调查，荆州城垣此时虽未被夷为平地，但确实遭到严重破坏。至正二十四年（1364），吴王朱元璋部将杨璟依旧基修筑荆州城墙。修毕，城垣周18里381步（计3399丈）、高2.65丈（据清康熙二十三年《湖广通志》卷七）。

明嘉靖九年（1530），重修荆州城。规模不变，设城门6座，其上各建城楼1座：东曰"镇流"（1921年《湖北通志》卷二十五记为"新东"），

▷ 马道上对砖文的保护标示

△ 新建的荆州城城门

△ 城墙与城楼

△ 城门及外瓮城

△ 马道与城楼

△ 城顶步道及城内护坡

△ 荆州城墙体上镶嵌的保护标示碑

△ 城墙垛口

楼曰"宾阳"；东南曰"公安"，旧名"楚望"，楼曰"楚望"；南曰"南纪"，楼曰"曲江"；北曰"古漕"（1921年《湖北通志》卷二十五记为"小北"），旧名"维城"，楼曰"景龙"；西北曰"拱辰"（1921年《湖北通志》卷二十五记为"大北"），旧名"柳门"（据清康熙二十四年《荆州府志》卷六），楼曰"朝宗"；西曰"龙山"（1921年《湖北通志》卷二十五记为"西门"），楼曰"九阳"。城外掘土为濠，濠宽1.6丈、深1丈左右，东通沙桥河，西通秘师河，北通龙陂诸河。万历（1573～1620）初，邑人张太岳拓城北隅，意为取方，后未成，仍修复如旧（据清顺治十四年《江陵志馀·古迹》）。崇祯十六年（1643），张献忠攻占江陵，将城墙拆毁大半（据清光绪三年《江陵县志》卷四）。

清顺治三年（1646），荆南道台李栖凤、镇守总兵郑四维依明代荆州城旧基重建，于大北门和小北门附近各设一处水闸，以泄城内之水。康熙二十二年（1683），于城中设间墙，隔为东、西二城（清康熙二十四年《荆州府志》卷六记为"康熙二十三年"）。东部驻满洲八旗兵，称"满城"；西部为官衙民舍，称"汉城"。间墙设城门2座：北曰"北新"，南曰"南新"。雍正三年（1725），知府王景皋重修（据1921年《湖北通志》卷二十五）。雍正五年，大雨，城垣倾圮。次年，动币重修。雍正七年，复修间墙。乾隆二十一年（1756），知府叶仰高、知县李豫承重修城垣，并开水津门于城西南隅。乾隆五十三年六月二十日，大水导致堤决，水从西门入，城垣多处溃圮。次年，清廷拨银20.6万两由大学士阿桂主持修缮，水津门、小北门、城东南角等处退入10余丈，其他皆依旧基补修，并封闭水津门，重建被毁的东、西门和大、小北

△ 荆州城墙步道、垛口及女墙

门城楼，补修南纪门、公安门城楼；将公安门、东门两处吊桥并为一处。知府张方理监造并改城门名："镇流"改名"寅宾"，"公安"、"南纪"未改，"古漕"改名"拱极"，"拱辰"改名"远安"，"龙山"改名"安澜"（据清光绪六年《荆州府志》卷八）。道光十八年（1838），重建拱极门城楼。道光二十二年，重修城垣30段。道光二十五年，重修城垣6段。道光二十九年，重修满洲镶蓝旗城垣125丈。咸丰元年（1851），重修城垣6段，计58丈，后知府明善加修2段，计91丈。次年，疏浚城壕，填筑南纪、拱极两个藏兵洞。咸丰十一年，重建寅宾门。同治二年（1863），重建公安门楼。同治十一年，重修13段，计193.4丈，毁寅宾门内甬墙，建安澜门。光绪四年（1878），知县柳正笏重修南门月城（据1921年《湖北通志》卷二十五）。

1987年，在维修卸甲山西侧城垣时，发现铭文为"丙子年"的城砖，为1936年修城遗物。城砖说明当时的政府也曾对荆州城墙进行过维修。1970年，经国务院批准，在东城墙劈开豁口通车。1984～1985年，维修城墙1800米，东城墙豁口改为门洞式，使城墙重新连成整体。1988年，重建了宾阳楼。由1978年至今，荆州城墙修缮已有32次，其中较大的维修计13次。

1990年时，据文物部门调查，城墙呈不规则长方形，东西长3.75公里、南北宽1.2公里、周长8公里，城内面积4.5平方公里。砖城墙通高8～9米、厚10米左右。有藏兵洞3座、炮台25座。古城门6座，均设瓮城。城墙用青条石砌脚，上用城台砖垒砌墙身，石灰糯米浆焊缝。城垣内侧用黄土筑成护坡，垣顶面宽约5米，城台砖铺墁（据1990年《江陵县志》卷九十五）。

据2014年荆州申遗文本提供的数据：现存荆州城墙由砖城、土城、护城河相依环抱组成。城内东西长3.75公里、南北宽1.2公里，总面积4.5平方公里。砖城墙周长11.28公里，每垛按2.2米计算，共5127座。城墙上有28座敌楼炮台，其中藏兵洞5座、敌楼3座（雄楚楼、明月楼、仲宣楼）、炮台20座（即马面）。古城门设城台6座，上面建有城楼。28座敌楼炮台除3座敌楼毁坏无存仅留遗址外，其他均保存完整。6座城台都有不同程度的风化和自然损坏，目前已进行维修，保存完好。城楼除朝宗楼为大清道光十八年（1838）重建外，1986年8月~1987年10月由国家文物局拨款，在东门城台遗址上重建了宾阳城楼。其他城楼毁坏无存，现存遗址。护城河呈曲线形，距城墙基脚最近5米，最远30米，一般10米，河内周长12.2公里、河宽10~50米，局部宽达100米，深3~4米。

1996年，荆州城墙被列为全国重点文物保护单位。2012年，荆州城墙被列入"中国明清城墙"申报世界文化遗产组合项目，进入国家预备名单。

王腾　肖瓛

荆州府城池： 一统志云，蜀关羽所筑。晋桓温增修之。明洪武甲辰，平章杨璟依旧基修筑，周一十八里三百八十一步，计三千三百九十九丈，高二丈六尺有奇。嘉靖九年，重修，为门六，各有楼：东门曰镇流，楼曰宾阳；公安门旧名楚望；南纪门楼曰曲江；西门旧名龙山，楼曰九阳；小北曰古漕，旧名维城；大北门曰拱辰，旧名柳门。城外掘土为池，阔一丈六尺，深一丈许，东通沙桥，西通秘师，北通龙陂诸水。江陵县附郭。

——清《考工典》第二十一卷，引自《古今图书集成》

△ 罗田县城池图 引自《罗田县志》清光绪二年版

罗田，位于湖北省东部、大别山南麓，东接英山，南临浠水，西与团风、麻城相邻，北与安徽金寨接壤。

西汉时期，其境属松兹侯国。南朝梁普通四年（523），始设罗田县，县治设于今石桥铺附近的魁山。唐武德四年（621），废罗田县，其属地划入兰溪县。宋元祐八年（1093），复置罗田县，县治仍设魁山。明时，罗田县属湖广布政使司蕲州府，后改属黄州府。清袭明制。1995年，撤销黄冈地区行政公署，设立黄冈市，罗田属之。

罗田最早筑城不详。元大德年间（1297～1307），知县周广由魁山迁治于官渡河，未筑城。明成化十五年（1479），知县沈雷始筑土城，土城周长5里、径1里、高1丈（《考工典》记为"一丈五尺"）、厚5尺，设城门4座。东北依东岳庙山，正北、西北俱在山巅，西南、正南、东南、正东四面俱临河（据明嘉靖二十一年《罗田县志》卷一）。嘉靖九年（1530），土城圮于水患，知县劳樟增修石城，规模未变。石城高1.5丈、厚1丈，设城门4座：东曰"来青"（一曰"长青"），西曰"义和"，南曰"来熏"，北曰"永兴"（明嘉靖二十一年《罗田县志》卷一记为东曰"崇仁"，南曰"崇道"，西曰"崇义"，北曰"崇德"）。嘉靖十七年，又遇水患，城倾圮，知县沈越、祝翊相继重修，易石为砖，并临河植杨树以障水（据清康熙二十三年《湖广通志》卷七）。崇祯八年（1635），贼寇进犯，城陷，知县梁公身死。同年，新知县白乃忠到任，召集士民谋筑城池，编户250，筑水城、山城共计500段，每段3.6丈多。城周长约1000丈、高1.9丈、宽5尺，设水关2座、楼5座。此后百年间，县城屡遭水患，城池逐渐倾圮，仅有数段城墙尚存（据清光绪二年《罗田县志》卷一）。

清康熙四十五年（1706），城垣因水患再度毁圮，知县沈廷桢重修。乾隆十二年（1747），知县冯孙龙重修（清光绪二年《罗田县志》卷一记为"乾隆十三年"），后知县孟炳继修，但屡为水圮。乾隆三十五年，设木栅。乾隆四十年，因勘明罗田县城垣北枕山麓，东西南濒临溪河，地当顶冲，难以建城，遂将所坍各处以严密木栅替代，以保安守，自此停修（据1921年《湖北通志》卷二十五）。此后，罗田城墙虽时有损毁，但在地方官吏主持下，基本得到及时修缮。

1934年，国民政府25路军31师驻罗田，副师长戴藩周奉令督修县城，兵民共建，历时三个多月，依旧城基筑土城。1935年春，土城再次毁于洪水，湖北省政府拨款16138元，改土城为石城，仍由戴藩周督修，1936年4月竣工，总长2.9公里，设正门3座：东曰"复兴"，南曰"中正"，西曰"和平"，其上均建有城门楼。另开有小便门3座，分别为北门、小东门、小南门。从北便门、东门沿河至西门为石城，从西门上北城岗下刘家湾至北便门山城为土城。1939年2月21日，国民政府第二十一集团军总司令廖露来境视察防务时，为避免被侵华日军利用，下令将城墙及各处碉堡拆毁。

1949年，又因城市发展，罗田城墙再度被拆毁。

罗田地面城垣，今已基本无存。

附：

清咸丰、同治年间（1851～1874），为抵御太平军、捻军，罗田县翻修加固旧寨，建新寨。至同治三年（1864），全县共有山寨35座，均筑有石墙城门和堡垒。寨墙今多已毁，仅少数寨残存石垒。

铜锣关　位于陈家畈乱石河。关西是黄狮寨，关东是献旗岭，关口仅

△ 罗田铜锣关东侧残存城墙　本文照片均由杨国庆摄

▽ 罗田铜锣关文物保护标志碑现状，碑遗失，仅存碑座

△ 罗田铜锣关遗址

△ 罗田铜锣关旁用其建材修砌的土地庙

宽百米而长达数十米，是罗田通安徽之险要通道。始建于南宋嘉定十二年（1219）。明朝在此关西端建有两道重关，因守望以铜锣呼应，故名。清咸丰九年（1859），修整加固，建门楼1座，石墙长200米，现仅存关门残垒。

2002年，其遗址被列为县级文物保护单位。

肖瓛　王腾

罗田县城池：旧无城。明成化己亥，知县沈雷始筑土城，周五里，高一丈五尺，门四。嘉靖庚寅，知县劳樟筑石城，高一丈五尺，为门四，又知县沈越临河植杨，障水。

——清《考工典》第二十一卷，引自《古今图书集成》

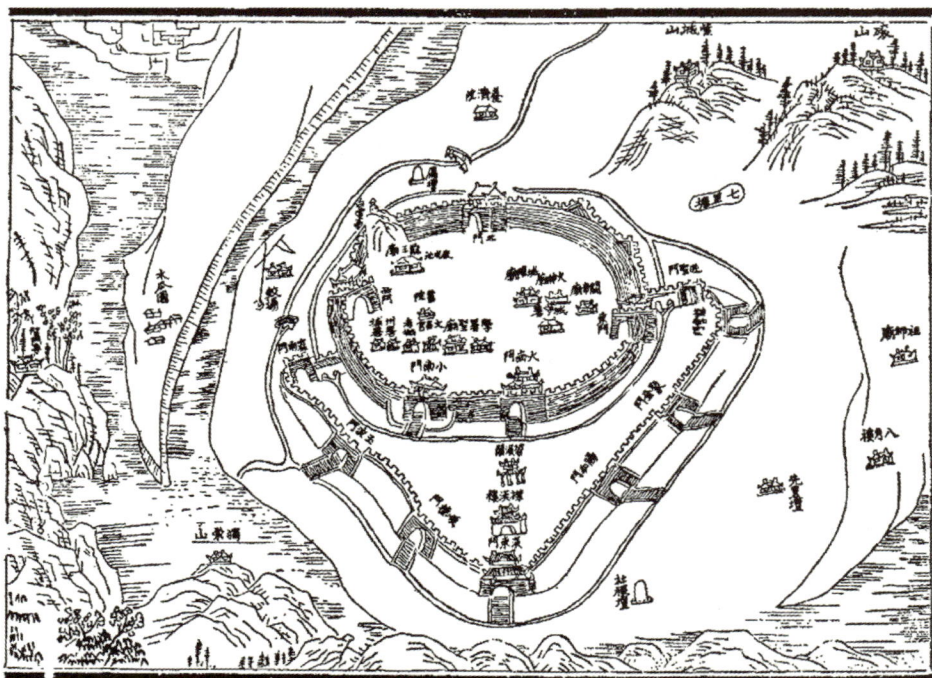

△ 随州州城图　引自《随州志》清同治版

　　随州，位于湖北省北部，东承武汉，西接襄阳，北临信阳，南达荆州，据荆豫要冲，扼汉襄咽喉，有"鄂北明珠"之称。1994年，被列为国家历史文化名城。

　　秦时，其境为随县，属南阳郡。西魏大统元年（535），置随州。明洪武元年（1368），降州为县，属黄州府，后又属德安府。清代，仍为随州。1952年，属襄阳专区。2000年，撤县级随州市，设立地级随州市。

　　随州最早筑城始于宋，知州吴柔胜筑土城，但其形制、规模不可考。元代沿用，称为"外城"（据1921年《湖北通志》卷二十五）。

　　明洪武二年（1369，清康熙二十三年《湖广通志》卷七记为"洪武元年"），守御镇抚李富等于土城南始建砖城，称"内城"。城周长625丈（计3里175步）、高2.5丈。设南、北、西三门，均建有城楼。在南门城楼右侧设

△ 随州城砖文"道字六号城砖" 本文照片　△ 随州城砖文"随州帝字伍号"
均由杨国庆摄

有钟楼。有敌台23座、女墙950垛。成化年间（1465～1487），又修造护城河，河长705尺、深1丈。成化十五年，判官孙益疏浚西北城壕，并筑堤57丈，并建桥（清康熙二十三年《湖广通志》卷七记为"正德中"）。弘治十三年（1500），知州李充嗣又筑护城堤，自城西隅环而南至城东隅，周5里，修外土城，增东、西、南三门，门上各有楼，并再次浚修城壕。嘉靖二十五年（1546），金事郑汝舟开小南门，名曰"文明门"，称城楼为"青云"（据清

▽ 随州城西垣段城墙及护城河

同治八年《随州志》卷六），另辟南、北二门，复侵地为桥，甃以石，知州朱天秩又开二濠（1921年《湖北通志》卷二十五记为"三濠"）。嘉靖三十七年，内、外城俱圮，知州孙锐加砌以石，郭外又作砖城，砖城周长10里、高1丈余，复修楼6座，以防水备盗。崇祯十四年（1641），城垣因兵乱被毁。次年，知州盛世才、练总张国威奉命再次修筑随州城，城设五门，各有城楼（据1921年《湖北通志》卷二十五）。

清雍正五年（1727），知州费永鋐重修，并疏浚城壕。乾隆元年（1736），知州王臣闭小南门。后因居民皆以为不便，又于乾隆三年复开，而闭西门。乾隆二十年，知州金嶒闭西门，又辟东门，小南门如故。嘉庆（1796～1820）初年，城垣坍塌数处，居民粗施补葺。道光二十五年（1845），知州梁芸劝捐重修，基宽1.2丈、深七八尺不等，出土基宽8尺，城周632丈，计3里240步。垛口930座，每座垛口高5尺、宽6～7尺。后知州劳光泰、金云门曾多次修建城墙与城楼，并题南门为"迎薰"，小南门为"文明"，北门称"拱辰"，东门为"近圣"，西门为"阜城"。南、北二门外建月城，东、西、北门和小南门各建二层城楼，南门则建三层城楼。城壕周长700.3丈、宽3丈、深1丈余。咸丰六年（1856），赵邦璧兵乱，毁大南门门楼。咸丰十一年，太平军据城，毁北门楼，后官兵反攻，毁西门楼，其他诸楼渐次倾圮。同治二年（1863），知州马元骧、夏先烺、潘亮功先后关闭东、西、北三门，其上各造辅舍，周围增修警铺20座、炮台12座，小南门增修月

▽ 随州城城墙西垣段护城河及新建的桥道

△ 随州城城墙西垣文物保护标志碑

城，添置闸板，可随时启闭。自东门外沿南向西均筑牛马墙，并疏浚自东门至西门接虹桥段长184丈的城壕。次年，知州潘亮功于城壕四周建闸5座。同治七年，重修南门楼，楼为二层，高5.3丈、宽15.2丈（据清同治八年《随州志》卷六）。

1912年后，随州城垣尚为完整，外城自东起转南，再转西又进后门、龙会门、聚奎门、阳和门、汉东门、顺德门、玉波门、霖雨门，汉东门上筑有汉东楼（据1988年《随州志》卷五）。1938年，侵华日军侵占武汉后，多次出动飞机轰炸县城，城垣损毁严重。

1949年后，因城市建设，随州城墙大部分被拆除。

20世纪80年代后，据当地文物部门调查，随州城墙仅留下一段长约80余米长的土垣，其位置位于城区烈山大道与汉东路交界处的南关口，紧靠西护城河。后经原址修复，长约200米，是随州城的西垣。

2003年，随州城遗迹被列为市级文物保护单位。

王腾　肖璇

随州城池：旧土城。明洪武元年，守御镇抚李富等始城之，周围六百二十五丈，计三里一百七十步，高二丈五尺，南、西、北三门各建楼，南楼右增钟楼，为敌舍二十三，为女墙九百五十。弘治十三年，知州李充嗣设关外四门，各建楼，沿关筑堤，周围四里许，濠绕城，周围七百五尺，深一丈。正德中，百户张瑄、朱元、判官孙益开鎏西北复为堤，五十七丈，西建桥。嘉靖二十五年，佥事郑汝舟辟南、北二门，复侵地为桥，甃以石，知州朱天秩更开二濠。嘉靖三十七年，知州孙锐加砌以石，郭外又作砖城，高丈余，周围十里，楼六座，以防水备盗。

——清《考工典》第二十一卷，引自《古今图书集成》

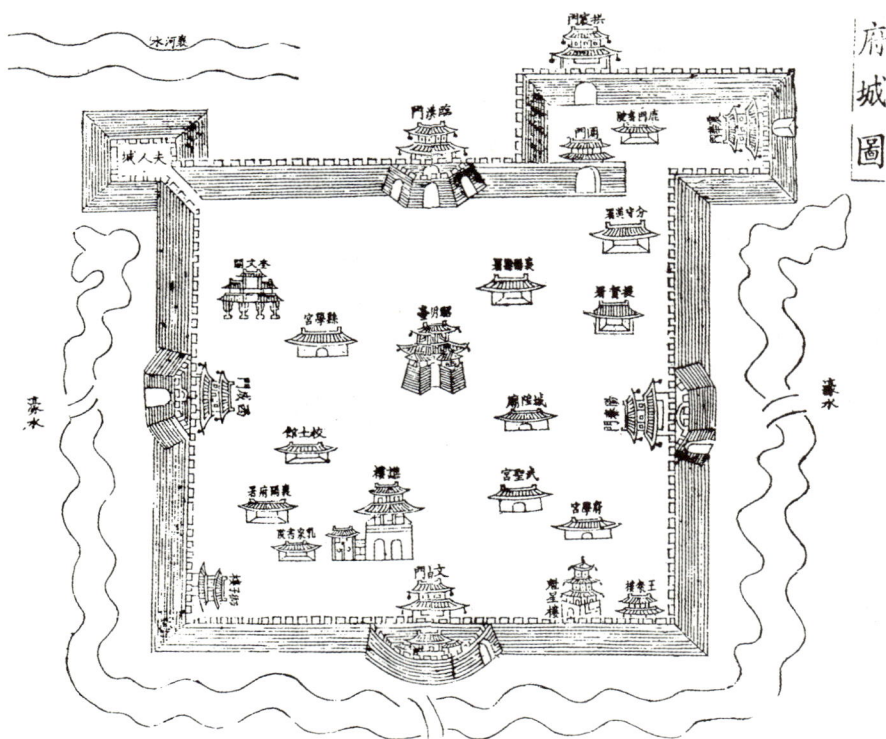

△ 襄阳府城图　引自《襄阳府志》清光绪十一年刊本

　　襄阳，曾名"襄樊"，位于湖北省西北部，因地处襄水之阳而得名，自古为交通要道，有"七省通衢"，"中华腹地的山水名城"之称。1986年，被列为国家历史文化名城。

　　西汉初年，其境始建襄阳县。东汉建安十三年（208），曹操置襄阳郡。南朝宋元嘉二十六年（449），置雍州，州治在襄阳城内。唐武德四年（621），改郡为州。北宋宣和元年（1119），属京西南路襄阳府。元至元二十九年（1292），属河南江北行中书省襄阳路。明清时，皆属襄阳府。1914年，属湖北省襄阳道。1950年，以襄阳、樊城二镇组建襄樊市。2010年，更名为襄阳市（地级市）。

　　襄阳最早筑城时间不详。习凿齿《襄阳记》记载："城本楚之下邑。"推测春秋战国时，仅为邑闾。清同治十三年《襄阳县志》卷二称："自刘表莅

襄阳为荆州牧治"，可知东汉末便有城，故言"晋羊祜、杜预、朱序、宋吕
文焕所守皆此城也"。东晋太元三年（378），梁州刺史朱序镇守襄阳城，其
母为御敌来犯，带领众婢和城中妇女，又于城西北角筑新城，周长20余丈，后
人将此段称为"夫人城"。南朝宋元嘉五年（428），雍州都督张邵筑长堤以
利防洪。唐神龙元年（705），汉阳王张柬之为襄州刺史，因汉水暴涨，于城
西修筑防洪大堤。会昌元年（841），汉水坏城，节度使卢均筑堤6000步，以
堵水。大中十年（856），节度使徐商加高沙堤。宋乾德三年（965），汉水再
次坏堤，知州赵延进垒石于堤岸。绍兴二十二年（1152），汉水再次入城，知
府陈槲桷重修堤坝，陈天麟疏浚城壕。乾道五年（1169），重修城垣。乾道七
年，续修。淳熙八年（1181），知府郭泉修护城堤。庆元三年（1197），汉水
泛滥，城堤多溃坏，又重修。

元至顺元年（1330），襄州路达鲁花赤谙都刺增修城外大堤，后颓圮。
至正二十五年（1365，《考工典》记为"明初"），明军平章卫国公邓愈为加强襄阳城防御能力，使城北紧靠汉水，于旧址拓城东北角，由旧大北门向东绕至长门，环南增建新城。城垣周长2221.7丈、高2.5丈、上宽1.5丈、底宽3丈。设城门6座：东、南、西、大北、小北、东长，皆有瓮城，每门上皆建有门楼，各设角楼（据清康熙二十三年《湖广通志》卷七），并设花楼10座（清康熙二十三年《湖广通志》卷七记为"成化中"建，1921年《湖北通志》卷二十五记为"弘治中"建）、垛堞4210座、警铺70座。其中在东、西、南三门位置均在水域中央修建了四面环水的瓮城，呈"中"字型，架设2～3座吊桥，与两岸相通，开启自如。城北以汉水为濠，计400丈，东、西、南挖濠共长2112.3丈、宽29丈、深2.5丈（清康熙二十三年《湖广通志》卷七）。

明天顺年间（1457～1464），巡道王佩重修大堤。成化年间（1465～1487），都督王信重建南门城楼。弘治年间（1488～1505），副史毛宪重建东、西门与大、小北门及东长门城楼各1座，并于城东南、西南、东北各建角楼（清同治十三年《襄阳县志》卷二记为"东南、西北、东北"），名曰："魁星"、"狮子"、"仲宣"。正德十一年（1516）夏，汉水大溢，破城30余丈。巡道聂贤捐俸补修，取仙人洞之石，自大北门至东长门修砌长堤，堤长280丈、高2丈，创筑子堤于江下，以护旧岸，子堤长280丈、底宽8尺、高5尺，人称"聂公堤"。陈辅于四门修闸门，"堙断四门"，并用铁叶包城门，以防贼匪。嘉靖三十年（1551），汉水溃堤浸城，巡道陈绍儒、守道雷贺修复。嘉靖三十九

▽ 襄阳北门 蔡理摄

△ 城顶城楼

△ 襄阳城顶

年，大水毁城。知府汪道昆主持重修（据清光绪十一年《襄阳府志》卷六）。隆庆二年（1568），汉水毁堤，新城圮塌，巡道徐学谟檄知府陈洙、同知高持益于东、西、南三门外一里左右筑土堤，以防水。隆庆四年，增筑老龙堤，铸两头铁牛置于堤上，又铸两头铁牛置于小北门西脚门外水中。隆庆六年，铸镇江铁柱一根。万历三年（1575），巡道杨一魁以石砌老龙堤（清光绪十一年《襄阳府志》卷六记为"万历元年"）。次年，知府万振孙为六门首题别称：

东曰"阳春"，南曰"文昌"，西曰"西成"，大北门曰"拱宸"，小北门曰"临汉"，东长门曰"震华"。万历七年和万历十年，汉水泛滥，大水满溢至城墙仅"余三板"。崇祯元年（1628），汉水复泛，城内街巷可行船。崇祯十四年，张献忠率起义军攻占襄阳时，毁城垛、警铺、城楼，唯存东南城上仲宣楼，其后御史袁继咸亲督标兵修复城垛如旧，都御史王永祚随之重建各门城楼。次年，复被李自成农民义军破坏（据清同治十三年《襄阳县志》卷二）。

清顺治二年（1645），都御史徐起元檄同知贾若愚，自小北门城上西至南城各险要处，用砖石修砌御敌炮台29座。顺治五年，都御使赵兆麟檄副使苏宗贵重修西城大楼，檄知府冀如锡重建南城大楼，檄同知涂腾茂、张仲重修大北门城楼，建小北门城大楼，檄知县董上治重建东城大楼，又为各城门再题别称：东门曰"保釐东郊"，南门曰"化行南国"，西门曰"西土好音"，北门曰"北门锁钥"，城外三座桥设立敌楼，并修葺城壕堤岸（据清康熙二十三年《湖广通志》卷七）。康熙六十年（1721），守道赵宏恩改建西门板桥为石桥，人称"赵公桥"。雍正（1723～1735）初，守道赵之均、知府尹会一先后重修老龙堤。道光六年（1826），知府周凯重修城楼6座。道光十二年，汉水泛滥，冲毁城脚，知府阿尔瑄阿修复。咸丰四年（1854），有太平军侵扰，知府多山建城上兵房74所，计224间。咸丰八年，知府启芳疏浚城壕（1921年《湖北通志》卷二十五）。咸丰十一年，知府启芳将兵房门轴更换为石质，并添建兵房8所，计24间，又于东、西、南三门外二道桥之内，围砖石如营垒状，皆有雉堞、门楼，可安放炮座，长门外及西门角各按地势营建，形制与三门相同。同治元年（1862），知府吴嗣仲建南门、大北门于月城内官厅。同治八年，城西南隅城壕淤塞，知府恩联、提督郭松林疏浚，壕长500丈、深1丈、宽10丈。光绪元年（1875），大雨，城圮，知县吴耀斗重修。次年，知县劳庆藩续修。光绪七年，知县梅冠林接修完工（清光绪十一年《襄阳府志》卷六）。

1933年，大北门城楼被飓风摧毁。1939年，侵华日军轰炸襄阳，为方便民众疏散，遂将西门南侧和南门西侧的城墙连同西门、南门月城及城楼拆除。1940年，遭侵华日军焚烧，破坏严重（据1989年《襄阳县志》卷一）。1945年，因年久失修，长门城楼坍塌。1948年，又将1939年拆出的西门南侧和南门西侧的城墙临时加以垒筑，同时在城上修补城垛。1958年，扩建东街时将东城门拆除。1970年，夫人城东侧被毁160多米。1974年，将南门两侧约860米的墙体拆除。1976年，小北门东侧又被损坏120米。

自20世纪80年代以后，市政府和有关部门已采取措施，加以保护，并拨出

△ 襄阳城墙墙体外侧

专款进行维修。从1982年开始，逐年进行大规模维修。

据2014年襄阳城墙的申遗材料提供的数据：现存的襄阳城略呈方形，城墙长7331米、高7～11米、底宽6.1～13.3米、顶宽3.8～11米；外层为贴砌城砖，内层为碎砖堆砌。护城河宽130～250米、深2～3米，目前保存完好。现尚存长门瓮城、大北门瓮城、小北门城楼、夫人城城台、城东南角角台和重建的仲宣楼。

2001年，襄阳城墙被列为全国重点文物保护单位。2012年，该城墙纳入"中国明清城墙"联合申遗项目预备名单。

王腾　肖璇

襄阳府城池：旧有城，负汉屏岘其北，周以断岸，故不池，东、西、南鉴山为池，与樊城市对。晋羊祜、杜预、朱序、宋吕文焕所守皆此城也。明初，卫国公邓愈因旧址修筑新城，周一十二里。而赢计二千二百二十一丈七尺，高二丈五尺。为门六，俱有子城，曰：东、南、西、大北、小北、东长，各为角楼者一，南门楼一。成化中，都督王信重建，其东南、西南各楼一，东北角楼一，花楼十，东、西、大北、东长门楼四，池北面临江四百丈，其东、西、南三面通计二千一百一十二丈，阔二十九丈，深二丈五尺俱。弘治中，副使毛宪重建。正德丙子夏，汉水大溢，副使聂贤躬督埋塞起大北门至东长门，修砌泊岸，长二百八十丈，高二丈，创筑子堤于江下，以护旧岸，址阔八尺，高五尺，长二百八十丈，襄人呼为聂公堤。崇祯间，都御使王永祚重建六城楼，暨西南城狮子楼，雄壮高深，甲于江汉。顺治二年，都御使徐启元檄同知贾若愚，自小北门城上西至南城各险要处，用砖石修砌御敌炮台二十九座。五年，都御使赵兆麟檄副使苏宗贵重修西城大楼，檄知府冀如锡重建南城大楼，檄同知涂腾茂、张仲重修大北门城楼，建小北门城大楼，檄知县董上治重建东城大楼，以至城外三桥立敌楼，濠岸俱加完葺，其精坚盖逾旧云。襄阳县附郭。

——清《考工典》第二十一卷，引自《古今图书集成》

▽ 临汉门

△ 宜昌县城池图　引自《宜昌府志》清同治三年版

宜昌城

　　宜昌，位于湖北西部、长江三峡西陵峡东口，长江上中游分界处，"上控巴蜀，下扼荆襄"。自古以来号称"川鄂咽喉，西南门户"，交通、军事地位重要。

　　宜昌古名"夷陵"。秦始皇二十六年（前221），郡天下，改夷陵，置巫县。西汉复置夷陵县，属南郡。唐夷陵郡为峡州，夷陵县为郡治。明洪武九年（1376），为夷陵州。清顺治五年（1648），改夷陵为"彝陵"。雍正十三年（1735），撤彝陵州，升府名"宜昌"，改彝陵县为东湖县。1912年，废宜昌府，改东湖县为宜昌县。1922年，宜昌属荆宜道。1979年，宜昌市复为省辖市。

　　宜昌最早筑城时间不详，各志皆载在"下牢戍"，其建置及详情不可考。唐贞观九年（635），移于今治。宋初移江之南，右靠紫阳山。建炎年间（1127～1130），移治石鼻山。绍兴五年（1135），复移回江之南。元代重新移到江北。以上各城形制、规模亦不可考（据清同治三年《东湖县志》卷九）。

明洪武十二年（1379），夷陵千户所千户许胜修，知州吴冲霄，绅士易思、陈永福等率众依唐旧址修造城垣，城墙周长863丈（计4里284步，清康熙二十三年《湖广通志》卷七记为"八百六十二丈"）、高2.2丈。设城门7座：正东曰"东湖"（后称"大东"），正南曰"南藩"（后称"大南"），正北曰"北望"（后称"大北"），正西曰"西上"（后称"中水"），西北曰"西塞"（后称"镇川"）、"北左"（后称"小北"），西南曰"文昌"（后称"小南"）。由东湖门至西塞门一里多，由南藩门至北望门三里多。另有小南门，常闭为台，俗称"威风台"。城墙设垛口3903座。城东、南、北三面均有护城河环绕，河深2丈、阔4.5丈，西面濒临长江（据清乾隆二十八年《东湖县志》卷九）。明成化四年（1468），知州周正、千户常昼复修，高5丈，外砌砖石，内筑土为卧羊坡，"下绕以围，堪容走马"。弘治六年（1493），大雨连月，城垣崩塌过半。崇祯十七年（1644），张献忠义军攻陷城池，占据19天，城垣近乎全毁（1921年《湖北通志》卷二十五记为"崇祯七年"）。

清顺治十二年（1655），荆州镇郑四维率下属登城测量，共计崩塌120余丈，重修。顺治十三年，委任左营游记张琦修葺城垣（据清康熙二十三年《湖广通志》卷七）。顺治十四年，总兵张大元、知州孔斯和重修，城长5.3里，并修垛口701座、楼7座。康熙三年（1664），大雨，城圮。康熙六年，知州鲍

▽ 宜昌古城墙旧影　向浩宇提供

△ 20世纪80年代初，宜昌环城南路口（俗称"大南门"处） 徐晓光藏

孜重修。雍正五年（1727），因大雨，城墙倒塌160丈，知州何广廷重修。乾隆二十四年（1759），陆续倒塌城垛210丈、城墙41.8丈，知县蔡本棅重修。乾隆二十六年，复倒城垛64.95丈、城墙3段（计10.7丈），知县林有席重修，并修北城楼1座（计3.2丈），兼修女墙230丈、垛口323座（据清乾隆二十八年《东湖县志》卷九）。道光二十六年（1846），知府陈熙晋重建东门城楼。咸

▽ 宜昌城南门外的渡口 本文照片除署名外，均由杨国庆摄

△ 宜昌城南门所在地，如今为南门渡口公园

丰二年（1852），知县严树森增修南门城楼。咸丰十年，江水决口，东门内圮塌5丈余，小南门外倾圮6丈余，知县刘浚重修。同治元年（1862），知府唐协和对城垣又加高培厚，新建炮台6座（据清同治三年《宜昌府志》卷四）。

1930年12月，因城市建设需要，宜昌县长赵铁公拆除城墙，构筑环城路。残余段城墙遗迹随着城市建设已难以辨识。

附：

归州城墙　位于宜昌市秭归县，始建于蜀汉章武元年（221）。明嘉靖四十年（1561），因久雨，地陷城毁，知州郑乔于江北刘备城故墟上重建新城。清嘉庆元年（1796），知州王良用改土城为砖城，广450丈。嘉庆九年，建成归州石头城，城墙高大坚实，状如葫芦，故又名"葫芦城"。

▽ 归州城迎和门条石上的铭文　　　　　　　　▽ 归州城景贤门条石上的铭文

△ 因修建三峡大坝归州城迎和门被搬迁至秭归县茅坪镇凤凰山

　　后因三峡工程兴建，旧城5/6的面积将沉入江底。秭归县政府遂决定投资将177米线下的城墙石分期分批搬迁到茅坪凤凰山，线上部分就地保护。在三峡水库三期蓄水前期，已将156米线下的城墙石拆迁到茅坪新县城。此后，又因水位定于175米蓄水清库，不得不再次将156～177米的古城墙城门及石材拆迁到凤凰山古建筑群异地保护。2006年，凤凰山古建筑群整体被列为全国重点文物保护单位。

肖瓛　王腾

▽ 归州城迎和门夜景，因修建三峡大坝而被搬迁至秭归县茅坪镇凤凰山

△ 归州城景贤门，因修建三峡大坝被搬迁至秭归县茅坪镇凤凰山

彝陵州城池：旧在江左，宋徙江右，元复徙江左。明洪武十二年，千户许胜因旧基甃砌，周八百六十一丈，高二丈二尺，为门七：曰东门，曰中水，曰大南，曰小南，曰大北，曰小北，曰镇川，各建有楼。东、南、北三面皆濠，阔四丈五尺，深二丈，西一面临大江。成化间，知州周正、千户常垦甃以砖。

归州城池：旧城原在江南。嘉靖四十年，始迁于江左今丹阳池，周围六里一千八十一丈五尺，高一丈九尺，为门四：东曰迎和，南曰兴贤，西曰瞻夔，北曰拱极。

——清《考工典》第二十一卷，引自《古今图书集成》

▷ 秭归茅坪镇凤凰山
文物保护标志碑

△ 宜城县图　引自《宜城县志》清同治五年版

宜城，位于湖北省西北部、汉江中游，东界随州、枣阳，南接钟祥、荆门，西邻南漳，北抵襄阳。

秦时，其境属南郡。汉惠帝三年（前192），改鄢县为宜城县。后变更分合，唐天宝七载（748），又改名宜城县，其后至清皆沿袭之。1945年，为纪念抗日将领张自忠殉国，更名自忠县，隶属湖北省第五区行政督察专员公署。1949年，复名宜城县。1994年，设立宜城市（县级）。

西周时期，楚君熊徇之子熊咢继位为楚国国君后，于宜城郑集构筑鄢城（即楚皇城）。据当地文物部门测算，楚皇城呈不规则长方形，城墙周长6420米，其中西城墙长1840米、南城墙长1500米、北城墙长1080米、东城墙长2000米。城墙系用土筑夯实而成，至今仍高出地面2米左右。城墙四周现存缺口6处，有4处被当地人称为"城门"，即东门、大小南门和北门，其余2处位于东城墙上，其中一处位于东城墙的南端。2001年6月，楚皇城遗址被列为国家级重点文物保护单位。

南朝宋永初元年（420），筑宜城大堤为城，周长11里（据明嘉靖版《宜城县志》卷上），称"大堤城"。唐贞元年间（785～805）迁至今治，太傅于頔筑土城，其形制、规模不可考（据清光绪十一年《襄阳府志》卷六）。

明成化元年（1465），县令郭泰因"刘千斤之乱"修筑土城，周长约2里（清同治五年《宜城县志》记为"三里许"）。弘治二年（1489），县令海澄将土墙加高3尺，上盖瓦。弘治十年，知县王绪建四门城楼。弘治十六年，知县林典辟马道，城脚立冷铺。正德六年（1511），知县朱崇学因刘六等贼逼境，改修为砖城，砖城周长800丈、高1.5丈、垛高5尺、底宽2丈、顶宽1丈（据明嘉靖版《宜城县志》卷上）。设城门4座：东曰"望江"，西曰"来远"，南曰"凝晖"，北曰"拱辰"。周围沿城墙挖护城池，深阔各1丈。时城东、南、北三面临汉水，西面靠岗（旧称"紫盖山"），间隔一槽地。城壕周长900丈、深1丈。嘉靖三十年（1551），汉水泛滥，洪水冲破东、南、北三面城墙，县令郝廷玺主持拓城跨西岗以避水灾，并增设小南门。隆庆六年（1572，清同治五年《宜城县志》记为"万历二年"），大水溃城，知县雷嘉祥重新以砖包城，周长500丈（计5.3里，民间流传为7.3里。据1980年航测影像图沿旧基量得全长3650米，与7.3里的传说吻合）、基宽3丈、顶阔1丈、高2丈，砖砌部分厚5.4尺，有雉堞937座。设城门6座，分别曰"东门"、"小东

▽ 宜城城原西门所在地 杨国庆摄

"门"、"南门"、"小南门"、"西门"、"北门"。后命名小东门为"毓秀门"，小南门为"文昌门"。六门各建城楼，悬挂匾额。沿城墙建有守城窝铺，并由北自东增建土堤（据1921年《湖北通志》卷二十五）。万历二年（1574），巡抚赵贤、抚治孙应鳌加高城垣5尺，增加警铺5座（据清康熙二十三年《湖广通志》卷七），城壕深、阔各1丈。东城壕经洪水冲刷，宽达五六丈，西城壕因忌伤"地脉"，深仅3～5尺。万历三十年，城复溃，知县胡明佐重修。崇祯十三年（1640），知县陈美修小南门，并镌刻石额"文轮天开"。崇祯十五年，李自成义军攻陷城池，城楼、窝铺尽毁（据1921年《湖北通志》卷二十五）。

清顺治三年（1646），抚治徐起元檄知县王文祯修浚城池。顺治五年，高必正、李来亨、李赤心兵乱，城垣复毁。知县王道兴主持重修（据1921年《湖北通志》卷二十五）。次年，抚治赵兆麟修建城楼。顺治十三年，知县刘祚长重修东、南二城门楼，题东额曰"紫气东来"，西额曰"瑞霭南浮"。顺治十五年，仅开大东门和大南门，其余均关闭（清光绪十一年《襄阳府志》卷六记为"崇祯十五年"）。康熙二十二年（1683，清光绪十一年《襄阳府志》卷六记为"康熙十二年"），知县胡永庆为方便驿站而重开西门，并重修东门楼，建城堡8间。乾隆四十七年（1782），知县田育龙重修六门。乾隆五十一年，六门全开，双扇木制铁皮门，门板厚4.5寸，铁皮厚约1分，门拱高、宽各8尺，门洞纵深3丈余，青石门坎，路中铺单条青石板，大东门外侧左右均有耳门。嘉庆元年（1796），教匪胡宗潮兵乱，毁城西南2段，邑人姚廷宣重修。次年，城西北1段倾圮，知县屈樸重修。嘉庆十年，大水，城东、南、北三面坍塌百余处。嘉庆十六年，知县葛柱芳重修。道光六年（1826），雨坏城垣，东城墙圮塌2段，署县事于鼎培重修。道光十二年，大水坏城280余弓，倒塌敌楼2座，知县赵鹏翔、耿淳玉重修。道光十八年，修毕（清同治五年《宜城县志》卷二）。咸丰二年（1852），大水，城坏7段，长250丈，小南门敌楼圮塌，知县陈汉重修，并关闭小南门。同治六年（1867），知县谢兰重修城西南隅2段各10余丈，又修西北隅炮台，筑东南隅城址30余丈，并疏浚西北面城壕。同治十年，知县陆佑勤重修东、南、小东门城楼。光绪五年（1879），傅维祐重修西门城楼。光绪七年，知县齐维昌重修东门营房（据1912年《湖北通志》卷二十五）。次年，知县李连骑重修西北、西南隅10余丈（据清光绪三十三年《宜城县续志》卷上）。

1912年后，宜城基本保留清末旧貌，护城河除东门外，西、南、北均淤浅，部分干涸。1935年7月，汉江洪水泛滥，东、南、北三面城墙被冲跨，北城楼和城门被巨浪卷走数十丈而塌毁。次年，以旧砖补豁口。1938年，为修襄沙公路而拆掉城墙。1944年，又在原城基上筑起一道土墙，后又经修整加固。

1949年后，为适应城镇建设发展的需要，逐步将宜城城墙拆除，以建造房屋和其他公用设施。

1982年，宜城修建襄沙大道，将西城壕全部填平。1983年，将北城河改建为下水道，东护城河尚存。

王腾 肖璇

宜城县城池：宋孝武永初元年，筑宜城大堤为县，周十一里。元仍旧制。明成化初，知县郭泰筑土城，二里许，知县王绪建四门楼，林典辟马道，培城址。正德六年，知县朱崇学创砖城，高一丈五尺，周八百丈，池深一丈，周九百丈，为门四。嘉靖三十年，知县郝廷玺拓城西冈。隆庆六年，知县雷嘉祥重甃砖城，周围五里有奇，高一丈七尺，基广三丈，面阔一丈余，六门俱建楼。万历二年，巡抚赵贤移檄督工修砌加崇五尺，增建警铺五座。

——清《考工典》第二十一卷，引自《古今图书集成》

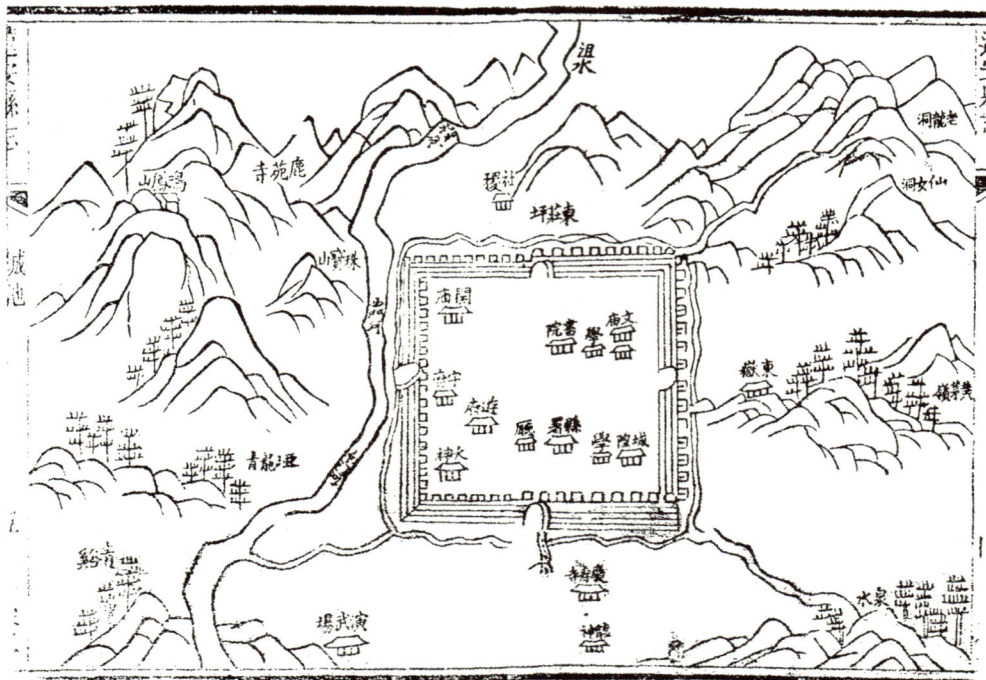

△ 远安县城图　引自《远安县志》清同治五年版

远安，位于宜昌市之东北，东南与荆门市、当阳市毗连，西南、西与夷陵区为邻，北同保康县、南漳县接壤。

西汉建元元年（前140），其境置临沮县，以其临沮水得名，属南郡。东晋隆安（397～401）末，因县城迁建于旧县亭子山上，不再受沮河水患之扰，故改为高安县。北周武成元年（559），取永远平安之意，又改为"远安"，隶属峡州。明洪武九年（1376），改峡州为夷陵州，领远安。清雍正十三年（1735），远安县改属荆州府。1949年，改属宜昌专员公署。1992年，属宜昌市至今。

远安最早筑城始于汉，称"临沮城"，地点在罗汉峪，形制、规模不可考。东晋末，迁治于亭子山，"临沮"改称"高安"。元时，当地行政长官达鲁花赤沙班迁治亭子山下，垒土为城，不久即为兵毁（据1921年《湖北通志》

卷二十五）。

明洪武（1368～1398）初年，知县大有曾修复城池。天顺七年（1463），知县何盘又重修。成化二年（1466），刘千斤、石和尚所率荆襄农民起义军攻陷城池，城垣残毁。成化四年，县城再次沿沮河南迁至东庄坪，重砌石城，城周长800余里、高1.8丈，设城门4座，各有城楼。后千户朱纲增筑护城堤，城壕深1丈、宽2丈。崇祯七年（1634），李自成义军攻陷城池；崇祯九年，邑侯王立德申请移治鸣凤山，未果；崇祯十三年，邑侯周乃洓移筑鸣凤山，凭高为险，但城堞未建。崇祯十六年，复被李自成义军攻陷（据清康熙二十三年《湖广通志》卷七）。

清顺治四年（1647），知县周会隆筑城，"雉堞环列，因河为池"，有城门4座：东曰"景和"，南曰"剞羽"，西曰"宣说"，北曰"遵义"。顺治十一年，溪水暴涨，东北城尽崩，邑侯卢运昌重筑。顺治十五年，又大水，城崩，邑侯安可愿重修，并建安远楼于城之东门，建朝阙楼于城之北厢。但后屡建屡圮，凤山并非治所的理想之地。康熙五年（1666），由知县宋绎复迁治东庄坪，修复旧城南守御所作为城址。康熙四十一年，旧城址坍塌，只余遗迹。乾隆三十四年（1769），知县宋楷重修，城由北而南延，均砌以砖石，周长4里许（计800余丈）、高1.8丈，设城门4座，其上各建门楼。城壕宽2丈、深丈

▽ 远安城墙西门　本文照片均由杨国庆摄

△ 远安城墙砖文 "金" 字

△ 远安城墙砖文 "汤" 字

△ 远安城墙砖文 "安" 字

▽ 远安城墙砖文 "太" 字

▽ 远安城墙砖文 "平" 字

△ 远安城墙砖文"固"字

余。嘉庆（1796～1820）初，教匪侵扰，未破。嘉庆二十一年，大水，城因坚固而未损。道光六年（1826），又遭洪水，水临西城墙未进，城垣无损。咸丰二年（1852），知县李葆树重修城楼，修补城垣，并疏浚城壕。同治五年（1866），知县郑燡林重修（据清同治五年《远安县志》卷一）。

1935年、1948年，两次暴发洪水，冲毁县城西北城角河堤10余丈。1940年，侵华日军先后四次狂轰滥炸，致使城内多处建筑被炸毁，城墙损毁严重，整座县城几成废墟。1946年，南门失火被毁。1947年，洪水再次淹没县城（据1990年《远安县志》卷十二）。

20世纪80年代后，据当地文物部门调查，残存的远安城墙位于鸣凤镇西城门外，沿沮河流延伸。

1993年，远安城遗迹被列为县级文物保护单位。2008年，远安城墙被列为省级文物保护单位。

肖瓛　王腾

▽ 远安城墙砖文"盛"字

△ 远安城墙文物保护标志碑

远安县城池： 古城临沮，在南漳界。元迁亭子山下。明成化间，筑城东庄，砌以砖石，周八百余丈，高一丈八尺，为东、西、南、北门四，建有楼。千户朱纲增筑护城堤，以防水。池阔二丈，深丈余。顺治四年，知县周会隆请修城堞，因河为池。

——清《考工典》第二十一卷，引自《古今图书集成》

▽ 远安城墙西南角

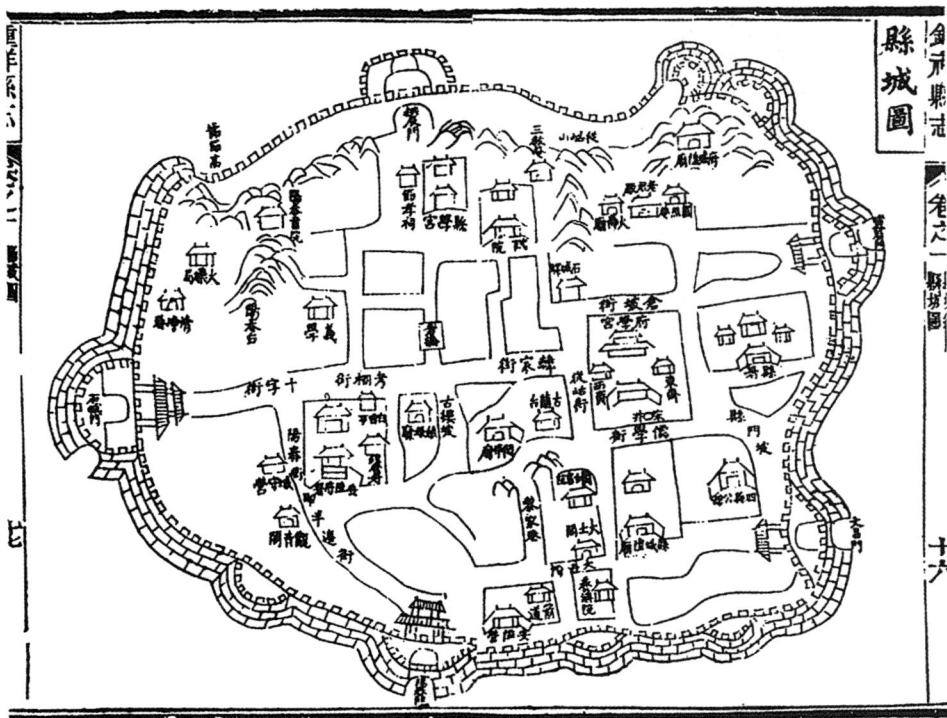

△ 钟祥县城图　引自《钟祥县志》清同治版

钟祥，位于湖北省中北部、汉江中游，北接襄阳，南临江汉平原。1994年，被列为国家历史文化名城。

春秋战国时期，其境为楚别邑，称"郊郢"，系楚国陪都。西汉初，置郢县。三国时属吴，称"石城"。明时，因嘉靖皇帝发迹于此，御赐县名为"钟祥"，取钟聚祥瑞之意。嘉靖十年（1531），御置承天府，是当时全国三大名府之一。清代属安陆府。1949年，县名仍为"钟祥"。1992年，撤县设市（县级）。1996年，划归荆门市代管。

钟祥最早筑城始于三国时期，据《元和郡县图志》记载："县城，本古之石城，背山临汉水，吴于此置牙门戍城。"此城名曰"石城"，三面堨基皆天造，正西绝为壁，下临汉江，城壕夹城向南汇入汉水，有白雪楼在其上（据1921年《湖北通志》卷二十五）。西晋时期，羊祜依山筑城，形制不可

◁ 老商业局宿舍楼后，残留着当年城墙的城址　李园提供

考（清同治六年《钟祥县志》卷二）。宋乾道、淳熙年间（1165～1189），都统赵樽、郭果相继增筑子城、罗城、寨堡，设城门4座：曰"行春"、"富水"、"宜风"、"楚雄"。元朝末年，城池日渐倾圮（清康熙二十三年《湖广通志》卷七）。

明洪武二十二年（1389），指挥使吴复屯驻于此，后在旧址上复建扩筑，东北并跨山岗，西临汉水，内外皆用砖包砌，并增设城门5座。弘治年间（1488～1505），向北拓展数十丈，城周长1600丈、高2.5丈，女墙1398丈。设城门5座：东曰"阅武"，东南曰"威武"，南曰"阳春"，西曰"石城"，北曰"拱辰"，其上各有门楼。南、西月城各修城楼1座。设垛口470多座、戍铺72座。城壕深约2丈、宽10丈余。嘉靖年间（1522～1566），又建阳春门及月城重门，门各有楼，题楼曰"显亲达孝"。崇祯十一年（1638），巡按林铭球题请城墙各加增5尺，内添女墙，委托主簿徐大成督修。崇祯十三年，荆西道吴尚默、知府贾元勋、知县肖汉复建外城，以御贼寇。城设四关，各设门楼：东曰"怀德维宁"，西曰"石城关"，南曰"二南关"，北曰"北门锁轮"。崇祯十六年，李自成义军攻陷钟祥城，城池内外及城楼尽毁（清乾隆六十年《钟祥县志》卷二）。

清顺治三年（1646），知县王善行重修。顺治八年，知府李起元、知县佟养冲相继修葺各瓮城城门。康熙元年（1662），知府张尊德、知县程起鹏重修。设大炮台12座、小炮台37座、窝铺17座。护城河周长1020丈、宽10~15丈、深2~5丈。护城河自天坑以下至威武门段宽约8丈、深4丈；威武门至石城门段宽约4丈、深2丈余。康熙五十七年，南门城楼烧毁于兵乱，西门城楼也倾圮。雍正五年（1727），知县王世经重修。乾隆二十二年（1757），大雨毁城，倾圮甚多，知县李缙领币1310.74两修缮。乾隆二十九年，知县武昌国重修西、南城楼。乾隆三十二年，大雨坏城东北隅，知县钱璋领币6416.82两修缮。乾隆四十六年，知县王鸿典详请分段重修。次年，知县钱璋增修。乾隆五十七年，知县张琴重修南门城楼（清乾隆六十年《钟祥县志》卷二）。道光十五年（1835），知县谢庆远重修。道光二十八年，知府贾世陶修筑护城堤。同治元年（1862），知府刘紫重修南门城楼。同治五年，知县孙福海改城门名：正东"阅武"改为"寅宾"，东南"威武"改为"文昌"，并修女墙12座，窝铺、小炮台俱不存，大炮台仅剩5座：东北1座、东南2座、西南2座（清同治六年《钟祥县志》卷二）。同治八年，刘紫复修护城堤。光绪元年（1875），因积雨，城垣倾圮，知府郑燡林分段补修。次年，知县李辀补修完固，城周长7.3里、高1.8~1.9丈不等（1921年《湖北通志》卷二十五）。

1932年，地方政府于旧址处建新城。新城为土城，建炮台2座、雉堞若干。后因战事及城市建设，钟祥城墙损毁严重。

20世纪80年代后，据当地文物部门调查，钟祥地面以上的城墙已基本拆除，仅留少量地段的遗迹可寻。

王腾　肖瓛

安陆府城池：古石城戍，上据崇丘，旁控石城，下临汉水，池因之夹城而南入于汉，旧有白雪楼冠其上。宋乾道、淳熙间都统赵樽、郭果相继增筑子城，门四：曰行春、曰富水、曰宜风、曰楚雄。明初，指挥吴复因石城故址拓之。弘治中，兴府建藩于此，复北展数十丈，周围七里有奇，计一千六百丈，高二丈五尺，易为门五：南一旧曰阳春，嘉靖间，榜曰显亲达孝，以阳春榜其子城；东曰威武；南曰阅武；西曰石城；北曰拱辰。崇祯间，巡按林铭球题请加城五尺，内添女墙。荆西道吴尚默、知府贾元勋、知县萧汉复建外城池，周一千二十丈，广十丈至十五丈，深二丈至五丈。钟祥县附郭。

——清《考工典》第二十一卷，引自《古今图书集成》

竹山城

△ 竹山县城之图　引自《竹山县志》清同治四年版

　　竹山，位于湖北省西北秦巴山区腹地，东邻房县，北界郧阳区，西北邻陕西省白河县，西交竹溪县、陕西旬阳县，南接神农架林区、重庆市巫溪县。

　　东汉时期，其境为上庸郡。西魏废帝元年（552），因黄竹岭之竹色黄，改名"竹山"。唐贞观十年（636），置房州，治竹山。宋绍兴七年（1137），改隶京西南路。明洪武元年（1368），属襄阳府；成化十二年（1476），设郧阳府，竹山属之。清沿明制。1994年，竹山县隶属十堰市。

　　竹山县最早筑城时间不详，各志仅言"旧有土城，在上庸水北"，形制、规模皆无考。

　　明成化三年（1467），因山寇石和尚之乱，始筑石城。城周1800步（计3里，清康熙二十三年《湖广通志》卷七记为"五里"）、高1.2丈（1921年《湖北通志》卷二十五记为"一丈四尺"），设城门4座：东曰"寅宾"，西曰"广泽"，南曰"迎恩"，北曰"观澜"，并设角楼4座、窝铺8座。成化七年，守备指挥李仁、王刚重修。成化十四年，再次扩建，城周5里（清康熙二十三年《湖广通志》卷七中有"为东、西、南三门"的描述，疑误）。弘治元年（1488），抚治戴珊命竹山指挥许瑾改用砖石筑城，城周长600丈。正德五年（1510），以"广泽门西通川陕，尤为重地"为由，知县朱绅修筑土月城，高与主城一致。正德十五年，知县何洁于月城上建楼，以作岗楼。隆庆元年（1567），知县雍世哲改迎恩门于城东南，旧门改为水门，又加建广泽门月城城楼。崇祯七年（1634），张献忠起义军攻竹山县城，城防尽废，所剩城垣不足从前的1/10（据1975版《竹山县志》卷五）。

清顺治七年（1650），农民义军余部杨明启、马守应占据县城城墙部分损毁。康熙十三年（1674），竹山游击谢泗响应吴三桂叛清，后被清军战败，城毁。嘉庆元年（1796）2月，县白莲教首领曹海扬起义，占据县城，后清军攻破县城，部分城墙毁坏。次年，知县范继昌大量征用民力重修县城，以砖石筑城，城周长725丈、高1.75丈，建雉堞825座，重建四门，另开小南门和小西门（据清同治四年《竹山县志》卷八），门下建楼筑炮台。又添筑翼城2座，东翼城向北延伸20丈，设雉堞24座；西翼城向南延伸24.5丈，设雉堞30座。并依城外开挖护城河，河深1.2丈、宽1.2丈。咸丰二年（1852），城坏多处，知县萧晓帆命乡绅陈杰祥、魏正培、韩三益、冯国骏等先后复修城池，城墙增高3尺（1921年《湖北通志》卷二十五记为"二尺"）。咸丰六年，襄阳义军首领高二先等率部攻破县城，拆毁门楼及垛口，部分城墙倒塌。光绪五年（1879），知县李保澄重修，并重建门楼，唯北门久闭（据1921年《湖北通志》卷二十五）。

1949年前，竹山城墙并无大变。

20世纪60年代，随着城市发展建设需要，竹山城墙逐渐被拆除。

2005年，据《南门古城墙下藏煤层》的报道，称城关防洪大堤四期工程在南门古城墙边施工，发现南门古城墙下有煤层。2008年，北坝老街发现一段残存城墙，该段城墙用石条砌成，现存宽约3米、长10余米、高约4米。

肖璐　王腾

竹山县城池：旧土城。明成化三年，始甃石，周三里，计一千八十余步，高二丈。十四年，后展筑，周五里，为东、西、南三门。

——清《考工典》第二十一卷，引自《古今图书集成》

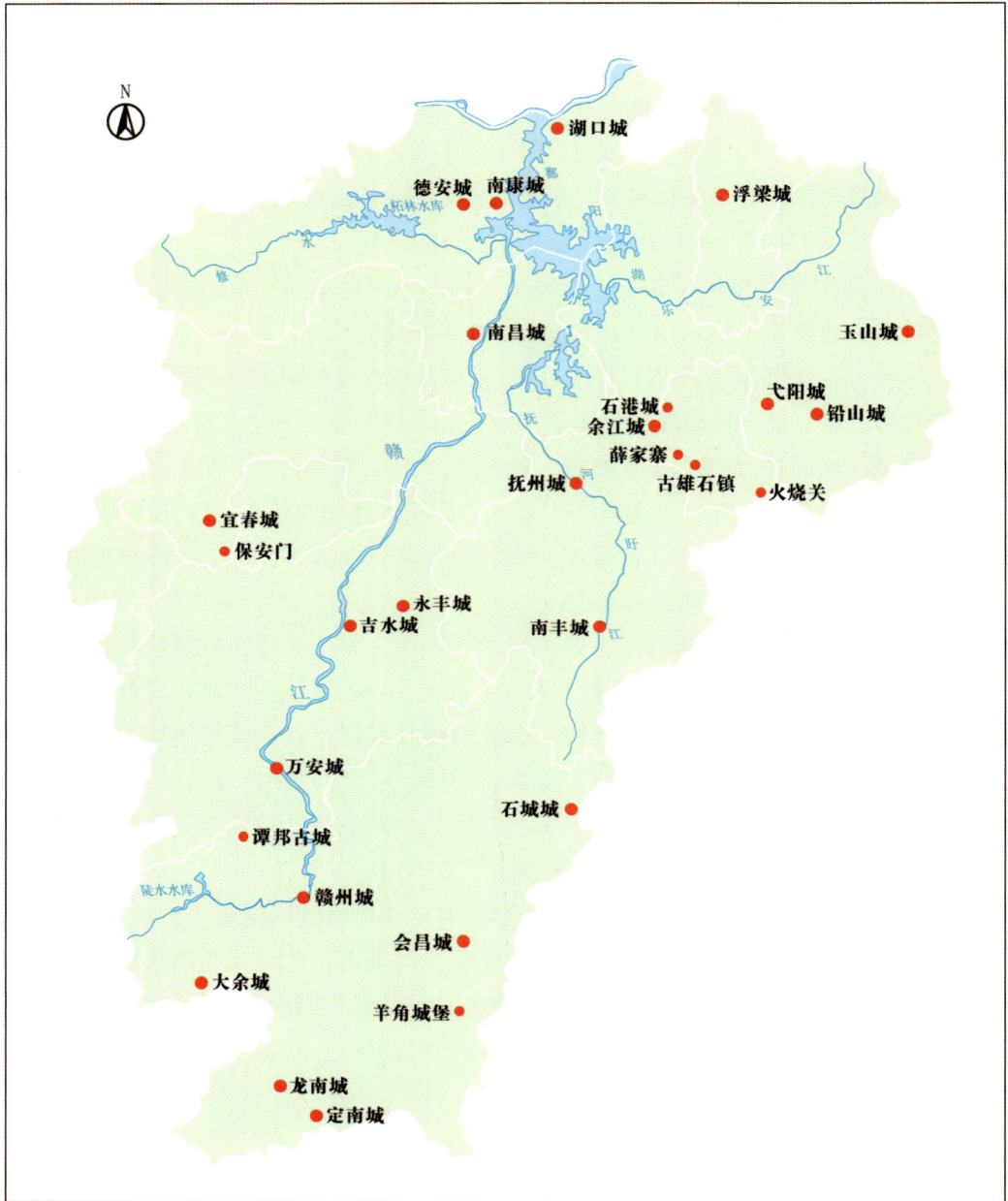

湖口城

德安城　南康城

浮梁城

南昌城

玉山城

石港城
余江城

弋阳城
铅山城

薛家寨
古雄石镇

抚州城

火烧关

宜春城

保安门

永丰城

吉水城

南丰城

万安城

石城城

谭邦古城

赣州城

会昌城

大余城

羊角城堡

龙南城

定南城

江西

南昌城

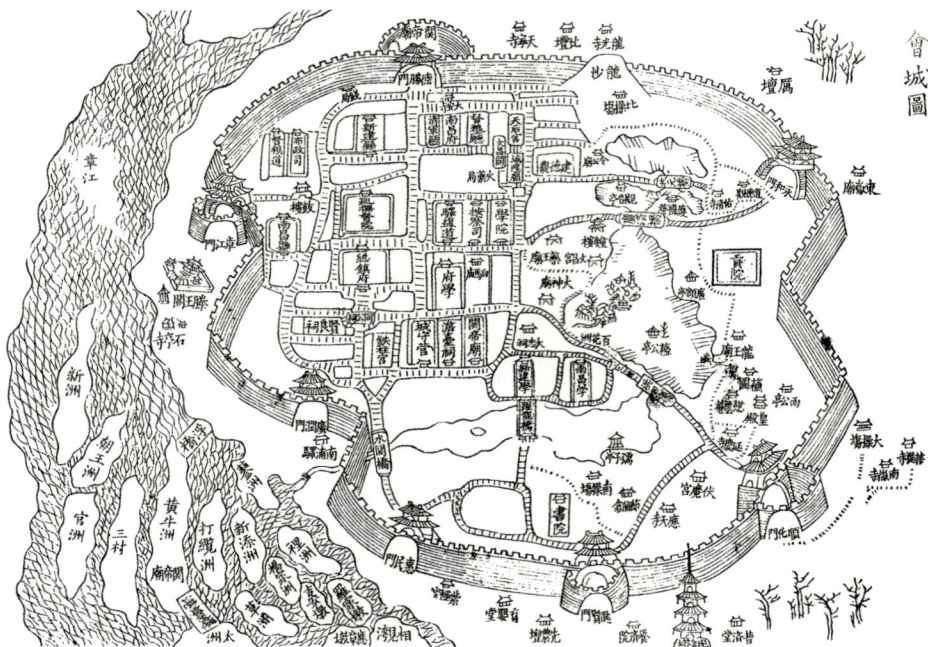

△ 南昌县会城图　引自《南昌县志》清乾隆十六年刊本，载《中国方志丛书·华中地方·江西省（813）·南昌县志》

南昌，古名"豫章"、"洪州"（又称"洪都"、"洪城"等），位于江西省中部偏北，赣江、抚河下游，濒临中国第一大淡水湖鄱阳湖的西南岸。1986年，被列为国家历史文化名城。

据《汉书》记载，汉高祖五年（前202），汉将灌婴奉命驻军当地，开创了南昌的建城史，并取昌大南疆和南方昌盛之意，定名"南昌"。此后，随政权更迭，建置及隶属多有变化。明清时，为府治所在地。明洪武三年（1370），南昌、新建二县同城而治。1949年后，南昌市为江西省省会，沿袭至今。

南昌筑城始于西汉高祖六年（前201），此后至清末，南昌历史上的重要筑城至少可分四个阶段，即汉城、唐城、宋城和明城。汉高祖五年，御史大夫灌婴（后封颍阴侯）奉刘邦"昌大南疆"之命，进驻豫章。一年后兴筑土城，城周10里84步，开六门。东晋太元十四年（389，对此次筑城的年代，各方志记载不一。有"晋太康"说、"晋太元"说、"晋咸宁"说等，今取同治九年《南昌县志》一说），豫章太守范宁对城墙进行修整，在城东北、西北两个方向各辟一门，因此共得八门。

唐垂拱元年（685），洪州都督李景嘉修茸城垣及八门。元和四年（809），刺史韦丹对东北隅段的城墙大规模修缮，修复东门城楼。当时城墙周长21里，并置敌楼于城上。贞元十四年（798），观察使李巽新建东南城楼，取名"避暑楼"。南昌副使符载撰有《新广城门颂》，详述其事（1935年《南昌县志》称，南昌的外瓮城建于唐贞元年间）。南唐保大十年（952），建南都于此。显德六年（959），新建东华、西华二门。

宋代，南昌城在南唐基础上有大规模的拓建，城墙周长31里，设城门16座。北宋淳化五年（994），知洪州军州事陈象兴建东门。元丰元年（1078），太守元积中重修东门。竣工后，曾巩撰有《洪州东门记》，详述其事。南宋绍兴六年（1136），丞相李纲来南昌主政，因城北年久江沙淤积成皋，于城防不利，遂将城东隅缩入3里，并废城门4座，改为12座。元至正十一年（1351），因城防需要，修茸城垣及城门，并建12座城楼。竣工后，元代文学家柳贯撰有《豫章楼铭记》，详述其事。次年，发生攻守城池的战事。战后，元将包希鲁撰有《守城记》，其中对南昌城池也有描述。

元至正二十二年（1362），朱元璋部将占领洪都城，大都督朱文正守御此城时，因城西濒临长江，不利城守，遂将城墙向内缩建，比旧城缩小了1/5。城周长2070余丈、高2.9丈、厚2.1丈。设城门7座：东曰"永和"（又名"滃台门"），东南曰"顾化"（旧名"琉璃门"），南曰"进贤"（旧名"抚州门"，俗称"望仙门"），又南曰"惠民"（旧名"寺步门"），西南曰"广润"（旧名"柴步门"，俗称"桥步门"），西曰"章江"（又称"昌门"），北曰"德胜"（旧名"望云门"，俗称"新城门"）。南昌民谚"七门九洲十八坡"中的"七门"，专指这七座被沿用至清代的城门。建城楼7座、角楼4座、窝铺70座，修茸陴堞2608丈。在城的东、南、北三面外侧疏浚、开挖护城河，河总长3004丈、宽11丈、深1.5丈。还在城墙与城内外出、入水处设置水关涵闸，"以蔽江水"。万历七年（1579），巡抚刘斯洁嘱咐南昌知府王三锡，为防止寇贼逾越城墙，拆除广润、惠民、章江三门外瓮城内的铺廊，以及附近依城墙而建的蓬舍。万历三十六年，再次清查并拆除全城依城墙而建的房舍，以便城防。崇祯年间（1628～1644），西南城门广润门毁于大火（此后，该城门在百余年间，先后竟被火焚达五次之多）。崇祯十四年，南

△ 灌婴城楼，坐落在南昌市象湖风景名胜区之滨，是为了纪念西汉大将军灌婴筑造南昌城的功绩而建造的一座仿古城楼，2003年竣工。图为灌婴城楼外侧 赵德林摄

昌知县沈应旦主持重修。

　　入清以后，南昌城池规制基本沿袭前朝，没有太大的变化。但是，城池的日常维修和疏浚在朝廷（尤其在康熙和乾隆两朝时）要求下，尤为历任官吏所重视（新建县负责章江门、德胜门、永和门及其该段城墙，计长870余丈，其余城门和地段归南昌县负责。此为明代旧制被清代所沿用）。据各方志的不完全统计，清代大规模城池修缮有7次，一般维修至少16次。其中不少次的修缮资金来源于官吏的带头捐款和集资，维修一次的资金一般在万两公项银（又称"砝码锭"，是经官府验定成色方能使用的官铸锭）以上。顺治十五年（1658），巡抚张朝璘撰写的《捐修城垣以资捍御疏》，具有一定的代表性。咸丰二年（1852），巡抚张芾为防御太平军而主持加固南昌城池，不仅环城加高加固城墙，还"甃以石为牛马墙，于外而置空心炮台"，对护城河也进行了疏浚，使之深1丈余，两岸用块石砌筑。次年，太平军攻城时，"诡计百出"，"苦无计可近"城墙，而"技穷宵遁"。至同治九年（1870）时，百姓还在赞颂张芾当年修城之功德（同治九年《南昌县志》卷二）。光绪三年（1877），章江门城楼毁圮，署粮道王嵩龄主持修缮。

　　1912年以后，南昌城墙因年久失修、遭遇战火和城市建设需要，逐渐毁圮，甚至被拆除。

20世纪80年代以后，南昌城墙基本无存，仅留下极少地段的城墙故址，以及散落各处的城砖。2012年6月，在南昌市榕门路北段改造施工现场，发现了一些砖文不全的旧城砖，据当地媒体报道：砖上有"南昌府提调官通判"和"新建县提调官王浔"的字样，有市民称是当年建造南昌城墙的城砖。笔者经查阅《南京城墙砖文》发现，该批带有砖文的城砖全文应："南昌府提调官通判王武司吏万宗程新建县主簿刘进亿司吏熊晟"（正面），"总甲李仁甫甲首黄克绍小甲邹用和窑匠黄五人夫远近中"（反面）。媒体报道的南昌残砖上的"王浔"，实为"主簿"的误读。南昌新发现的该批城砖，应当是洪武十年至十六年（1377～1383）为南京城墙烧制的贡砖，留存当地的城砖（或后被南昌城墙维修时所利用）。

杨国庆

南昌府城池：即省城也，汉颍阴侯灌婴筑。唐元和四年，刺史韦丹更筑城东北隅，城周二十一里。宋绍兴六年，丞相李纲来帅，以北城岁壅江沙，遂横截东北隅，移入三里许。明初，大都督朱文正以城西南隅临江，又移入，改筑。去江稍远，展城东南隅二里许。计城周二千七十丈有奇，崇二丈九尺，厚二丈一尺。建七门：东曰永和，东南曰顾化，南曰进贤，又南曰惠民，西南曰广润，西曰章江，北曰德胜。康熙四年，总督张朝璘、巡抚董卫国等增修重新，门楼七，角楼四，铺七十座，又茸障堞二千六百八丈。更浚池濠，长三千四百丈有奇，阔一十一丈，深一丈余。南昌、新建二县，俱附郭。

——清《考工典》第二十一卷，引自《古今图书集成》

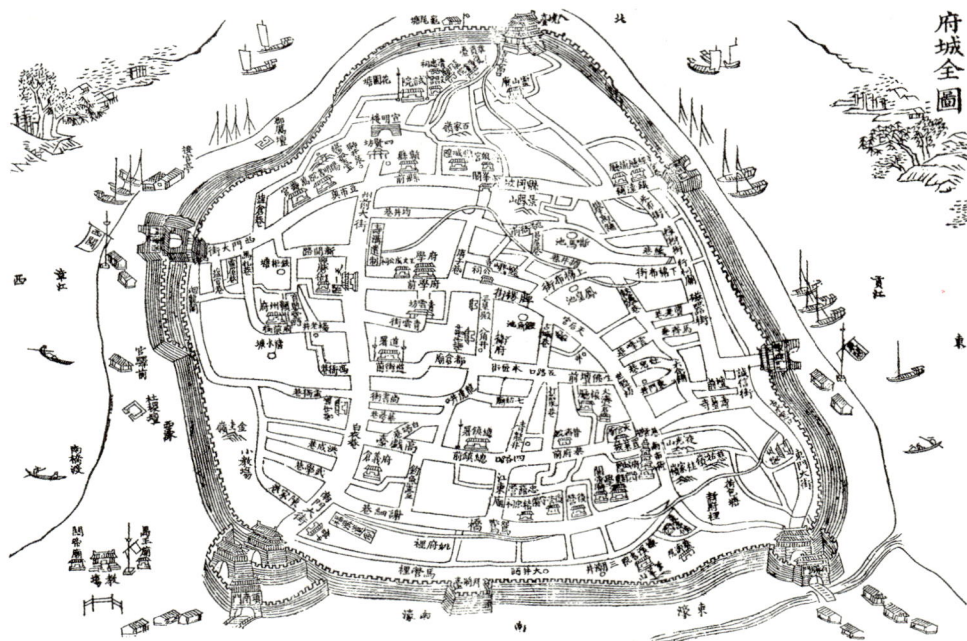

赣州，位于江西省南部，章江、贡江汇合处，三面环水，一面依山。章江、贡江在此汇合为赣江，因此又有"千里赣江第一城"之说。1994年，被列为国家历史文化名城。

秦始皇三十三年（前214），置南壄县，隶九江郡，为赣南建置之始。东晋太康三年（282），改置南康郡，治雩都。晋永和五年（349），郡治从雩都迁至赣县（章、贡二水间，今章贡区）。隋开皇九年（589），改南康郡为虔州，州治赣县（在今赣州市区，而不是今天的赣县）。宋绍兴二十三年（1153），改虔州为赣州。此后，赣州在元代是赣州路，明清时为赣州府。1949年，析赣州镇设赣州市。1999年，原县级赣州市改设地级赣州市章贡区。

赣州筑城始于汉高祖六年（前201），"立赣县城，以防赵佗"。此后，因战乱和洪水之灾，城址曾多次迁徙。东晋永和五年（349），郡守高琰始

迁郡治于章、贡二水间，并兴筑土城。后曾迁治土城被废，南朝梁承圣元年
（552），因郡治迁回旧城，再次修筑土城。唐末，郡人卢光稠起兵占其城，
出于防御需要大规模扩建城池。向东、西、南三面拓建城墙，并开挖护城河，
增筑城门5座：曰"永平"、"后津"、"永通"、"贡川"、"巽川"。宋嘉祐四年
（1059），州守孔宗翰针对江水上涨时对东北隅段的城墙屡遭冲决的情况，遂
局部"易垫甃石，冶铁固之"（引自康熙二十三年《赣县志》卷三），并在其
上营造八境台。绍兴二十四年（1154）以后，知州赵继善、梁继祖及知县黄文
昌等多任地方官吏修缮城池。元初，因诏令天下不得修缮城池，赣州城墙逐渐
毁圮。元至正十三年（1353），天下大乱，群雄并起，达鲁花赤同监郡全普庵
撒里共同主持增筑城墙。至正十八年秋九月，赣州城被农民义军陈友谅部将熊
天瑞所攻占，随后对城墙稍加整修。

　　元至正二十五年（1365，文献载"洪武乙巳"，有误），朱元璋部将指
挥杨廉占据赣州城后，重修赣州城。此后至明末，赣州地方官吏对城池屡加
修整，也有增筑。除日常维修外，弘治九年（1496），将城墙增高3尺。正德
六年（1511），都御使周南下文，由知府朱谏、知县宋瑢大规模修缮城池，

△ 赣州城墙北门　本文照片除署名外，均由杨国庆摄

△ 赣州城门外护城河
蔡理摄

△ 赣州城墙顶面

△ 西津门

△ 2007年，杨国庆在赣州城考查　刘斌摄

城周2512丈、高3丈。城上建窝铺63座、垛口4952座。原有城门13座，塞其8座，仅开5座（《考工典》记为：6座）：东曰"百胜"，南曰"镇南"，西曰"西津"，东北曰"建春"、"湧金"，城门均建有城楼，城门外各置兵马司盘诘厅。城外东、西、南三面，引水为护城河，河总长940余丈、阔10余丈，深浅不等。遗憾的是，这座被称为"缮治一新"的赣州城，仅仅过了四年（1515），就因春雨毁圮1300丈；又过了三年（1518），因夏雨毁圮638丈。正德十四、十五年，城墙连续两年均有坍塌，计340余丈。嘉靖三十五年（1556），因大水导致城墙大面积坍塌。据不完全统计，整个明代因自然灾害和战火损毁，较大规模的近20次之多。但是，城墙损毁后，均能得到及时修补和加固，修城所耗资金和人力不菲。如：嘉靖十二年至次年的大规模修城，据当时69岁、曾任吏部尚书的罗钦顺（1465～1547）记载："所用砖、垩、木、瓦诸物，共计若干，皆市以平价。人工计万，几千几百工率均之募兵。费盐税白金七千数百余两"（引自乾隆四十七年《赣州府志》卷十一"罗记"）。万历三十五年（1607），仅修缮城楼、窝铺的费用，就耗币金970余两。万历四十二年，修城动用币金470两。万历四十四年，修城费币金1953两。天启元年（1621），修城时动用税银1983两。自正德六年赣州开城门5座后，曾两次增开为6座：嘉靖四十一年，都御史陆稳采纳风水先生的建议，重开南边的兴贤门，该"门有关风水"（康熙二十三年《赣县志》卷四），不久又被封堵。万历三十七年，都御史牛应元复开兴贤门，不久再次被封堵。至明末，赣州城门仍为5座。崇祯十三年（1640），改雉堞为平垛，合二为一，增高3尺。

△ 赣州城墙马面

入清以后，赣州沿用明城，城墙及附属建筑屡坏屡修，其中，较大规模的修城至少达10次以上。修城资金除动用库银、税银外，也有地方官吏、乡绅和百姓捐资修城的情况。如：康熙四十三年（1704），因发大水导致城墙坍塌百余丈，知府朱光圉向各属县提出捐资修城，计银700余两。乾隆八年（1743），知县张照乘等官吏主持大规模修城时，动用币银900余两。嘉庆

▽ 赣州城墙马面炮台内侧

十九年（1814），大规模修城时，全部由官吏、乡绅和民众捐资，有出"二、三千金不等。其余捐输，户名不能悉记"（1913年《赣县志》卷十）。道光十五年（1835），赣州大规模修城，也是利用各界的捐资，耗银28230余两。咸丰四年（1854）夏，因大水冲塌城墙44.5丈，城身膨胀、开裂百余处。知县丛占龙捐廉银2000余两，及至次年先后两次大规模修城，共耗资15876两。

咸丰年间（1851～1861），为防御太平军攻城，赣州守城官吏及清军先后修筑了炮城5座：西门炮台（咸丰四年建）、八境台炮城（咸丰六年建）、东门炮城（咸丰七年建）、南门炮城（咸丰九年建）和小南门炮城（咸丰十年建）。炮城设置于主城墙向外凸出部，呈半圆形，分上下二至三层不等，设有枪眼、炮眼、瞭望孔和藏兵洞。

1912年以后（尤其20世纪50年代后），赣州城墙因城市建设等因，先后拆除了南段等处的城墙。

20世纪80年代后，当地对赣州古城墙尤加重视，先后进行了大规模修缮。现存赣州城墙全长3664米，涌金门、西津门炮城、八境台炮城等建筑保存完好。据当地文物部门调查，遗存的古城墙上不同年代、不同内容的砖文有500多种（若按此种计算方法，明南京城墙不同砖文至少在万种以上）。1996年，赣州城墙被列为全国文物重点保护单位。

附：

谭邦古城　位于赣州市南康区坪市乡境内，建于明武宗正德四年（1509），是谭氏29世乔彻公辅佐朝廷平贼有功，封官不仕，武宗敕赐而建。

△ 南康谭邦古城　南康博物馆提供

谭邦古城四座城门中，只有南门保存完好，其他三座城门和城墙基本被毁，城内尚保存有部分古建筑。南城门及保存完好的约20米长的城墙由麻条石垒砌而成，高约6米。

杨国庆

赣州府城池：晋永和五年，郡守高琰建于章、贡二水间。唐，刺史卢光稠拓其南，又东西南三隅凿濠。宋，州守孔宗翰以东北隅，易垫甃石，冶铁固之。元至正癸巳，监郡全普庵撒里增筑。明正德辛未，都御使周南缮治一新，周二千五百一十二丈，崇三丈，厚一丈余。三面引水为濠，长九百四十余丈，深七尺，阔十余丈。城门六：东曰百胜，南曰镇南、曰兴贤，西曰西津，东北曰建春、曰涌金，各建楼其上。明季，复加修葺。赣县附郭。

——清《考工典》第二十一卷，引自《古今图书集成》

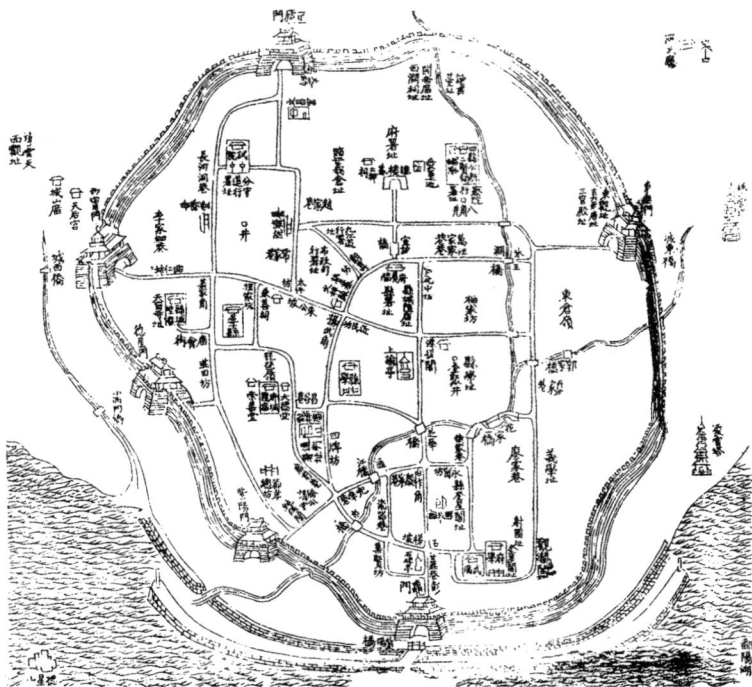

△ 南康府城图　引自《南康府志》清同治十一年刊本，载《中国方志丛书·华中地方·江西省（98）·南康府志》

南康镇为庐山市（原星子县）政府所在地，位于鄱阳湖西岸、庐山南麓。其境东与都昌县隔湖相望，南止永修县，西邻九江、德安二县，北接九江市濂溪区。

商周时，为扬州之域。战国时，属楚。秦汉时，归九江郡辖。五代十国吴大和年间（929～935），设星子镇（传有星坠湖而得名）。宋太平兴国三年（978），升镇为县。此后，随争端更迭，其隶属及建置均有变化。明清时，为南康府（曾为西宁府），辖星子、都昌、建昌、安义诸县。1912年，废府，其治所为星子县。1983年，星子县直属九江市，县治仍设南康镇。2016年，星子撤县设庐山市。

南康，旧无城池。宋淳祐年间（1241～1252），知南康军方岳始筑土城，周5里20步。初拟开城门8座：东曰"仓步"、"汇泽"，南曰"临津"、

"彭蠡"、"福星"，西曰"建昌"，北曰"五老"，东南曰"浔阳"。又于城西南开水门。城建之役并未竣工，因方岳故世而罢。该城到元时，尚可利用，但已逐渐毁圮。此后，"明一百五十余年，亦未城至"（同治十年《星子县志》卷三），意思是在明代150多年的时间，城墙也没有建成。

明初，南康府治与星子县治同为一城，不建坚固的城池，仅用荒废的土城，确实令人难以理解。据笔者对明洪武年间（1368～1398）营造的南京城墙砖文调查，当时南康府所属的星子县、都昌县、建昌县等均为南京城墙烧制过大量城砖，且质量及规格均非一般城砖可比。再查后得知，南康府所属建昌县城和安义县城，均始建于正德十三年（1518），都是土城。在这样的背景下，明初南康府及所属县未及时筑城，显然不属于城砖烧制技术层面的问题，恐另有原因（详情待考）。

明正德七年（1512），因有反民扰境，南康知府陈霖（《考工典》记为"陈琳"）始筑城墙，初为土城，后"坏于雨"，遂改为山石垒筑。数年后，城墙又出现坍塌，于是，正德十三年正月在陈霖等地方官吏带领下，始凿石建城，至次年五月竣工。新城周长千丈、高2丈、宽3丈。城身石墙高1.5丈，在其上砌筑城砖，建垛口1894座、箭楼32座。建城门5座：东曰"浔阳"，南曰

▽ 20世纪中叶，南康城门式的旧衙门 南京城墙保护管理中心藏

"彭蠡"，西曰"建昌"，北曰"匡庐"，西南曰"星子"，均建有城楼，城门侧面为水关5座。护城河的东、北、西三面环绕，河深1.5丈、宽2丈；城南则以天然湖为护城河。大学士费宏撰有记，详述其事，并立石建亭于南边的彭蠡门内。嘉靖年间（1522～1566），都御史胡松视察南康府城时，发现城东面低矮，遂拓城百十余丈。嘉靖三十四年，知府于闻重修城池时，将西南小南门定名为"紫阳门"，又增水关1座。万历四十二年（1614），知府费兆元得到抚院王佐、按院陈一元的批示，同意当地吴道长等多人的呈请："按古制，复旧门，以固风气，重城守事"（同治十年《星子县志》卷三）。于是，塞紫阳门。崇祯六年（1633），巡抚解学龙将城增高3尺，并疏浚护城河。

清顺治九年（1652），知府李长春复开紫阳门。康熙三年（1664），知府王秉忠奉总督张朝璘之令，主持大规模修缮城池，合并垛口为636座。此后，又经历150余年城墙没有大修（或文献记载缺失）。至嘉庆十六年（1811），知府狄尚绸调用所属各县民资修城，为防止修城伤及民力，狄尚绸下令于农闲时节修城，全城分为四段，由各县负责修缮。自同年八月至嘉庆十八年五月修城告竣，共耗资15000余两。修后的城墙"皆如旧制，而坚致过之"。之后，白鹿书院严谦撰有记，详述其事。道光十二年（1832），因久雨，城墙有损。道光十七年，星子县知县朱懋勋利用县衙存款修葺城墙。咸丰三年（1853），南康府城各城楼均毁圮。同治七年（1868），知府黄廷金下令各属县捐修城楼及卡房。

1912年以后，南康城墙因年久失修，逐渐毁圮。1949年以后，因城市建设需要，古城墙甚至被拆除，改建为马路。

20世纪80年代以后，昔日南康（星子县）城市唯有谯楼、爱莲池、紫阳堤、西宁老街等历史古迹尚存。2000年，修建于清代的"南康府谯楼"，被列为县级文物保护单位。

杨国庆

南康府城池：宋淳祐间，知南康军方岳筑土城。明正德七年，知府陈琳始凿石城之，计周千丈，高二丈，广三丈。建门五：东曰浔阳，南曰彭蠡，西曰建昌，北曰匡庐，小西门曰星子。崇祯六年，巡抚解学龙崇其垣，引水于濠以环之。顺治九年，知府李长春开紫阳门。康熙三年，总督张朝璘檄府改并通城垛口六百三十六，为谯楼五。浚池自东北抵西环绕，深一丈五尺，阔二丈，南滨湖。星子县附郭。

——清《考工典》第二十一卷，引自《古今图书集成》

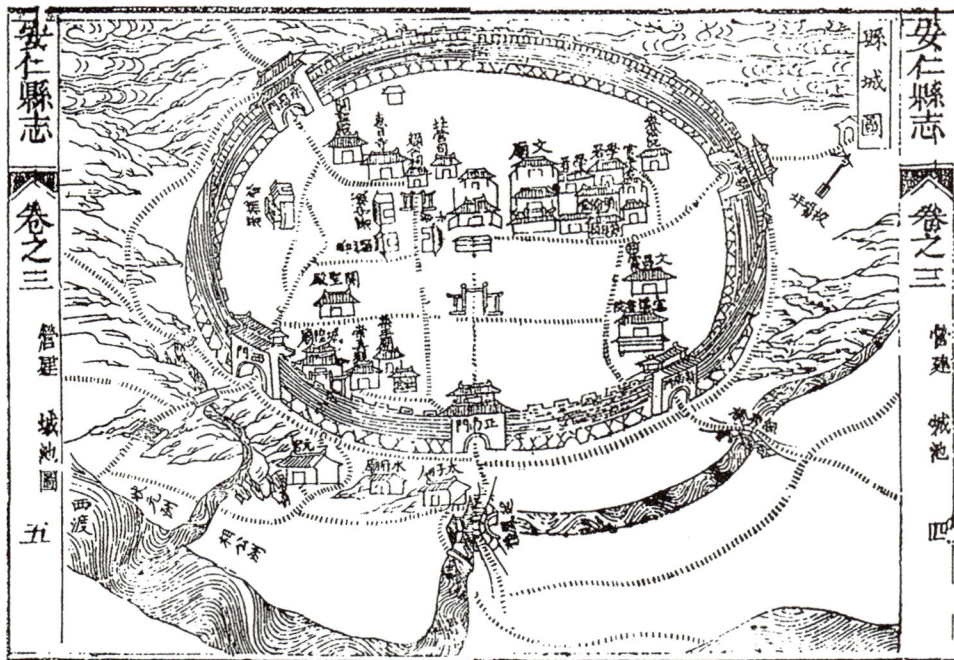

△ 安仁县城图　引自《安仁县志》清嘉庆二十四年版

　　余江，旧称"安仁"，位于江西省东北部、信江中下游，东与鹰潭、贵溪接壤，南和金溪相通，西界东乡，北邻万年、余干。

　　秦汉时，余江县境为余汗县地。晋元康元年（291）始置晋兴县，后为兴安县。不久，又入余汗县。南朝陈天嘉年间（560～566），于晋兴县故地设置安仁县。此后，随政权更迭，建置及隶属多有变化，直至宋端拱元年（988）再次设立安仁县，并沿袭至明清。1914年，因与湖南省安仁县同名而易名余江县。1983年，隶属鹰潭市，旧城为余江县锦江镇。

　　安仁筑城较晚，许多文献故记载"安仁，始无城"。安仁城墙始筑于明正德五年（1510），知县薛球为防御"姚源之乱"，担心累及百姓，始筑土城600余丈，"制尚草率"。嘉靖五年（1526），饶州兵备范辂改筑为石城，城周7余里，"尚欠高厚，未足为恃"。嘉靖四十一年，江西巡抚胡松令安仁县地方官吏增筑城墙，疏浚护城河。由地方德高望重者负责修城之役，历时三年竣工。新城全长约1330丈，垛石、腰墙、窝铺等附属建筑均按照府制城垣的规格营造。开城门9座：东曰"青仁"，西曰"正义"（即"云盖"），南曰"歌薰"，北曰"拱极"，东南曰"兴贤"、"云锦"，西南曰"观澜"、"便民"、"通津"。不久，在东城开玉真门，西南堵塞观澜、便民二门，合计为八门。护城河除城东因"县脉所入，不宜疏凿"外，其余三面城墙均"临大河，汤池之险，贻天造然"（康熙二十二年《饶州府志》卷五）。崇祯十年（1637），因局势动荡，出于防御需要，知县熊兆祯主持连续两年大规模修城。

清康熙五十年（1711），知县孙跃召集乡绅"相度地形"，堵塞南城云锦门，开观澜门并改名为"迎澜门"，西城堵塞云盖门，开会川门。乾隆元年（1736），知县胡天健复开云锦门，全城仍为九门。乾隆二十五年，知县潘廷颩号召乡绅捐资修缮城池。此后，安仁城池因年久失修，多处地段出现坍塌。直到咸丰二年（1852），因太平军农民运动导致局势不稳，知县夏燮、莫廷蕃先后奉命才开始大规模修城。此次修城一直延续到咸丰五年二月告竣，修城耗资2200余两，均来自当地乡绅和百姓的捐款。新建城门9座、外瓮城楼7座、垛口1330座。城墙全部采用"红石、厚砖"按照制式砌筑，城高2.6丈、厚8.5～8.6尺不等。同治二年（1863），地方官吏王麟昌带领乡绅众人再次对城墙进行大规模修缮。此次修城后不久，太平军残部数次经过安仁县城，均因城池坚固没遭遇骚扰。同治六年，经御史阮寿松奏准朝廷，安仁修城获朝廷嘉奖。

1912年以后，昔日的安仁城墙经历了两次战火。1930年，红军攻占县城。在红军撤离后，县长毛侃逃亡归来，急令将县城墙加高3尺。1937年以后，侵华日军曾空袭余江，城墙部分损毁。

1949年以后，余江城墙逐渐被拆除。20世纪80年代，仅存小南门至西门总长约320米的三段残墙。最长的一段在余江县航运公司的上渡头江岸码头附近，残墙长约200余米、残高约4米。

1987年，安仁城墙被列为县级文物保护单位。

附：

据《鹰潭市志》记载，鹰潭辖区内的城墙遗址计有五处。除安仁城垣外，还有位于余江县锦江镇的石港城；位于龙虎山景区上清镇沙湾村和城门村之间的古雄石镇；位于龙虎山风景旅游区龙虎山镇龙虎山以

△ 安仁古城墙外立面　李世进摄

东的观音壁的薛家寨；位于贵溪市双圳林场西排分场以西闽赣交界处的火烧关等，其中以安仁城垣遗址规模最大。

杨国庆

安仁县城池：明正德庚午，知县薛球始筑土城。嘉靖丙戌，兵备范辂改筑石城，周七里，其垛墙、窝铺一如府制。门有九，城东隅不宜疏凿，西、南、北三面临河。

——清《考工典》第二十一卷，引自《古今图书集成》

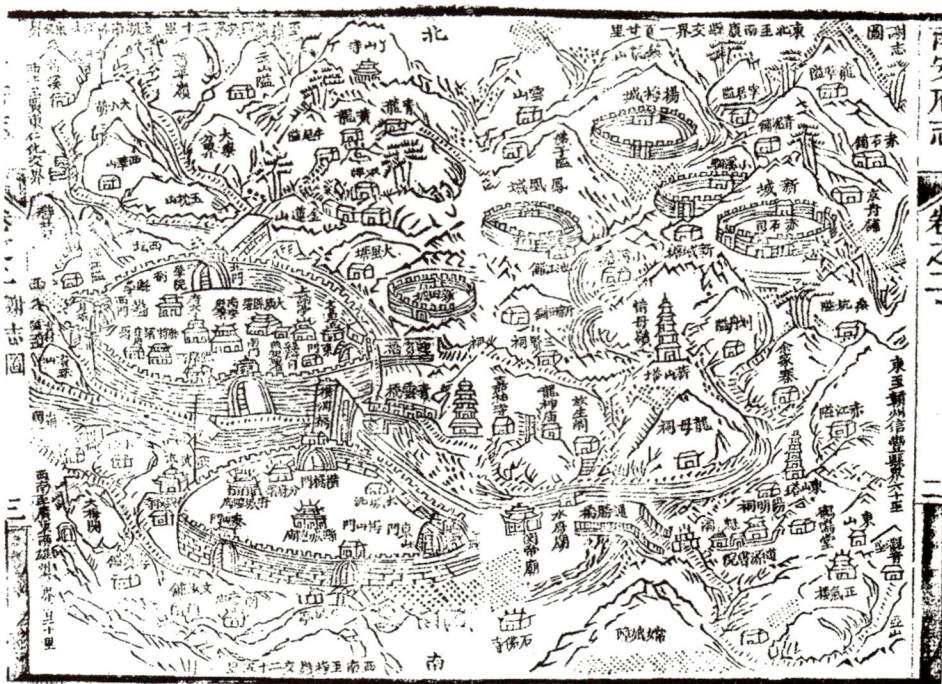

△ 南安府城图　引自《南安府志》清同治七年版

　　大余，位于江西省西南端、赣州市西南部、章江上游、大庾岭北麓，古称"南安"，因有大庾岭而得县名。

　　秦始皇三十三年（前214）置南壄县，大余属之。隋开皇十年（590）改安远郡为大庾县，为大余建县之始。此后，随政权更迭，建置及隶属多有变化，明清时，大庾为南安府所属，同城而治。1957年，大庾县改称大余县。1999年，大余县隶属地级赣州市至今。

　　大庾自西汉武帝时就有城池，称"庾将军城"，乃庾胜将军屯兵戍守大庾岭的军营，规模不大且为夯土城墙，旧址在今县城西南，早年已废。对后世大庾县产生影响的大庾城，则初创于宋淳化二年（991），"初制犹卑薄"。经过淳熙九年（1182）、绍定四年（1231）和咸淳四年（1268）先后三次大规模重修增建，奠定了大庾城的雏形。宋代土城周10里105步，状若"规圆"，设四门，章江水绕城而过。

这座大庾城在元延祐三年（1316），因章江上游河水暴涨，洪水自西门入、东门出，将城一分为二。至正十二年（1352），南安路同知薛理在章江北岸开始重筑新城（也是官府所在之城），次年筑城采用大石。至正十五年，再修建四门的城楼，南濒章江，东北带溪，西稍高开挖护城河，整座城平面长而微锐，似鱼，故名"鱼城"（即现老城）。此城不久毁圮（据乾隆三十三年《南安府志》卷三）。

明正统十四年（1449），因有民反，局势不稳，巡抚侍郎杨宁奏准修复南安府城池。景泰元年（1450），知府金润继修并竣工。此后，南安府城墙因自然灾害等多次受损，也得到地方官吏的及时修补、增筑石堤加固。明代最大规模的修城是在万历二十五年（1597，另据乾隆三十三年《南安府志》卷三称"万历十六年"，现据其他各志），由知府杜伸重新更筑石城，周4里130步，将原高1.3丈、宽1丈的城墙加高增厚，并筑5尺高的女墙，通高2丈、厚1.6丈。护城河深5尺、宽1丈。建垛口1500座、警铺34座，城内有马道，城外有护脚。四门更名为：东曰"就日"（后更名为"敬道"），南曰"宣化"（后更名为"率章"（《考工典》记为"帅章"），北曰"朝天"（后更名为"联玉"），西曰"宝丰"（一称"宝峰"）。

清初，南安府城墙因兵乱多处损毁后，又有多次大水冲塌城墙。自雍正

▽ 大余水城古城墙　大余博物馆提供

（1723～1735）以后，地方官吏采取多种集资渠道（包括捐款），多次组织民众不断加以修缮。如：雍正时，知府张淮、知县张琢"捐修"，使之"完固"。道光三十年（1850），知府汪报闰、知县袁翼"倡捐重修"。同治十一至十二年（1872～1873），知府杨锌号召乡绅积极捐款修城。光绪十二年（1886），知府周浩、知县汤鼎烜"筹款重修"。清代最后一次修城在光绪三十二年，由大庾县知县陈守谦修筑。

元延祐三年（1316），大庾城一分为二后，章江南岸的旧城于嘉靖四十年（1561）由知府吴炳庶、知县文体义主持修建，该城因北面临江而称之"水南城"，城周长424.3丈、高1.5丈、厚7尺，城门均建有城楼。城北临江为"水城"，长357.6丈。万历二年（1574），水南城渐毁。此后，水南城屡毁屡修，维修经费开始主要源自官银，后来为官吏、乡绅和百姓捐修。乾隆八年（1743），一次修城耗费官银5788两。同治年间（1862～1874），知府杨锌主持修城时，考虑到水城屡遭水患，遂在临河一带修筑石堤200余丈。该城四门最后定名为：东曰"岱门"（初名"东山"），西曰"垣门"（初名"泰山"），北曰"鳌门"（初名"金鳌"），南曰"梅山"。临河另设文昌、文德等门，建有阶梯码头。

1912年以后，因战火及城市建设需要，大庾（余）城逐渐毁圮，甚至被陆续拆除。

20世纪80年代以后，大余城墙仅存水城临江的一段，位于大余县南安镇解放桥头至大余中学西北角，长约600米，其中有300米较为完整。外墙残高5.75米，内墙残高1.7米，城墙中间为夯土，两面用青砖和石灰浆砌成。城墙上分别有"咸丰元年重修"、"同治十年重修"等砖文。

1989年，该段城墙以"水城古城墙"之名，被列为县级文物保护单位。

杨国庆

南安府城池：宋初，筑。元至正壬辰，改筑今城，甃以石，周八百五十丈，高一丈二尺，厚一丈。濠深五尺，广一丈，门四，皆有楼：东曰敬道，南曰帅章，西曰宝峰，北曰联玉。大庾县附郭。

——清《考工典》第二十一卷，引自《古今图书集成》

△ 德安县治图　引自《德安县志》清同治十年刊本，载《中国方志丛书·
华中地方·江西省（922）·德安县志》

　　德安，位于江西省北部、赣北地区中部，东邻庐山市（原星子县），南
接永修县，西北连武宁县、瑞昌市，东北毗九江县。

　　五代十国吴乾贞元年（927），吴睿帝杨溥改元称帝，并升蒲塘场为德安
县，取"山安地德、德所绥安"之意，显示厚德安邦、以德治国的思想。此
后，随政权更迭，隶属虽有变化，但其建置及县治地——蒲亭镇基本没有太大
变化。明清时，德安县隶属九江府。1983年，德安县隶属九江市。

　　德安建县及以后很长一段时间没有营造城墙。直到明正德十一年
（1516），德安始建城墙。这种情况与明清时九江府所辖的县城情况基本相
同，如：湖口县、瑞昌县，仅彭泽县旧有土城，后毁圮，都是在嘉靖年间
（1522～1566）先后建造。而这些县在明洪武年间（1368～1398）均曾为明南
京城墙的营造提供过大量品质极佳的城砖。相反，这些县当时尚没建砖城，应

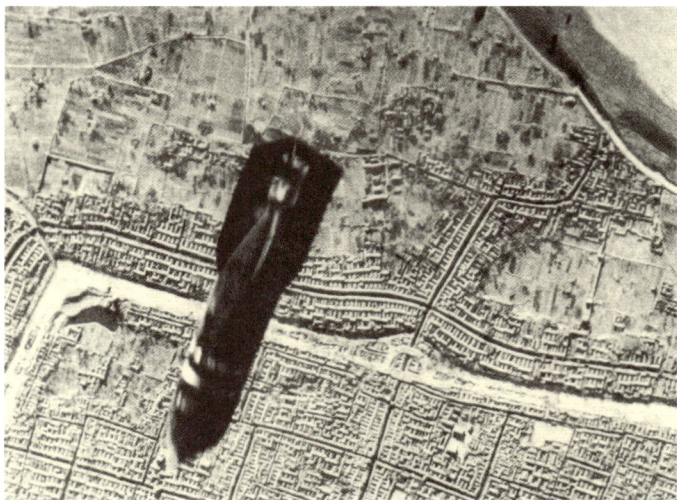

△1938年9月4日，侵华日军轰炸德安城 南京城墙保护管理中心藏

该说不属于个别县的现象，也不属于烧砖等技术问题，其中必另有其他原因（待考）。

　　明正德十一年（1516），因德安县附近时常有"寇侵扰"，局势不稳，知县陈锦遂主持营造城墙。初为土城，城厚3尺、高1丈余、周长3里，开城门5座：东曰"寅宾"，南曰"镇雅"，西曰"义丰"，北曰"迎恩"，另曰"小西门"。不久，土城东南毁圮于大水。嘉靖十二年（1533），知县刘东倡议改筑石城，仅筑了数丈，没过几年也渐圮。嘉靖二十六年，由于"德安城郭倒塌过半"，官民均感不安。知县蔡元伟遂上书修城之事，由于"民贫财乏"，修城之议没能实施。嘉靖三十九年，上任德安知县一年的陈善道顺从民意，开始修城。新修城墙周600余丈、高1.6丈，用砖、石各半砌筑，耗资5000余两。竣

△ 德安古城门 本文照片除署名外，均由花卫平摄

工后，陈善道撰有记，详述其事。嘉靖四十四年五月，数十天连降暴雨，洪水涨溢，城墙被水冲倒近半。事后，在知县殷乾主持下，重修城垣如故。

入清以后，德安城墙多有损毁，尤其是由于木环河和箬山河两支水系汇合流至大西门城隅，一支向北流入博阳河，另一支向南流入博阳河，每逢山洪暴发，即冲刷城墙脚，大西门一段城墙常被冲溃。道光（1821～1850）末年，知县张鸣岐勘查地形后，意识到水若不改道，城墙则难固。于是，购民田10余亩，开凿小河。小河宽2丈余、长约半里，取名"新河"。将木环河、箬山河水全部引入新河，直通北门桥边与博阳河汇合，原分支的两条河道堵塞。咸丰二年（1852），西、北二门等段城墙因连年雨水冲刷，城墙坍塌。知县张鸣岐又发动乡绅捐资修城，工程未竣，移交新知县刘希洛继续修缮。咸丰四年，修城之事刚竣工，太平军则攻占了县城，部分城墙因战火被毁。咸丰八年，知县管纪勋到任后，在调查被损城墙实情后，令原办首事夏锡銮、万念峒等数人负责募捐续修。工程自同年十月初五开工，至次年七月十二日竣工，先后共耗费工料银32774两，城墙周长772.2丈。

1912年以后，德安城墙逐渐毁圮，尤其在1938年，侵华日军的飞机轰炸德安，将城墙炸毁多处。此后，市民私挖城墙砖石建房，后仅剩东门、北门、大西门等处部分城墙。

1949年以后，德安残余的城墙先后被私人和机关建房拆卸城砖搬用，残墙基本被拆毁。德安城墙及城门仍有部分残存。

杨国庆

德安县城池： 明正德十一年，县令陈锦始筑土城，周三里，厚三尺，高丈余。嘉靖十二年，知县刘东、陈善道筑石城，高一丈有奇，延袤三里余。

——清《考工典》第二十一卷，引自《古今图书集成》

▷ 德安城墙残存地段

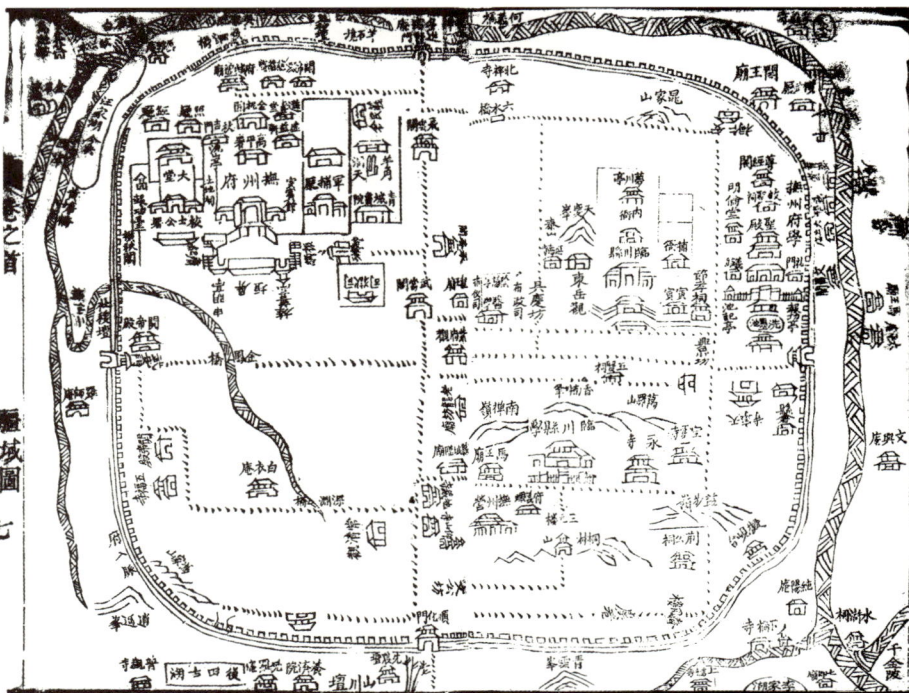

△ 抚州府城图　引自《抚州府志》清雍正七年刊本，载《中国方志丛书·
华中地方·江西省（928）·抚州府志》

抚州，位于江西省东部、抚河上中游，东邻鹰潭市，西近京九铁路与吉
安、宜春相接，北临近鄱阳湖与南昌、上饶毗邻。

秦时，其地属扬州九江郡。东汉永元八年（96），置临汝县（即后来的
临川县）。吴太平二年（257），建临川郡，郡治设在临汝县。隋开皇九年（589），
废郡为州，始为抚州。此后，随政权更迭，建置及名称均有变化。明清时为
抚州府，临川县治与抚州府治同城而治。2000年，设立抚州市（地级市）。

抚州筑城，始于唐光启三年（887，据张保和《新移州子城记》，而清雍
正七年《抚州府志》卷五则称：抚州筑城为唐中和五年，即885年），由
刺史危全讽主政抚州时所筑。之前的州治设在城西的连樊水边，地势低洼，
"非建治之所"，危全讽迁治于羊角山（现抚州一中所在地），并建子城与罗
城，子城周1里225步，开城门3座：东曰"承春"，南曰"通教"（又称"观

风"），北曰"望云"。罗城周15里26步、基宽2.8丈、高1.6丈，建城门8座。竣工后，张保和撰有《抚州罗城记》，详述其事。此后，子城逐渐毁圮，而罗城在南唐升元四年（940），由太守周宏祚（《考工典》记为"周弘祚"）大规模修缮，并增广5里（据同治九年《临川县志》卷十四），城区范围南到青云峰，西至逍遥峰，东临抚河，北及进贤门。全城开城门13座，每座城门均建城楼，疏浚护城河长达10余丈、深3丈。竣工后，黄德懋撰有《大唐抚州新修罗城记》。南宋时，抚州地方官吏先后主持大规模修缮城池至少五次，城门改设为9座：东曰"朝京"，东南曰"清风"（水门），再东南曰"凤鸣"、曰"金溪"，南曰"顺化"，西南曰"安丰"，西曰"迎恩"，北曰"进贤"，东北曰"安仁"，均建有城楼。同时，疏浚并拓宽护城河。当时，除家坤翁撰有《重修州城记》外，还有多人撰写了修城记。元时，堵塞清风门。元至正年间（1341～1368），监郡完帖木儿重修抚州西城门。竣工后，涂几撰有《修西城门记》。

元末明初，抚州城池曾遭兵燹之扰，多有损毁。明洪武年间（1368～1398），平章吴宏削西南城约6里，城墙仅存9里30步（城墙周长为1998.4丈）、高2.5丈。改城门为4座：东曰"文昌"，西曰"武安"，南曰"顺化"，北曰"进贤"。门各有楼，有月城，城上有窝铺40所、垛头2974座。此后，明朝对抚州城池多有修葺。其中成化年间（1465～1487），增城下沟口铁栅栏，以防盗贼；弘治年间（1488～1505），知府胡孝在大规模修城后，又备筑城的材料，修筑早年的子城，后因胡孝离任，未及开工建造。

入清以后，抚州城池仍沿袭明洪武中旧制，多有修缮之举，大规模修缮城池达八次以上。其中康熙十九年（1680），南面城墙部分被雨水冲塌，临川县知县胡亦堂以个人捐款修城。竣工后，他撰有《节修城记》，记述了抚州府与临川县同城而治，两级官吏对修城均有业绩，而前代修城记中少记县官的史实。此后，这种情况有了很大的改变。乾隆五年（1740），知府刘永锡、知县李廷友主持重修城池，复开清风门，并建城楼。李纹先后撰有《复开清风门记》《清风门考》《清风门旧基考》三篇文章，提出当年塞清风门后，抚州"财赋衰落"，"八十九年之间，抚州进士仅十二人（此前有625人中进士）"等诸多重开清风门的理由。嘉庆十八年（1813）七月至次年八月，知县秦沆主持修缮坍塌的19段城墙，计126.54丈，修城楼7座、铺房8间。道光二十三年（1843），在知府朱炜、知县王嘉麟、都司张得功及继任的知府仓景恬、知县张炳堃先后共同努力下，至道光二十七年大规模修城竣工，总计新建城楼9座、瓮门7座、炮台5座、外瓮城4座、水门4座。修全城242.12丈、垛口949

△ 从城墙上往下丈量约15米，城墙上原有走道，青石铺成，现仅存50米，城墙过道宽约2米。图为登城步道 抚州博物馆提供

座；修补城269.5丈、垛口518座。并修葺了登城马道、疏浚护城河及石筑河岸。工程全部耗银670两、制钱37000。同治元年（1862），知府吴祖昌上任后，巡视抚州城池后，向知县杨照黎、县丞田志诒等官吏提出修城。竣工后，吴祖昌又提出每10垛增设更楼1座（计150间）、城下砌筑石质马道绕城一周（计长1500余丈），以便守城之用。

1912年以后，抚州城墙逐渐毁圮，甚至被部分拆除。

2001年，抚州残存的城墙以"抚州古城墙"之名，被列为市级文物保护单位。

2002年9月，江西省考古专家在抚州市临川区云山镇汤周村附近发现了一座明代窑址。从该窑址出土了许多残砖，砖文有"□□官照磨冯惟善□□"、"临川县提调官主簿许宗盂"等。比对南京明城墙砖文，此窑是当年为南京城墙营造烧制过城砖。另据2011年12月12日公布的《抚州城市近期建设规划》（2011～2015）表明，在抚州市文昌里沿中洲堤复建一段古城墙，长度为1.95公里，投资估算2.3亿元。在大公路与中洲堤交汇处重建文昌门，投资估算2600万元。

杨国庆

抚州府城池：唐中和五年，刺史危全讽所筑。南唐太守周弘祚修而辟之，复浚池，广十余丈。明初，平章吴宏削西南城约六里，仅存九里三十步，辟四门，东曰文昌，西曰武安，南曰顺化，北曰进贤。门各有楼，有月城，城上窝铺四十所。临川县附郭。

——清《考工典》第二十一卷，引自《古今图书集成》

△ 湖口县城全图　引自《湖口县志》清同治十三年刊本，载《中国方志丛书·华中地方·江西省（867）·湖口县志》

　　湖口，位于江西省鄱阳湖入长江处，是长江中下游天然的深水良港，素有"江湖锁钥，三省通衢"之称。

　　秦嬴政二十六年（前221），湖口地属九江郡。汉初，其境属淮南国，后分属彭泽、鄡（qiāo）阳二县。南朝宋（420～479）时，设湖口戍，因地处鄱阳湖口而得名。南唐保大八年（950），升湖口戍为湖口县，湖口建县始于此。此后，随政权更迭，隶属虽有变化，其县治级别未改。明清时隶属九江府。1983年后，隶属九江市。

　　湖口，为历代兵家必争之地，筑城却较晚。据康熙十二年《九江府志》载：湖口"旧负山险，无城"。明洪武年间（1368～1398），湖口曾为南京城墙烧制过品质极佳的城砖（2009年5月，在湖口县地处长江岸边的金砂湾工业园开发区工地，发现一批尚没运往南京的明代城砖，砖文为"九江府提调官同知陈渊司吏杨亨、湖口县提调官主薄袁士恭司吏徐文彬",该砖文与南京城墙砖文完全一致),而本县却没有建城墙。

明嘉靖(1522~1566)初,副使谢迪、知县徐钦曾计划筑城,但并未兴工营造。嘉靖三十四年,知县林高冈始建城门5座:东曰"寅宾",南曰"振武",西曰"观澜",北曰"通济",东北曰"迎春",并各建城楼。嘉靖三十七年,巡抚何迁、巡按徐绅下文给湖口县知县沈诏,顺山形、就地势,营造城池。城周1000丈、高2丈、厚1.5丈,全城设垛口1720座,增城门2座:县治前曰"仰辰",市埠巷曰"利涉"。竣工后,祭酒邹守益撰有记,详述其事。崇祯九年(1636),湖口城临江一面,因年久被江沙所壅,知县陈文德经请示巡抚解学龙后,将城墙增高6尺,并垛口二为一,"以省防役(御)"(同治十三年《湖口县志》卷二),修缮每座城门旁的4间窝铺。

清顺治二年(1645),湖口城因城楼及城墙均有损毁,知县黄基昌遂主持重修。康熙三年(1664),知县范之焕奉总督张朝璘、董卫国的公文,大规模修缮城池,全城每2丈改设垛口1座(据嘉庆二十三年《湖口县志》卷二)。乾隆八年(1743),知县安缵祖大规模疏浚护城河(据同治十三年《九江府志》卷十)。此护城河实为自然河流,因湖口城"后踞高山,前临大江,故无濠"(同治十三年《湖口县志》卷二),城的左右两侧为高山入江之水。此后,湖口城池日常维修的经费,若不足1000银两,则由地方官吏捐资,以显其

▽ 20世纪中叶,从石钟山望长江,城墙隐约可见 本文图片除署名外,均由
南京城墙保护管理中心藏

△ 20世纪中叶，湖口城墙与石钟山

△ 20世纪中叶，鄱阳湖入长江口的湖口城

城守之责。道光、咸丰年间（1821～1861），湖口城池因太平天国战火之乱，损毁严重，"砖石荡尽"。咸丰七年（1857），清军收复湖口城，曾国藩提出"湖口地方要紧，宜城"。遂自捐钱8000串，水师统领彭玉麟捐资4000余串，其余由地方官民捐资，共耗费工料银121230两。至咸丰九年时，湖口城池大规模修建工程全面竣工，城周长1053丈、基宽1.8丈、顶宽1.4～1.6丈不等、高约3.32丈。仍开七门，其中寅宾门改为"澄清门"，利涉门改为"回澜门"，观澜门改为"成德门"，增加仰辰门的城额石刻"江湖重镇"。又在迎春、通济二门建外瓮城各1座，建炮台5座，修建窝铺70间、更楼32所，增建七门旁的卡房各2间。

1912年以后，湖口城墙因年久失修，逐渐毁圮。

1949年后，湖口因城市建设，先后逐段拆除了残余城墙和城门。

1989年，坐落在湖口双钟镇的仰宸门及城墙，被列为县级文物保护单位。

杨国庆

湖口县城池：旧负山险无城。嘉靖初，兴筑未就。三十七年，巡抚何迁、巡按徐绅檄县令沈诏，垒石奠基，随山周围一千丈，崇一丈五尺，厚如之。

——清《考工典》第二十一卷，引自《古今图书集成》

△ 昔日湖口城残段，因2001年修建防洪堤而被掩埋于坝内 杨国庆摄

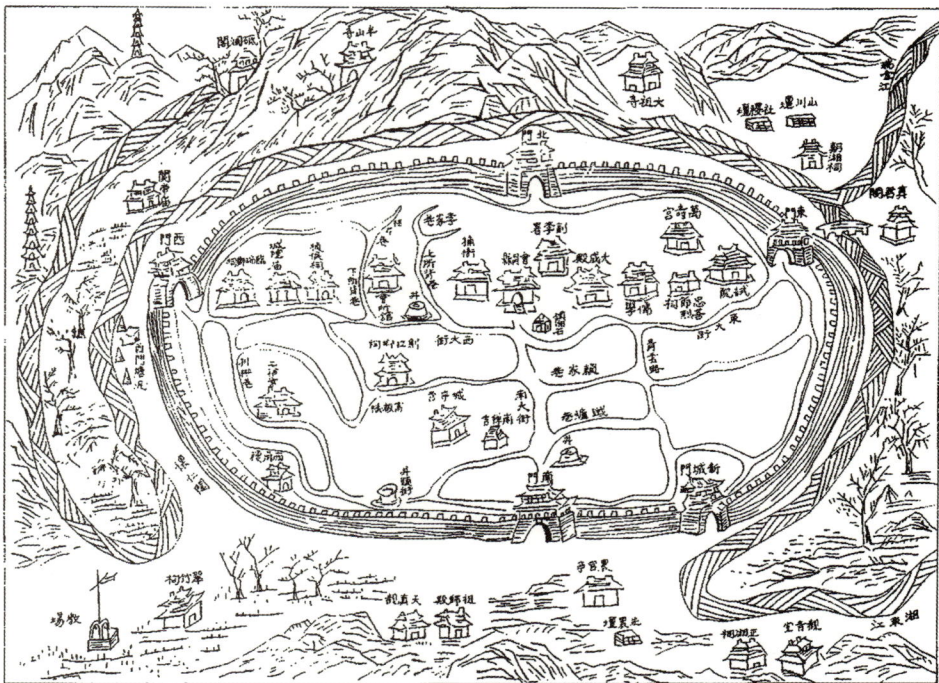

△ 会昌县城全图 引自《会昌县志》1993年版

　　会昌，位于江西省东南部，东邻福建、南近广东，为赣、闽、粤三省通衢之地。

　　自汉至唐，会昌地属相邻的于都县，又称九州镇。北宋太平兴国七年（982）始设县，适逢镇人凿井得砖12块，砖上刻有"会昌"（唐武宗年号）篆字，故以"会昌"为县名。明清时，会昌县隶属赣州府。1956年后，属赣州专区（地区）。1999年，隶属地级赣州市。

　　据康熙十四年《会昌县志》载："会昌县城自宋绍兴间（1131～1162），知县黄钺始筑。"有的文章称：会昌筑城始于北宋太平兴国七年（982），基本依据是会昌建县而于第二年筑城，但没被后世当地的方志所载，详情待考。黄钺所筑的会昌宋城，周长2里50步、高1.5丈，建有城门6座。三面临水，南面开挖护城河，河宽10丈、深6尺。元时，堵塞小西门和小南门（据乾隆四十七年《赣州府志》卷十一）。

明洪武二十二年（1389），守御千户所千户彭英自西南隅增拓城垣200步（合计2里250步），四门均建城楼，城门名为：东曰"双清"，西曰"丽泽"，南曰"镇湘"，北曰"临清"。全城设垛口957座、窝铺8座、敌台2座（位于镇湘门的两侧）。不久，副千户牛寿增高城垣5尺；正千户白天祥建两亭于城上。正德七年（1512），副使王秩下文让会昌知县林信等地方官吏督工修城，修城长度450丈，增高5尺，增添窝铺13座。嘉靖十四年（1535）夏，大雨导致城墙坍塌"十之八九"。知县李璋邀其地方官吏共同主持修葺，垛口、窝铺"皆徹而新之"（此次修城，仅见嘉靖十五年《赣州府志》卷五，清代地方志均未记载）。嘉靖三十五年（1556）夏，洪水毁圮城垣"十之七八"。灾后，知县陈仕主持修缮。万历四十二年（1614），知县冒梦龄主持重修城墙。

清顺治五年（1648），"会昌发生反清起义，清军围城，战役中城半倾圮，鼓楼、窝铺悉毁焉"。顺治七年，知县王洵捐俸修之，并重建城楼、炮台和窝铺。正南城门楼曰"南薰"，南而西曰"含清"，西而东曰"镜虹"。对于城楼的复建，王洵认为"非独观临之美也"，而是为了防御的需要。竣

△ 会昌古城墙残存地段 会昌博物馆提供

工后，王洵撰有记，详述其事。康熙十年（1671），知县王凝主持修城，命捐俸募民工对城墙进行大规模修缮，并于康熙十三年建东、西两座铳阁。此后，会昌城墙屡有损毁，也屡有修缮，仅康熙年间（1662～1722），会昌城池毁损及大规模修缮达五次之多。乾隆七年（1742），知县仲作楫拆东铳阁，开小南门，取名"清华"，并建二层城楼于城门之上。城楼额名"湘江第一楼"，由副使朱陵题写。道光、咸丰、同治年间（1821～1874），因战火及自然损毁，地方官吏均有重修城墙之举。光绪年间（1875～1908），塞老东门于步云桥端。

1940年，会昌县城的清华门被焚。"文革"期间，会昌古城墙的炮楼、城垛皆遭拆毁。但是，由于会昌城墙兼军事防御和城市防洪的双重功能，部分城墙和"大部分墙基仍存"，民间对城墙有"铜赣州，铁会昌"的说法。

20世纪80年代后，据2007年11月17日《新会昌周刊》"会昌文物档案"载：位于县城老城区的会昌城墙，现存长度总计1030米，分为三段：（1）步云桥以北至北门（临清门）至西街西端的北侧，呈半月型段491.7米保存较为完好；（2）步云桥西端以南东门（双清门）至南街小南门段，计长312.4米；（3）西街西端南侧至西河大桥段，计长226米。后两段残墙损毁严重。会昌城墙宽4～8米不等，城基外部全部用红麻条石砌筑，最高处1.7米、最低处1.1米，内部为夯土。城墙部分城砖有砖文。

2006年时，会昌残存的城墙上还住着40多户人家。自2008年开始，当地政府结合城区防洪建设，修复湘青桥至步云桥古城墙。

2004年，会昌城墙被列为县级文物保护单位。2006年，会昌城墙被列为省级文物保护单位。

附：

羊角城堡　位于江西省东南部的会昌县筠门岭镇（距县城约50公里，东毗福建，南近广东，扼赣闽粤三省咽喉，为交通要冲）羊角堡村（因汉仙岩脚下的湘江绕城堡而过，宛如一只羊角，故名）。该城堡建于明嘉靖二十二年（1543），经南赣巡抚虞守愚、兵备副使薛甲商议后兴建，由地方官吏及守备共同实施，把总李尚监造，"度地计工"，历时两年竣工。该城设三门（后增一门，共计四门），城周300余丈、高3丈多。竣工后，礼部尚书欧阳德撰有《羊角堡城记》，详述建堡原因、过程和规模。清顺治五年（1648），因遇"金王之变"兵祸，羊角堡被攻破，垛口、炮台尽皆颓塌，"堡无完城"。守备张淳稍加补砌。康熙四年（1665），守备杜应元主持重修，加高垛口，添设窝铺、铳阁。

此后，古城堡有多次损毁，由于特殊的交通地理位置，基本能得到及时修缮，有以"一隅之地，而遥制千里"之称。1912年以后，城堡逐渐被废弃，部分坍塌。

20世纪80年代以后，羊角城堡尚存东门及部分残墙。2004年，羊角城堡被列为县级文物保护单位。2006年，又被列为省级文物保护单位。

杨国庆

会昌县城池：宋绍兴间，知县黄钺始筑，周二里五十步，高一丈五尺。三面阻水，南浚濠。明洪武己巳，千户彭英自西南隅，拓二百步。千户牛寿增高五尺。

——清《考工典》第二十一卷，引自《古今图书集成》

△ 吉水县城图　引自《吉水县志》清光绪元年刊本，载《中国方志丛书·华中地方·江西省（767）·吉水县志》

吉水，位于江西省中部、赣江中游，赣江与恩江（古称"滟水"，又名"乌江"等）在县境交汇，中有沙洲，形若"吉"字，"吉水"由此得名。

秦时，吉水地属九江郡庐陵县。南唐保大八年（950），分庐陵水东11个乡置吉水县，此为"吉水"县名之始。此后，建置及隶属多有变化。明清时，吉水县隶属吉安府。2000年，设立地级吉安市，吉水县属之。

吉水筑城始于南唐保大八年（950），因建县而筑城（参考乾隆四十一年《吉安府志》卷十一，有考析）。此城为土城，城周4里、高6尺，设四门。许多旧志引《通志》记载：该城为"解世隆始筑城"。解世隆为唐天复元年（901）进士，当时吉水尚未设县，故历代方志仅转引《通志》之说，但未确认。宋时，吉水因屡遭水患，西门、南门二门均毁。至元代，曾有局部修缮。周霆震撰有《新城记》。不久，大部已损，城门仅存东面平惠门（后来毁

△ 吉水古城墙及外瓮城　本文照片均由赵静、李艳萍、钟阳春提供

纪），北面的平江门。

　　明洪武元年（1368），刺史费震（此据乾隆四十一年《吉安府志》卷十一，而该志职官表则载费震于洪武二年任知县，待考）重修吉水土城。由于此城南近永丰河口，西、北两面濒临大江，城墙被"波涛冲击，屡修屡废"（光绪三年《吉水县志》卷十一）。正德（1506～1521）初，知县朱寅（正德七年上任）主持大规模修城，城墙全部采用砖石砌筑，城周长1238丈（《考工典》记为：1235丈）、高1.7丈，设城门5座：东曰"文明"，西曰"文峰"，南曰"文沙"，北曰"文江"，东北曰"文昌"（俗称"小东门"）。又于城

▽ 吉水城墙西门

△ 修缮后的吉水城墙顶面

△ 吉水城墙瓮城内

东、西开水门2座，上设小亭，城上还建有巡警铺21间。竣工后，评事罗侨撰有记（已失载）。此后至明末，吉水城墙多次被暴雨洪水冲塌，地方官吏也多次筹资、组织民众修复。如万历十四年（1586），知县徐学聚上任了解到吉水屡遭水患情况后，对众人称："是将无城，无城将无邑，无邑又安能有民？"遂主张在西门一带临水城墙段修筑石堤。在官吏沈有孚及众民努力下，建成内土外石的堤坝，堤长130丈、高2丈、顶宽3尺，耗银2600两。竣工后，该堤被称作"徐公堤"，邹元标（另记此人为天启二年时，提请修城人）撰有记，详述其事（光绪三年《吉水县志》卷十一）。天启二年（1622），知县何应奎主持增筑4座主城门的外瓮城（月城），瓮门额名：南曰"恩泽流谦"，东曰"阳德敷生"，西曰"金城砥柱"，北曰"拱极朝宗"，小东门不设外瓮城。此次修城经费来源，一半出自官衙，一半出自民资。

入清以后，吉水城西南一带城墙因屡被恩江水冲毁，地方官吏采取了许多对应的办法，试图抵御洪水造成的灾害。除将城墙加高、增厚，并多次修筑"徐公堤"外，还于乾隆十七年（1752）增筑西城。乾隆三十六年（一作"三十七年"），知县朱廷基在护城堤下植木为桩，以坚土叠筑三层，长200丈。乾隆五十九年，城南东隅岸崩塌10余丈，知县彭淑捐俸购石，加以修葺。咸丰元年（1851），继康熙三年（1664）增高城墙2尺后，再次增高城墙1尺。

1925年，吉水县地方政府奉命修建太平山等地碉堡和炮台，下令拆除城墙上女墙及垛口以取石，后因民众反对而终止。次年，拆除县城学官的砖墙，用以修复女墙。1939年，侵华日军占领南昌后，出于战略需要，国民军曾下令将城墙全部拆毁。后在官民强烈要求下，保留从北门小江口起经南门到东门城口止这段靠近赣江、恩江约3500米左右的城墙下部，及东、南、西三处城门，

△ 吉水城墙门楼

其他城墙全被拆除。

　　1949年后，因吉水城墙基础具有重要的防洪功能，不断在原城墙的基础上堆土修堤，以防水患。2010年，吉水尚存从西城门至南城门一段古城墙，还保留了两座外瓮城。西城门的城楼匾额是"金城砥柱"，南城门的匾额是"思泽流谦"，显得弥足珍贵。

杨国庆

　　吉水县城池：南唐保泰八年筑，周回四里。明正德间，知县朱寅修筑，甃以砖石，周围一千二百三十五丈，高一丈七尺，厚八尺。

——清《考工典》第二十一卷，引自《古今图书集成》

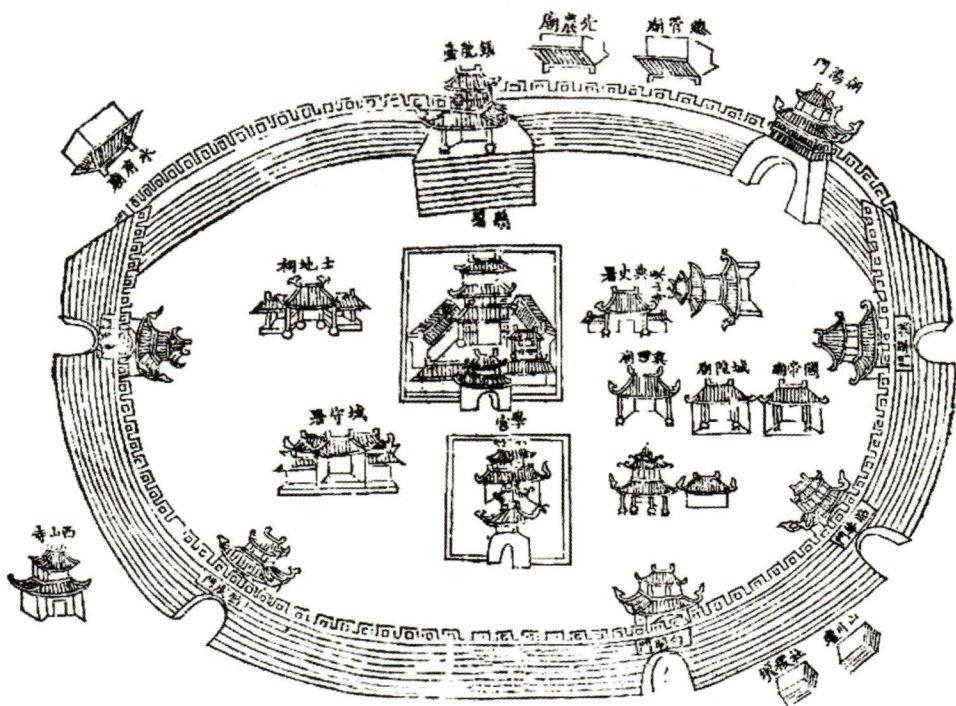

△ 龙南县城图　据《龙南县志》清道光六年版，张君重绘

　　龙南，位于江西省最南端之一，隶属赣州市，南接广东省和平县、连平县，素有"江西南大门"之称，为赣南次中心城市。

　　秦始皇二十六年（前221）全国分为36个郡，龙南地属南壄县，隶九江郡。南唐保大十一年（953），始置龙南县，隶虔州。据《龙南县志》载，因县境北有龙头山，县城在山之南，故名。另据《郡县释名》称：以县位居百丈龙潭之南，定名"龙南"。此后，建置及隶属多有变化。明清时，龙南县隶赣州府。1999年，龙南县改属赣州市至今。

　　龙南筑城较晚，县治虽立于南唐，然未建城。直到南宋隆兴元年（1163），县令段秀实"始筑土为城"（道光六年《龙南县志》卷四）。该城周长350丈、高1丈，城东、南、西、北各开一门（北城门后被堵塞）。护城河除东北濒临渥水外，在城西、南两面开挖护城河（府志称"四百二十丈"），河宽1丈、深5尺。

明洪武十五年（1382），因"寇破县治，城圮"。值得注意的是，洪武年间（1368～1398），朝廷因营造南京城墙，曾向龙南县征派烧制城砖徭役，城砖品质优良，数量也不少。但是，当地的城墙还是土城。直到成化元年（1465），巡按御史陈选才下文，让龙南县的知县谢泽负责征派民工烧制城砖，用于大规模修城。该砖城周长420丈，城增高1.5丈（实际高度为2.5丈），宽1.2丈，建垛口750余座。建城楼4座（北门虽塞，仍建了城楼，后废）。弘治元年（1488），此城再被流民所破，之后当地官吏郭萃主持修缮，环城增建警铺22间。疏浚护城河时，添建石闸3座，"以潴水"。次年，知县张文增建警铺3楹。正德七年（1512），通判徐珪增高城墙1/4。此后，龙南城池虽时有损毁，也能得到地方官吏重视而及时修葺。万历三年（1575），知县王继孝主持大规模修城时，"因学宫逼近城垣，移辟七十丈"，城周4里200步，"高视旧加三尺，厚视高减五之一"，并疏浚护城河。开城门3座：东曰"朝阳"，南曰"来薰"，西曰"镇安"。崇祯九年（1636），都御史潘曾纮顺应民意扩建城墙，遂命星子县教官谭心学负责。谭心学"经画其地，扩城垣近千丈"，设垛口989座，开城门6座：东曰"拱翠"，东北曰"朝阳"，南曰"昭华"，正南曰"向明"，西曰"上西"，西北曰"镇安"。修城资金分别由乡绅许明佐等多人各捐220两；耆老谢赐福、胡嘉恩等各捐银100两，上述捐资人均得到南赣巡抚送的匾旌，以资奖励。其他人的捐款"量力助筑，多寡不一"。此次拓城，由于强拆民居为新开的护城河，遭到部分民众的怨恨，后世如此批评："龙南宽城一事，功在后世，固不可泯。……割削数十家，以济一邑宜，……然，岂得以果于任

▽ 龙南县关西客家围屋鸟瞰 本文照片除署名外，均由叶子俊摄

△ 龙南县下南门古城楼 龙南博物馆提供　　△ 龙南县关西客家围屋后门墙体上设有土炮口、射击口和瞭望口

事，而遂不恤民私耶？后之任事，君子可以鉴矣"（转引光绪二年《龙南县志》卷四）。

　　入清以后，龙南城墙多次遭火灾、水灾和兵乱之灾，但均能得到及时修缮。据不完全统计，自顺治三年至乾隆四十八年（1646～1783），大规模的城池修缮在10次以上。除日常维修外，还有不少增建修改之举，如：顺治十八年，建护龙台（后改名"镇龙台"）于北城墙上；康熙五十九年（1720），改上西门为"西成门"。修城资金除官府调拨官银外，还有不少当地官吏、乡绅和民众的捐款。

　　1912年后，龙南城墙逐渐毁圮，甚至被大规模拆除。

　　20世纪80年代以后，龙南古城墙还保留了昔日的正南门——向明门（当地人称之"下南门"），该城门现位于龙南县的龙南镇。城门呈拱形，内空高近4米、宽2米余；城门基台高8米、厚7米；城门基台上建有城楼，净高8米。

　　1982年，龙南古城楼被列为县级文物保护单位。

杨国庆

龙南县城池：宋兴隆（有误——笔者注）间，知县段秀实始筑土城。明成化间，知县谢泽陶甃甓之，高一丈五尺，广一丈二尺，周四百二十丈。万历三年，知县王继孝重加筑浚。

——清《考工典》第二十一卷，引自《古今图书集成》

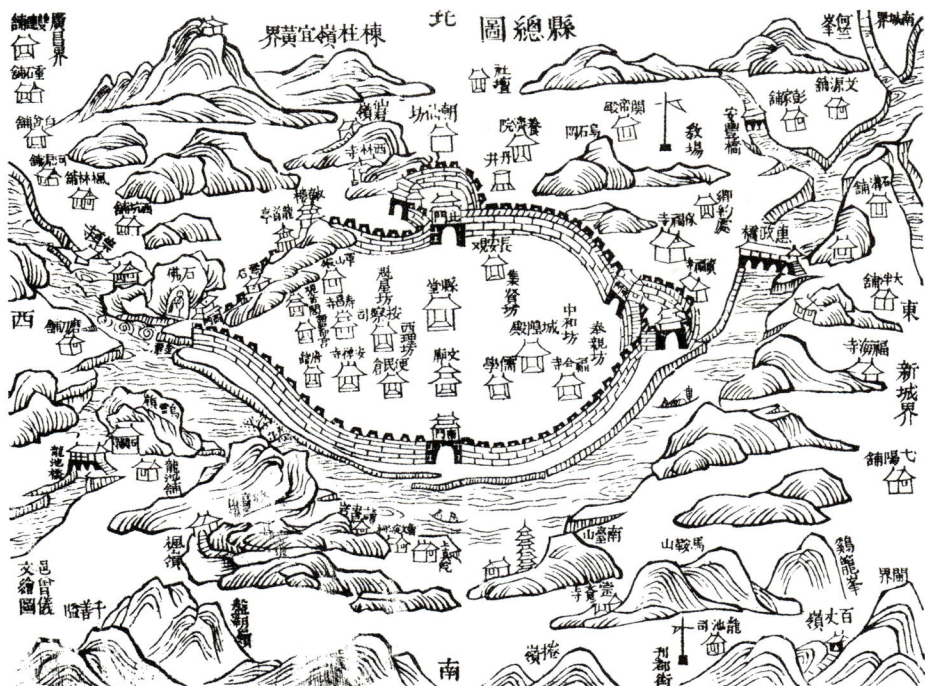

△ 南丰县总图　引自《南丰县志》清康熙二十二年刊本，载《中国方志丛书·华中地方·江西省（825）·南丰县志》

　　南丰，又称"琴城"（一说因城形似琴，一说城西有"琴台石"，故名），位于江西省东部，抚州市南部，属抚河流域，盱江中上游。

　　春秋战国时期为吴、越、楚之属地。汉为南城县地，隶属豫章郡。于吴太平二年（257）析南城县始置县，因县境内常产一茎多穗之稻，故初名丰县，别号"嘉禾"。后又以江苏徐州有丰县，故名南丰县。此后，随政权更迭，建置及隶属多有变化，明清时，或为直隶州，或为建昌府属县。1949年以后，划归抚州专区（地区）。2000年，隶属地级抚州市。

　　南丰最早筑城于唐开元（713～741）之前，初为土城。元时，尚有城门5座。乾隆二十四年《建昌府志》卷五则称：南丰自唐至元时，虽为州治、县治，却没建城池。同治十年《南丰县治》卷三据旧志考：南丰在元代以前，"非无城也。其先有城，而后废矣"。

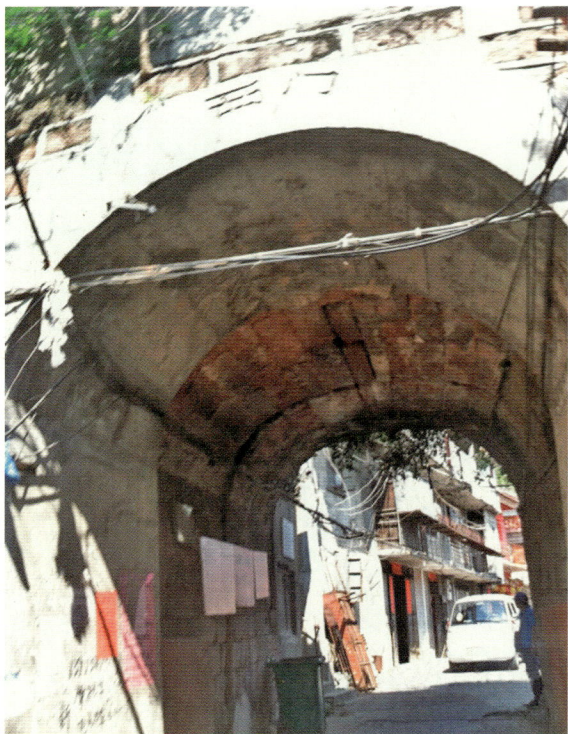

◁ 南丰县古城墙西门　王远提供

　　明正德六年（1511），有反民进入县境，大肆焚掠。次年，知县莫止主持修筑土城，城长891丈。正德九年，又因反民入境，民以土城难以防御为由遂纷纷逃往他乡。之后，兵备副使胡世宁从长远计，下令建昌府推官赵汉督建南丰县砖石之城。新城依土城旧址营造，城高1.8丈、基宽1.5丈、顶宽1丈。新建城楼4座，增筑瓮门，设城门4座：东曰"聚和"，西曰"崇秀"，南曰"通济"，北曰"庆成"。竣工后，又按知府韩辙的建议，将内低外高的西北段城墙加高8尺，长约21丈；在城外可以俯瞰城内的马退石上，改筑新城180丈、高1.8丈、基宽1.5丈、顶宽1丈；全城窝铺增置50余座。竣工后，罗玘撰有记，详述其事。嘉靖元年（1522），知县曹弘采纳乡绅们的建议，移筑通济门于学宫前，并更名为"文明门"。曾汉撰有记，详述其事。嘉靖三十六年冬，有"流寇猝至"南丰城下，攻城七日后退去。之后，分巡佥事尤烈采纳士民建议，增高旧城4尺，并在东门、北门增筑外瓮城各1座；西门增筑翼城、敌楼各1座。城南段置窝楼4座，建窝铺69座、垛口2218座，全城总长1330.8丈。在城东北外开挖护城河，河宽7尺。此后至万历十四年（1586），南丰城墙虽连遭暴雨，被冲塌数段，均得到地方官吏的及时修缮。

　　入清以后，南丰城墙损毁主要由于战火及自然灾害，但均能及时修补，并有增建和改筑。用于修缮南丰城池的资金，主要来源于国库调拨专款和地方官吏、乡绅和民众的捐款。如：康熙二十二年（1683），知县郑钺捐俸修补损毁地段城墙；乾隆八年（1743），知县叶重熙申请库银6000余两，主持修城；继嘉庆十七年（1812）、道光五年（1825）两次修葺损毁地段城墙后，道光二十三年，乡绅揭垂奎独资捐款修城；咸丰年间（1851～1861），南丰城墙遭遇战火，损毁数处，上水关也坍塌堵塞，乡绅及乡民相继以捐资、集资等多种形式，及时给予修缮；咸丰二年，曾于南门口建一座子城，后毁于大水。

1912年后，南丰城墙逐渐毁圮，甚至随着城市建设而大部分被拆除。

1983年，位于南丰县琴城镇包括西门在内的古城墙，被列为县级文物保护单位。

杨国庆

南丰县城池：明正德七年，筑土墙。九年，建城，周八百九十一丈，高一丈八尺，厚一丈余。

——清《考工典》第二十一卷，引自《古今图书集成》

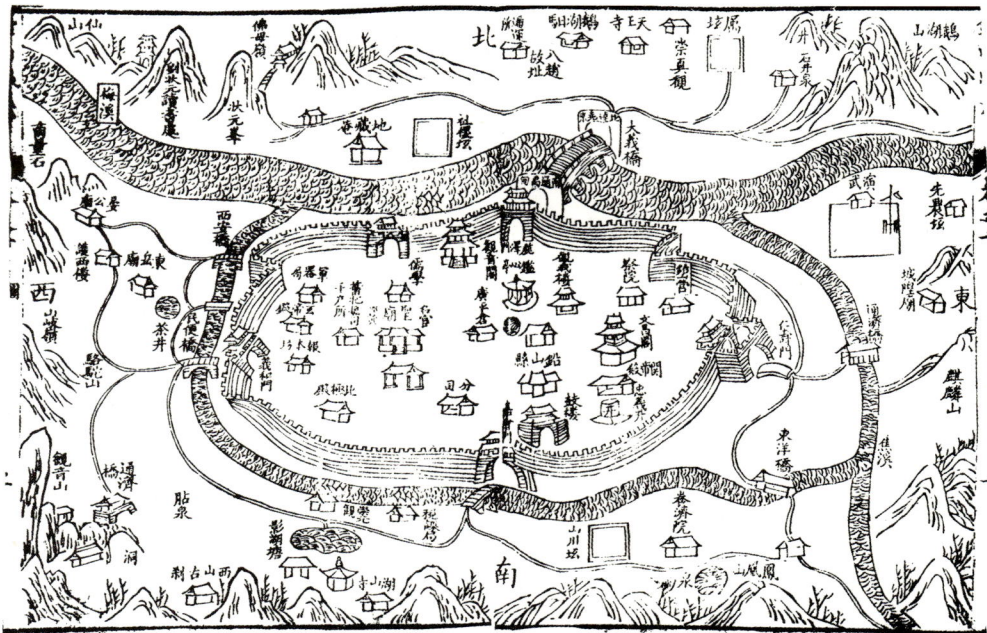

△ 铅山县城图　引自《铅山县志》清乾隆八年刊本，载《中国方志丛书·华中地方·江西省（909）·铅山县志》

　　铅（音yán）山，位于江西省东北部武夷山西北，北临信江，是赣、闽交通要道，自古便有"四省通衢"之称，又有"铅山唯纸利天下"、"十之三四从事造纸"之说。

　　南唐保大十一年（953），始置县，因县境有铅山，遂以山名县，隶信州。此后，随政权更迭，其建置及隶属多有变化。元至元二十九年（1292），升县为州，名铅山州（又名永平州）。明清时，铅山为广信府所辖。1949年，县治所自永平镇迁至河口镇。2000年，隶属上饶市为其辖县。

　　铅山筑城之始，自清代已无可考。乾隆四十八年《广信府志》称："相传宋以前旧址在暇乐园。知县章谦亨因民之请，迁入枫树岭之南，今皆无考。"

　　洪武元年（1368）二月，蒋奎因随从沐将军平定铅山有功，被封为千户，驻扎铅山。自此，蒋奎开始大规模筑城，城周4里72步、高2丈，垛口高3尺。东、西、南三面环城凿池为护城河，河宽4丈、深1丈。城北因有天然铅山河，自为屏障。城门开5座：东曰"仁寿"，西曰"义和"，南曰"嘉会"，北曰"丽泽"，西北曰"水门"，各城门均建有城楼。并在城墙上建有敌楼5座、警舍49座。正德十四年（1519），铅山城墙在连续雨水中坍塌数段。知县郑懋德主持修葺。次年，城墙又在大雨中局部坍塌，知县杜民表主持及时修缮。嘉靖三年（1524），朱鸿渐主持大规模修城，重建敌楼5座、警舍49座（同治十二年《广信府志》卷二）。至明末时，铅山城墙再次毁损。

清康熙十八年（1679），知县潘士瑞主持大规模修城。不久，东面护城河淤塞。乾隆三十八年（1773），知县吴缵姬听取民意，耗资2600余两，历时约200天，筑蕉溪堤，疏东面护城河注入南河。竣工后，翰林蒋士铨撰有记，详述其事。不久，因连续暴雨引发洪水，冲塌"田舍甚多，堤复坏"。

1912年以后，铅山城墙因年久失修，尤其1949年县治迁出老城后，古城墙逐渐毁圮。

20世纪80年代后，坐落在永平镇的铅山古城墙残段逐渐被人们所重视和保护。1986年，永平镇古城墙被列为县级文物保护单位。

杨国庆

铅山县城池：明洪武元年，千户蒋奎筑，周四里七十二步，崇二丈有奇。东西南环城为濠，广四丈，深一丈，北阻河。嘉靖甲申，知县朱鸿渐建敌楼五，警舍四十有五。

——清《考工典》第二十一卷，引自《古今图书集成》

▷ 铅山古城墙残存地段 高增忠提供

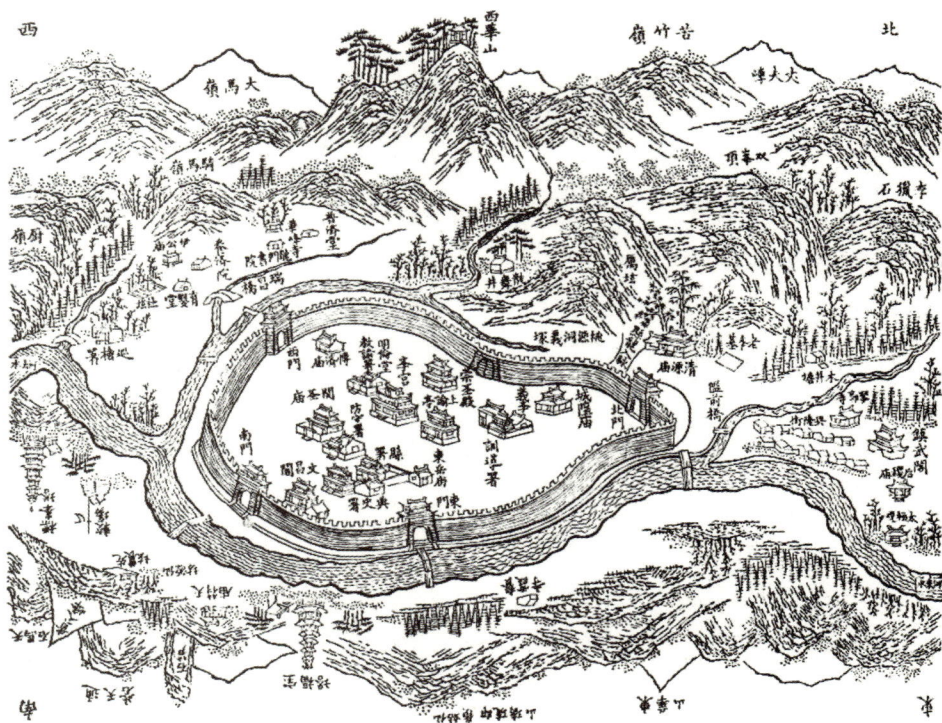

△ 石城县城图　据《石城县志》清乾隆十年版，张君重绘

　　石城，位于江西省东南部、赣州市东北部，是进入闽西直至粤东的主道，处在赣州、抚州、三明、龙岩四地市的交叉点上，素有"闽粤通衢"之称。

　　两汉时，先后隶属于其他县。三国吴嘉禾五年（236），析雩都地置揭阳县。隋开皇十三年（593）设场，以境内"四面环山，耸峙如城"得名石城场。南唐保大十一年（953），升场为县。此后，隶属多有变化，县置及名沿袭至今。1949年，县政府驻琴江镇。1999年，属赣州市。

　　石城始无城，南宋建炎四年（1130），乡人陈皓及其儿子陈敏募集义兵平乱之后，为保日后乡民一地的平安，协助知县余惠迪始筑土城，设城门5座，并于西北开掘护城河1里、宽1.3丈（据嘉靖十五年《赣州府志》卷五、光绪十五年《石城县志》卷三）。

明洪武二十四年（1391），知县虞德源重修土城。正统十三年（1448）时，城已毁圮，又遭遇兵祸，城被攻占。成化二十三年（1487，旧志却称"成化十三年"、"成化二十二年"等，均误），因临境有警，知县闻韶遂依照旧城址拓建改筑，东南阻大溪，西北瞰小溪。不仅大规模烧制城砖、采集石材用以筑城，还拆除旧城南门外卧虹桥之石，以此为护城河堤的基石，使之高8尺。开城门5座：东曰"望仙"，南曰"南薰"，西曰"瑞宁"，北曰"迎恩"，小西门曰"安仁"。修城工未竣，闻韶被调任宁都县，县丞李宽继任督工并修城完竣。新修的城池周504丈、高1.3丈、宽1丈。城门各建城楼，并改部分城门名：西曰"阜康"，南曰"清远"，北曰"环秀"。全城建垛口1180座，高5尺。弘治四年（1491），副使张璁下文给推官张宪，将城墙西边增高3尺，增设警铺16座。弘治十八年，再次增高西城段城墙3尺，共高1.6丈（疑为1.9丈）。正德六年（1511），经历周元寿、主簿丘声甫奉命再加高城墙4尺，增设警铺44座。正德十年，石城县城墙内外坍塌200丈，知县钱季玉主持修复。三年后，石城县遭遇大雨，"城圮十之七八"，西、南城楼倒塌。都御使王守仁动用官币，责成石城县衙负责修缮。嘉靖三十五年（1556），石城遭遇洪水，县城四面被大水围困，多处城墙坍塌破损。大水退后，知县成宗晓主持修复。崇祯十三年（1640），知县尚承业受命主持修城，加高城墙3尺，垛口并二为一。"然，（城）随加随圮，居民以太高，不利风水，遂拆修如旧"（光绪十五年《石城县志》卷三）。

▽ 石城县古城墙　石城博物馆提供

入清以后，石城县"城破于寇者，十之三；圮于水者，十之七"。尤其暴发洪水时，致使"临河城垣，颓塌不堪"。据方志等资料不完全统计：自顺治七年至嘉庆五年（1650～1800），石城城墙被洪水、暴雨较大面积的冲塌至少在11次以上。其中乾隆二十九年（1764），河水暴涨"由北、东、南而西，内外城圮计二百余丈。西、北城门外皆成深坑，架木为桥，乃得外达"。嘉庆五年七月十四日晚，连续三天三夜的暴雨，导致琴江上游大水"冲突而下"，城垣坍塌，东门、北门、西门段城墙被毁尤甚。此次洪水，"较乾隆甲申（1764）、甲午（1774）之水数倍"，被当时称为"蛟龙之患"。因此，地方官吏在不断修城的同时，也采纳民间风水先生的建议，依照所谓"龙脉"进行修城和改筑。如：康熙十年（1671），大水毁城后，"邑人误认隘上为龙脉所系，将冲断处复行填筑"。乾隆三十年，邑侯徐倡率众修城时，对护城河堤岸"甃石为坝埽，以接龙脉"（光绪十五年《石城县志》卷三）。修城所费资金，除官衙拨款外，地方官吏的捐输、乡绅及百姓的捐款也不在少数，其中还有"民自食以应役，匠食于官"的修城方式。顺治八年，知县董应誉修城时，将原城门5座改为4座，并另立门名：北曰"拱辰"，南曰"迎薰"（后改名"迎禧"），东曰"东曦"，西曰"巩金"。封闭了小西门，自此，成为石城的"四门定制"。

1912年以后，石城城墙逐渐毁圮，甚至被拆除。由于濒临琴江，城墙仍起到城市防洪的功能，东、北二门和北门至琴江大桥段615米长城墙得以幸存。

1983年，石城城墙被列为县级文物保护单位。2008年后，耗资百万余元的"石城县古城墙保护维修工程"项目正式启动，并修缮了此段城墙和北门、东门。

杨国庆

石城县城池：宋建炎末，知县余惠迪始筑土城。明初，相继修筑，周五百四丈，高一丈三尺，广一丈。东南阻大溪，西北瞰小溪，因为壕下垒巨石，高八尺。正德辛未，经历周元寿加高四尺。

——清《考工典》第二十一卷，引自《古今图书集成》

△ 万安县城图 引自《同治万安县志》清同治十二年刻本，载《中国地方
志集成·江西府县志辑（68）·同治万安县志》

万安，位于江西省中南部、吉安市南缘、罗霄山脉东麓，地处赣江中游
十八滩头，有"路当冲要，漕运会通"之称。

东汉时，其境属遂兴县。唐朝，其境属泰和县。南唐保大元年（943）设
镇，因掘地得石符，上有"万民以安"字，遂用"万安"为镇名，属龙泉县。
北宋熙宁四年（1071），改镇置县，县治芙蓉镇。此后，隶属虽有变化，然其
县治地及建置基本未改。2000年，万安隶属地级吉安市。

万安筑城始于梁天监元年（502），由当时主簿杜平夫领兵千余人"以石
筑渔梁城"，位于"临大江黄公滩之上"（不在后世的宋城之地）。隋时，
城已废（康熙二十八年《万安县志》卷一）。北宋熙宁四年（1071），改镇为
县。七年以后，于元丰元年（1078），知县朱俊民开始在县治地的芙蓉镇修筑
城墙。直到元丰六年，万安县继任知县胡天民才将城池建成竣工，时为土墙。

南宋绍兴二十五年（1155），知县赵成之增筑城垣，修建城门。城东北"因溪流为池"，城西临江，其余地段皆开挖护城河。元代，朝廷"令天下不得修筑城池"（据康熙版《万安县志》转引），万安城墙遂逐渐毁圮。元至正十九年（1359），知县彭九皋重筑土城，城周3里、高1丈、宽8尺，设城门4座。至正二十三年春，都尉钱唐奴再筑土城，增高1/3，宽也超过1.4丈。城门名为：东曰"朝阳"，西曰"高明"，南曰"自南"，北曰"拱辰"。护城河除西临长江外，东、南、北三面长达2里、深1.5丈、宽3丈。此城后因赣江水位暴涨，"城垣、楼橹倾圮"。

明正统十四年（1449），朝廷下令"各郡州县古有城池见存者，量加修葺。旧无城池足据者，渐行开筑"。当时万安知县吴清"量基度址"，以民力不足，未能修城。明正德七年（1512），知县桑翘主持大规模修城，并以砖石重筑城墙，城周长714丈、高2.2丈、顶宽1丈（含垛墙）、基宽1.5丈（《考工典》记为：高2.4丈、广1.8丈），城垛950座。开筑城门6座：东曰"威远"，西曰"五云"，西北曰"芙蓉"，南曰"表忠"，西南曰"观澜"，北曰"通都"。

清康熙三年（1664），知县胡枢主持大规模修城，并将垛口减少为477座，修建城楼5座，"惟芙蓉门久塞，未开"。康熙九年，因芙蓉城门为"文学所系"而复开，并建城楼。不久，又因动乱再关闭该门。康熙十七年，知县马之骅复开芙蓉门。这种人为因素开、闭城门的情况，还表现在移建城门。乾隆十五年（1750），知县方居瀛听从"邑人呈请"，将南门移筑近西，北门移筑近东。到了乾隆四十九年，知县靖本谊又听从士民呈请，以乾隆十五年移筑二门对当地的科举不利为由，又将二门"移归原处"。并改表忠门为"文明门"，改通都门为"迎恩门"。乾隆二十六年，连续过月的春雨导致江水暴涨，城北隅段的城墙坍塌数十丈，垛口坏57座。灾后，知县黄图昌主持修复。此后至清末，万安城墙至少四次遭遇洪水，出现大面积坍塌破损。由于地方官吏的重视，基本得到及时修缮。修城的资金不菲，且多为官吏们的自捐廉俸和乡绅的捐款。如嘉庆二十年（1815），知县陶尧臣主持修复被洪水冲塌的城墙时，"捐廉次第修筑。共费工料银二千六百五十两有奇"。咸丰四年（1854），知县仇治文修缮道光十四年（1834）被洪水冲垮的城墙段时，其修城资金取自乡绅的捐助款。至光绪三年（1877）时，万安城墙周长5里、高1.5丈多，有垛口260座、城楼6座（据光绪三年《万安县志》卷二）。

1912年以后，万安城墙不仅遇到过特大的洪水（1915），还遭遇了数次战火（1927年，著名的"万安暴动"，就直接与城墙有关），城墙多处地段破

△ 古城墙五云门 王远提供

损。1949年后，随着城市建设，大部分城墙也被拆除。

20世纪80年代后，据当地文物部门调查，临近赣江约1000米的一段城墙，以及观澜门和五云门尚存。有专家称，"作为县一级的古城墙，能完好地保存千米以上，并且保存两座以上城门的，只有万安县了。"2006～2010年，在当地政府主持下，对城墙及周边环境进行过两次较大的维修和整治。

1990年，万安城墙被列为县级文物保护单位。2006年，被列为省级文物保护单位。

杨国庆

万安县城池：宋熙宁间，筑。明洪武初，因旧基缮之。正德庚午，知县桑翘廓基增筑，周七百一十四丈，高二丈四尺，广一丈八尺。

——清《考工典》第二十一卷，引自《古今图书集成》

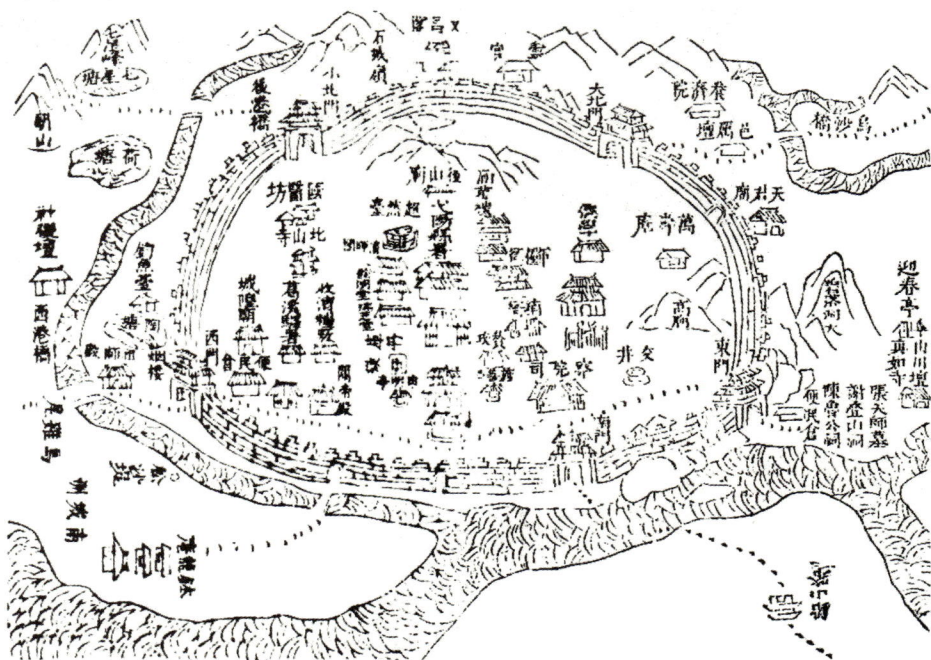

△ 弋阳县城图　据《弋阳县志》清康熙二十二年版，张君重绘

弋阳，位于江西省东北部、信江中游，东与横峰、铅山接壤，南与贵溪毗邻，西连贵溪、万年，北与乐平、德兴交界。

秦始皇二十六年（前221），置郡县，弋阳县境为九江郡余汗县葛阳乡。东汉建安十五年（210），析余汗县葛阳乡置葛阳县。隋开皇十二年（592），葛阳县治迁于弋江之北，改名弋阳县。此后，随政权更迭，其隶属虽多有变化，但县治延续至明清不变。2000年至今，属上饶市所辖。

弋阳筑城始于葛阳建县，后毁无存（康熙二十二年《弋阳县志》卷一称，旧城为"余汗故城"）。宋庆历三年（1043），县治迁至今址，至明初，"俱未建城"（乾隆四十八年《广信府志》卷三）。

明正德五年（1510），因"姚源之乱"，知县胡伟开始累石建造城门4座，城门上建城楼。四周城墙尚未及建，"姚源之乱"得以平定而罢筑城墙。

嘉靖三十九年（1560），因有兵乱危及其境，知县陈仕始筑城自卫，自同年十一月至次年六月竣工，共耗资15600余两。新城全部用石包筑，城周942丈、高1.8丈、基宽1.2丈、顶宽9尺。全城设城门4座：东曰"宾阳"，西曰"乐成"，南曰"迎薰"，北曰"拱极"，均建有城楼。并建水门3座、警舍25座。时人编修黄易撰有记，详述其事。万历八年（1580），知县程有守重书城门名额，并悬于城门上。

入清以后，弋阳城墙多次遭遇兵火及大水，城墙多有损毁。在地方官吏重视下，基本能得到及时修缮。顺治（1644～1661）初，因遭兵火，弋阳4座城楼均被焚毁。顺治六年，地方守军会同官吏共同主持修缮东、西、北城楼。顺治十二年，知县刘临孙主持修建南门城楼。康熙七年（1668），弋阳遭遇洪水，大水自西门向南，冲毁城墙60余丈，毁坏垛口181座。康熙九年，知县陶耀捐资修茸，修复全城警舍如旧制之数。康熙十三年，弋阳4座城门楼再遭兵火焚毁。康熙十六年，知县薛严起捐资修城。康熙十九年三月，弋阳城再遭洪水，大水淹至城门门额，先后毁城两段达18丈宽，垛口被毁123座。灾后，知县张龙如捐资主持重修。康熙二十一年三月，弋阳南、西、北三面城墙坍塌计19.6丈（一说"三十丈"），垛口损毁345座。次年四月，久雨导致南、北两面城墙坍塌35丈，知县谭瑄捐资修缮。在短短14年间，弋阳城墙就经历了四次损毁和复建。继雍正十一年（1733）知县赵宪清修茸城楼后，不久又"圮废"（同治十年《弋阳县志》卷三转引"陈志"）。

乾隆十一年（1746）春至同年十月初六日，知县陈元麟利用朝廷调拨专款银5974余两，主持大规模修城。修补城墙总长968.6丈，新增垛口1381座。城身高1.7丈，女墙用城砖砌筑高5尺、厚1尺；城基宽1.3丈、顶宽1.1丈。城基内外采用红色大石砌筑，厚1尺。针对弋阳城墙屡遭洪水毁损的情况，另开小

▷ 弋阳县古城墙西城门（位于信江河与葛溪河交汇处，今滨江公园延伸段）本文照片均由翁志强摄

△ 弋阳县古城护城河西段

△ 弋阳古城西城门隐在新建的防洪堤内

水门6座，以利排泄洪水。同时，还疏浚了全城的护城河。竣工后，陈元麟撰有记，详述其事。嘉庆八年（1803），知县梁承云重修城池，增筑垛口25座，修葺后的东、西、南、北城楼名为：东曰"宾阳"，西曰"挹爽"，南曰"迎薰"，北曰"拱极"。设水门3座：曰"小南门"、"太平门"、"山川门"。咸丰八年（1858），知县胡长芝主持修缮城墙。同治元年（1862），知县柳正旭主持重修，并对城东、西、北三面护城河进行疏浚，各深1丈。同治三年，知县叶琳增修完备。

1912年以后，弋阳城墙因年久失修，逐渐毁圮。惟有城北西街沿河古城墙、城门尚存。

自2009年后，当地政府开始对其拟制保护方案。

杨国庆

弋阳县城池：明正德五年，知县胡伟砌石为城。嘉靖三十九年，知县陈仕始更筑，周九百四十二丈，崇一丈八尺，厚一丈二尺，门有四。康熙九年，知县陶燿复加修葺，朊警舍如旧制。

——清《考工典》第二十一卷，引自《古今图书集成》

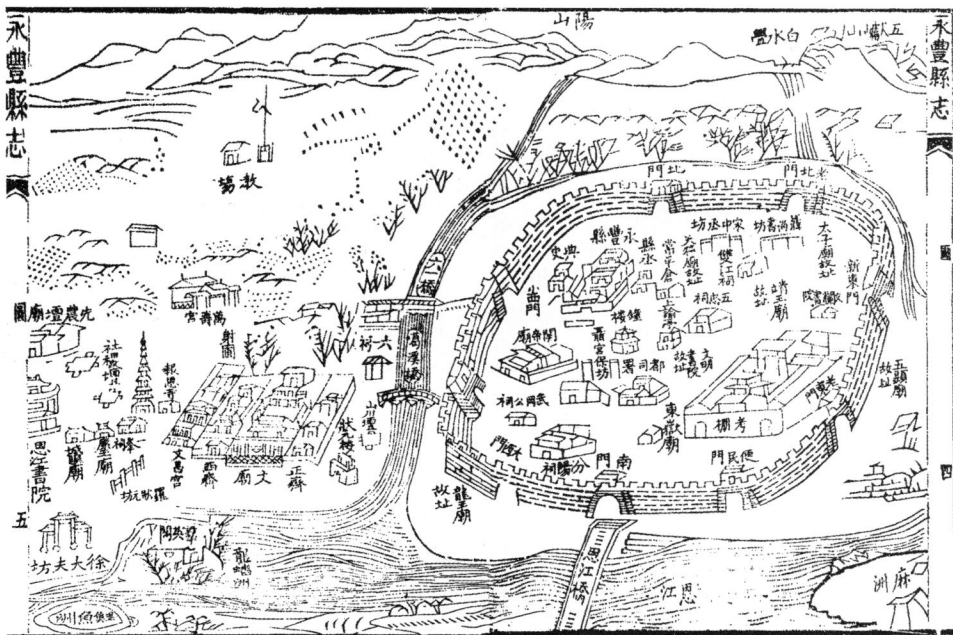

△ 永丰县城图　引自《同治永丰县志》清同治十三年刻本，载《中国地方
　志集成·江西府县志辑（66）·同治永丰县志》

　　永丰，位于江西省中部、吉泰盆地东沿，是个"六分半山二分半田，一
分水面、道路和庄园"的丘陵山区县。

　　北宋至和元年（1054），析吉水县置永丰县，是为永丰县建置之始，并
沿袭至今。其隶属则随争端更迭，多有变化，明清时俱属吉安府。2000年，永
丰县属吉安市。

　　永丰建县后，并未及时筑城，甚至县衙也没营建，"数为寇扰"。南宋
绍兴七年（1137），知县李谔在延庆寺南修建官廨，并筑建土城。城"高四寻
（计为3.2丈），周千丈。前后鼓楼，左右敌楼，南北立两门"（同治十三年
《永丰县志》卷七）。这座土城到元代时已荒废。

　　明洪武（1368～1398）初年，知县蔡玘（1368～1373年，在任）"创廨
宇，举废坠"（同治十三年《吉安府志》卷十四记为"名宦"）。其中"创廨

△ 城址东部及城墙　本文照片均由苏卫军、钟阳春提供

宇"是指营造县衙（长期借用"延庆寺"作为衙署办公地），而"举废坠"是指利用宋城旧址修建城墙。另据顺治十七年《吉安府志》称："洪武初，知县蔡玘即故址役，创之。"此后，永丰城墙虽时有毁损，但在历任地方官吏（如正统八年永丰知县黄永从、成化十二年知县唐镕、弘治四年知县郑浚等）的重视下，也能得到及时修缮。弘治（1488～1505）初，知县车梁（1492年上任）在旧址上重建城墙。开有城门4座，建更楼6座。正德六年（1511），"流寇破城"，城墙有损。次年，知县钱季玉组织民众修城。不久，城墙又溃于洪水。嘉靖三年（1524），知县商大节大规模修城，并烧制城砖用于筑城，砖文为"嘉靖三年官造"，增筑城门共为6座。嘉靖四十年，因有民反，永丰四乡百姓万余人拥入县城避乱，由于城池狭小难以安排住宿，"暴露死亡者众"。当时的兵部尚书聂豹倡议扩建城池。嘉靖四十二年，在知县吴凤瑞主持下，开始扩城营建。新城向东北扩出360丈，城墙总计910丈，增筑城门2座，合计城门8座：东曰"泰安"，西曰"兴贤"，南曰"承恩"，北曰"永定"，小东门曰"湧清"，新北门曰"广宁"，小南门与小北门仅为便民出入之需，无名。八门上均建有城楼。全城垛口筑有1800座。竣工后，聂豹撰有修城记。

　　入清以后，永丰城墙曾遭遇洪水和战火的毁损，地方官吏以多种捐款集资的形式，用于城池的维修。如：乾隆五十二年（1787），洪水冲塌城墙80余丈。灾后，知县丁如玉主持及时予以修补。道光二年（1822），因城楼有

△ 南面城墙

损，知县陈征芝倡议捐资重修城楼，并将小西门取名"景徽门"。道光三十年，知县林燕典也倡议捐资，用于增修城垣。咸丰五年（1855），太平军破城。两年后，清军收复永丰县城，城池基本完固。

1912年以后，永丰城墙逐渐毁圮，甚至被部分拆除。

20世纪80年代以后，据永丰县当地文物部门调查显示：永丰城墙（又称"恩江古城址"）位于永丰县恩江镇老城区，由聂家村南面起，由西向东至徐家村东门，再沿恩江河岸向西南至葛溪河流入恩江河入口处，然后沿葛溪河由南向北至六一桥头，总长2500余米。墙体两边砖包砌，中间夯土，基宽5.0米，上部残存均宽3.8米，北段、东北段残存高3~4米，南面、东南面沿河段残存高2~3米，西面1~2米。永丰城墙整体形制和走势保存基本完整，是目前江西省内发现的保存规模最大、最完整的明代古城墙之一。

2003年，永丰城墙被列为县级文物保护单位。

杨国庆

永丰县城池： 宋绍兴中，知县李谔始筑土城。明弘治初，知县车梁因故址新之。嘉靖三年，知县商大节加筑之。

——清《考工典》第二十一卷，引自《古今图书集成》

△ 图1 城址西部城墙拐角　图2 道光二十九年重建砖文　图3 "嘉靖三年官造"砖文

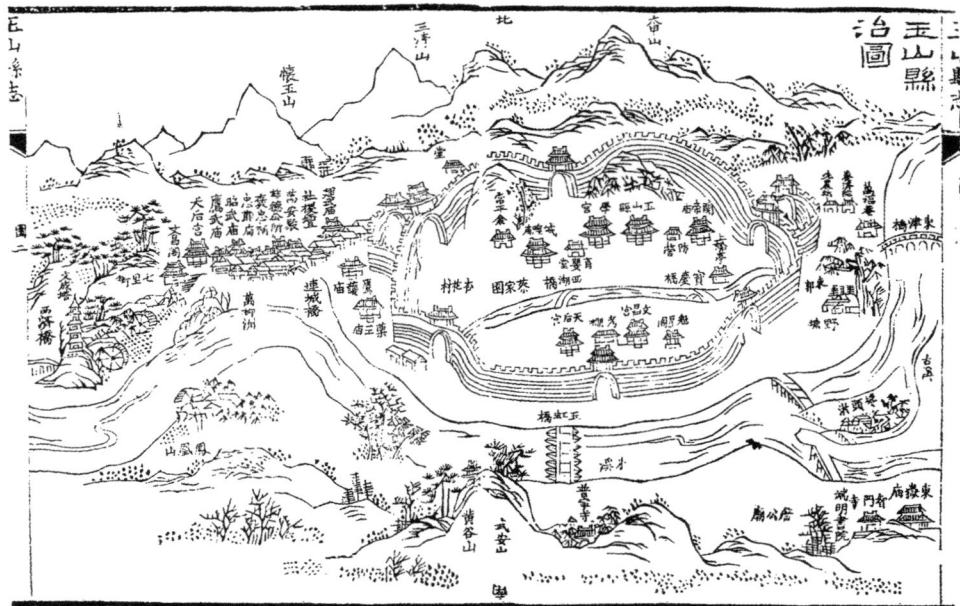

△ 玉山县治图　引自《玉山县志》清同治十二年刊本

玉山，位于江西省东北部，地处江西省和浙江省的交界处（隔广丰区邻近福建省），素有"两江锁钥，八省通衢"之称。

唐（周）证圣元年（695），始设武安县。神龙元年（705），改名为玉山县，以境内有怀玉山而得名，隶江南道衢州。此后，随政权更迭，其建置及隶属多有变化。明清时，玉山县置相沿。2000年，玉山县隶属上饶市。

宋、元之前，玉山筑城无可考证。明正德七年（1512），有饥民反，玉山知县谭（有的文献记载为"谈"）世熙出于防御需要，在县治主要道路的东、西两端，始建二门。工程未尽（土垣可能已有雏形。依据嘉靖时胡松《筑城记》中"幸遵故址，议甃以石"，如无土垣，不会有"故址"一说），谭世熙调任异地，遂罢其役。嘉靖四十年（1561），因有兵反扰其境，玉山县无城可守，而遭洗劫、杀戮，"父老、寡妻哭声镇野"。不久，巡抚胡松视察该县时，承诺将向朝廷申请减免租税，以安抚百姓。并羁押潜逃的知县，指定推官姚子箧（《考工典》记为"姚箧"）临时负责县政，包括营造城墙。新建的城墙开城门4座：东曰"润泽"，西曰"廉善"，南曰"垂教"，北曰"采粟"。城墙周长4200余步（据胡松《筑城记》）、城高1.6丈、垛口高4尺、基宽1.8丈、顶宽1.2丈，"可通驷马"，共耗资20000余两。隆庆年间（1567～1572），知县陈所闻采纳民众的请求，在城墙东南及西南两处增二门，取名为"儒林门"和"杏花门"。万历四年（1576）冬，知县周日甲上任后发现县城的南门于风水不利，且"门垣逼狭，不可通水"，遂将南门向外移建数十丈，重新营造附带水关的正南门，取名为"文光"，并拓展登城马道，以方便城墙防御（参考乾隆四十八年《广信府志》转引"杨时乔记"）。万历十四年（1586），知县张道深将全城六门的对开门板均用铁皮包裹，以增其固。此后，城墙虽时有损毁，在地方官吏重视下也时有修葺。

清顺治五年（1648）后，玉山城墙垛口及女墙逐渐损毁。康熙八年（1669），知县唐世微捐资主持修缮。康熙二十一年，知县余毓浩主持重建西门城楼以及小西门。乾隆五十三年（1788），洪水自城东至城西贯城而过，冲塌东、西两段共达数十丈城墙。次年，知县丁如玉（后升同知，奉旨回任继续修城）主持修城，前后历时三年竣工。此次大规模修城，不仅在东城与西城各开水门1座，还加固了这两段的城墙和周边的基础，"坚厚比旧制有加"。道光十六年（1836），知县张兼山集资重修大东门、大西门。道光二十一年，当地乡绅周以廉、周秉灯兄弟捐资55600贯，在当地官吏支持下，于当年十

▽ 玉山城墙残存地段　本文照片均由王家灯摄

△ 修缮前后的玉山古城门

月十七日动工，至道光二十五年正月十七日竣工。此次大规模修城，共计修缮城外侧42段，城内侧35段，城周1363丈均用红石砌筑，增修新、旧垛口996座，六门修缮了五门及城楼。还修缮了护城河堤。周氏兄弟的义举，经知县汪道森、知府麟桂上报后，获得嘉奖。咸丰八年（1858），太平军围攻玉山县城，部分城墙和垛口被炮火轰裂。战后，当地官吏集资给予修补。咸丰十一年（1861），在城墙上增筑大炮台5座。同治六年（1867），知县王大枚成立善后工程局，其中一项是负责城池的日常维修。次年，利用捐资修城。同治七年三月，6座城楼被风雹损坏。同治九年，南面城墙外坍塌1丈多，知县黄寿祺倡修如故。

1928年，因修建常玉公路，遂于东面城墙新开城门，公路则穿城出小西门。1942年，侵华日军空袭玉山县城时，小西门被毁。1949年以后，玉山城墙因城市建设，逐渐被部分拆除。

20世纪80年代以后，据文物部门调查，玉山城墙在东、南两面尚残留1000余米，大东门、小东门及南门基本保存。

1982年，玉山城墙被列为县级文物保护单位。2006年，被列为省级文物保护单位。

杨国庆

玉山县城池：明嘉靖辛酉，推官姚簴始筑。周七里，高二仞，女墙四尺，广丈有一尺，为门四。隆庆乙丑，知县陈所闻辟四门为六门，有楼。

——清《考工典》第二十一卷，引自《古今图书集成》

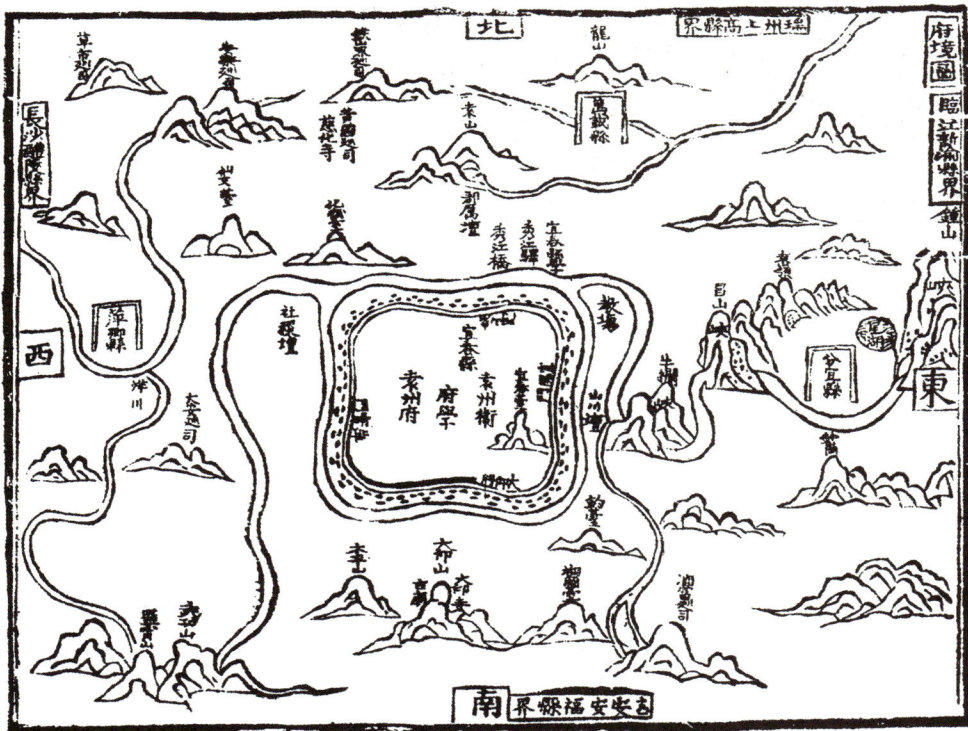

△ 袁州府境图　引自《袁州府志》明正德版

宜春，旧称"袁州府"，位于江西省西北部的袁水上游，素有"山明水秀，土沃泉甘，其气如春，四时咸宜"之称。

汉高祖五年（前202），刘邦遣大将灌婴平定江南（含豫章郡）。次年，始置宜春县，属豫章郡。此后，随政权更迭，宜春隶属、名称及辖地也多有变化。西晋太康元年（280），改宜春县为宜阳县。隋开皇十一年（591），于宜阳县置袁州。开皇十八年，复名"宜春"。明清时，宜春县属袁州府，同城而治。1979年，划宜春县城区始设宜春市（县级市）。1985年，宜春县并入宜春市。2000年，改宜春为地级市。

宜春筑城，始于汉高祖六年（前201），"袁之有城，成始诸此"（据明正德刻本《袁州府志》卷三）。初为土城，以宜春太山丘为依托，位置在宜春台之北、秀江以南。唐武德四年（621）九月，安抚使李大亮建造郡城，城周

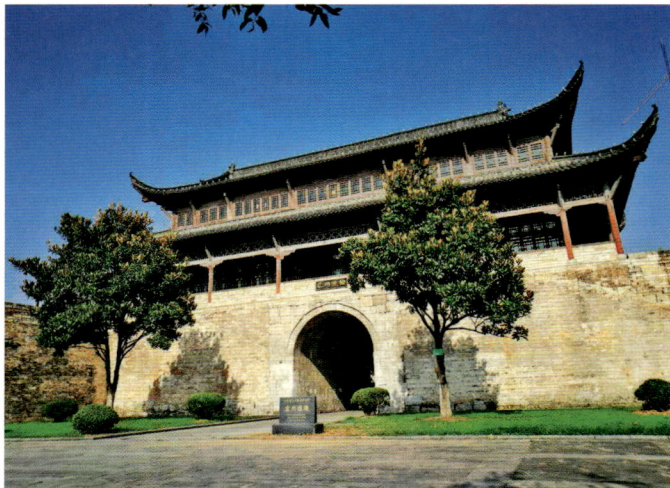

484步、高2丈，城外甓内土，始建砖城（据康熙九年《袁州府志》卷三）。城上建有"白露屋"，均覆以瓦，便于守卒之用。城的东、南、西三面开凿护城河，河宽7丈，北面以秀江为护城河。长寿二年（693），袁州刺史魏元表迁州治出城东北200步。开元八年（720），刺史房琯（正德刻本《袁州府志》误作"揭镇"）对低矮潮湿的城基心存顾虑，欲迁郡治于秀江北岸、袁山之南，建筑城垒。廉使"虑其勤民"，认为不妥。房琯于是拓展旧城，向南200余步。乾宁二年（895），刺史揭镇筑罗城1500余丈，又增筑外城，疏浚护城河。天祐年间（904~907），刺史彭彦章拓城东南面与旧城相通，城上建房1272间，疏浚护城河。杨吴乾贞二年（928），刺史顿金于罗城诸城门外增置铺栅，以加强防御。不久，又修缮城池。南唐保大元年（943），袁州刺史刘仁瞻修东南面子城，皆用砖石。

据北宋大中祥符四年（1011）修编的《袁州图经》记载："城周围七里二十步，高三丈八尺。子城周围一里一百二十步，高三丈七尺。北枕秀江，三面濠深四丈。"南宋建炎二年（1128），袁州知州汪希旦、治中间丘霖主持大规模修筑州城，城基周3315步、高2丈，垛口（文献记载为"女墙"）3500座，敌楼、战栅50座，总计卒房650间。此后至元末，历任地方官吏对城池均有大小规模不等的修缮。

明洪武四年（1371），知府刘伯起主持大规模增修袁州府城，不仅修缮垛口、疏浚护城河，还新建城门楼4座，城门新建外瓮城，上建"串房"和箭楼。天顺七年（1463），因暴发洪水，毁城数段。知府刘懋、指挥石旻、邵琦等修葺如故。弘治六年（1493），知府王俊修缮毁坏的南门。正德年间（1506~1521），袁州大规模修城就有三次。其中，正德九年，袁州城4座城门楼均坏，知府徐琏主持重修时，不仅修缮城楼，还修"城上串楼一千七百余间，各置栅栏、垛口四千余个。各置板楀，防范周密，人不能越"（正德刻本《袁州府志》卷三）。据正德版《袁州府志》载，当时袁州府的门名为：东曰"宜阳"（旧名"宜春"，又名"安仁"，通分宜县），西曰"萍实"（通萍乡县），南曰"大仰"（旧名"神安"，通仰山古庙），北曰"袁山"（旧名"秀江"，通万载县）。嘉靖年间（1522～1566），知府范钦、刘延诰、袁袭裳认为城墙上的串楼太多，日常维修费用不少，也非传统的城制。经上报后遂全部拆除串楼，改以城砖砌筑的马道，用石灰34.74万余斤、大砖28.3万余块、小砖44.8万余块。竣工后，编修张春撰有记，详述其事。至万历（1573～1620）时，城墙多有损毁，地方官吏也能及时修缮。如：知府郑惇典曾大规模修城，还增高垛口，重建了城楼；万历四十七年（1619），知府黄鸣乔修葺北门外瓮城及水门，并修葺河岸，"造城垣圈门等屋"。崇祯年间（1628～1644），袁州城池虽有修葺，但遭数次战火的蹂躏，城墙及附属建筑损毁严重。

入清以后，袁州城墙不仅屡经战乱，还常遭洪水侵蚀，导致城墙多有损毁。据不完全统计，仅康熙年间（1662～1722）就发生了六次：康熙三年四月十七日夜，北门段城墙因久雨坍塌38丈；康熙二十二年正月十五日，北城濒江一带因暴雨河涨，倒塌城墙28丈；康熙二十三年六月初八，也因久雨潭水暴涨，倒塌城墙4.6丈；康熙三十四年九月三十日夜，大风雹损毁四门外罗城城楼；康熙四十一年三月初六，城垣四门共倒塌城垛口61座；康熙四十四年，同样因雨水倒塌城墙10余丈。上述因自然灾害损坏袁州城墙，一直延续到清末。在总督及袁州府、县两级历任地方官吏的重视下，袁州城墙基本得到及时修缮，并有增筑之项。如：乾隆四十九年（1784），因秀江桥塌，而造浮桥，另辟小北门，名曰"锦春门"，未建城楼。道光十七年（1837），知府熊象阶以城垣岁久失修，北城沿河崩塌尤甚，檄行所属四县共同修缮。宜春县独修北城，加筑城外河堤，逾年告竣。

1912年以后，宜春城墙除因自然损毁外，主要是人为拆毁。1939年，侵华日军空袭宜春，造成人员伤亡。为方便城内军民防空及时疏散，地方政府奉命在居民集中的附近城墙上拆开豁口，导致城墙多处破损。1949年以后，又因城市建设需要，拆除了大部分宜春城墙及附属建筑。

20世纪80年代，在宜春市北城沿河处，尚存一段300米长的城垣，北门城楼及小北门基本保存完好。据吴静男在《闲话宜春城墙》（载《宜春日报》2011年4月14日）披露：1994年底，因实施高士路拓宽改造工程，此段城墙及北门城楼、小北门全部被拆除。另据2010年8月27日《江西日报》报道：宜春市普惠大楼片区在拆迁过程中意外发现了一段压在建筑物下面的明代古城墙。经宜春市文物部门专家现场踏勘、鉴定，这段残存的古城墙为明代城墙，城墙长55米、高4米、宽3米，保存相对完好。报道称，这是宜春迄今为止发现的仅存的一段明代古城墙，是宜春古代城防的记忆和见证。

附：

保安门　　位于宜春市城南32公里新坊采育林场的涧富村西南1500米的山坳处，为通往安福南陲的重要关隘。保安门坐西北朝东南，巨型花岗石券拱结构，门上原盖有重檐谯楼，两侧为城墙，上为排列工整的雉堞。门长27.3米、高5米、深4.68米，正墙上嵌长方形青石，阴刻楷书"保安门"。1984年，保安门被列为县级文物保护单位。2003年，被列为市级文物保护单位。

杨国庆

袁州府城池：唐武德四年，安抚使李大亮建筑。开元八年，刺史房琯展故城，直南二百余步。乾宁二年，刺史揭镇筑罗城一千五百余丈。其后，司空彭彦章展东南面，城北枕秀江。东、西、南三面浚濠，深四丈。宋建炎初，知州事汪希旦、治中间丘霖革旧城一新之，周三千三百一十五步，高二丈。明洪武四年，知府刘伯起增修城濠。又，知府刘懋、指挥石旻等追加修葺。康熙三年，总督张朝璘、巡抚董卫国等各议修缮，城四门：东曰宜阳，西曰萍实，南曰大仰，北曰袁山。宜春县附郭。

——清《考工典》第二十一卷，引自《古今图书集成》

◁ 宜春护城河秀江

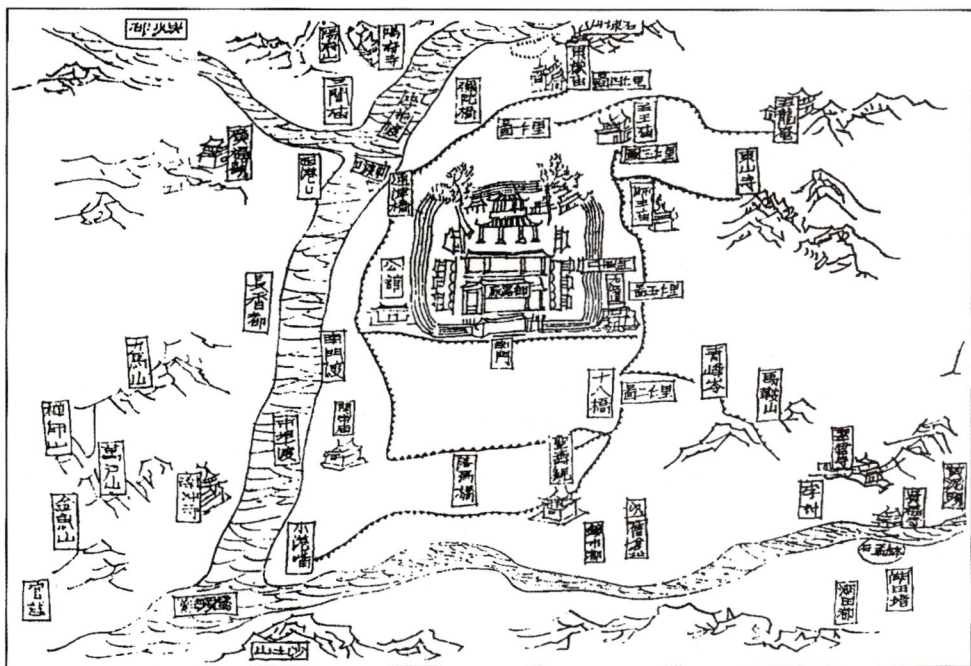

△ 浮梁县城图 引自张驭寰《中国古代县城规划图详解》（科学出版社，
2007年）

浮梁，位于江西省北部昌江东河下游，县城距景德镇市中心城区8公里。
景德镇历史上一直隶属于浮梁县管辖，唐代诗人白居易曾叹"商人重利轻别
离，前月浮梁买茶去"，即指此地。

浮梁，在历史上曾两撤两立，三易县名，五迁县治。唐武德四年（621），
从鄱阳县东界析出，置新平县，为浮梁设县之始。开元四年（716），在原新
平县范围内置新昌县。天宝元年（742），新昌县更名为浮梁县。元和十一年
（816），因水患，县治迁往昌江之西的高地，即今日的浮梁镇旧城村。此
后，随政权更迭，其隶属及建置多有变化。1960年，撤销浮梁县，由景德镇市
直辖。1988年，重置浮梁县，县政府设于浮梁镇。

浮梁筑城始于唐（618~907）初，因设县治而筑城。元和十一年（816），
迁县治于今日的浮梁镇旧城村，初无城（道光三年《浮梁县志》卷四）。元至

△ 新建的"浮梁城"城门 本文照片均由王柏夫摄

正十九年（1359），在于光主持下始筑土城，次年竣工。城周777.5丈（与《考工典》和康熙二十二年《饶州府志》所载均不一）、高1.6丈，设东、西、南、北、小南共计五门。护城河宽与深各为1.5丈。明洪武年间（1368～1398），曾设饶州府守御千户所巡守此城，后撤军守（同治《饶州府志》称洪武"己丑，罢"。查洪武无此年，恐为"乙丑"即洪武十八年之误），土城遂逐渐垮塌。

明永乐年间（1403～1424），曾大规模修筑城墙，并改用砖石砌筑，保留了东、西、南三门。正德十三年（1518），知县刘守愚主持修城时，增筑小南（有的记载"水南"）、拱极二门。嘉靖十九年（1540），浮梁遭遇水灾，城墙有多处损坏。灾后，知县汪宗伊主持修城，并重建五门并取新名：东曰"和风"，南曰"晏城"，西曰"遂北"，北曰"静定"，小（有的称"水"）南门曰"戊巳"。嘉靖二十四年，知县阮屺采纳风水先生的建议："水南门位在戊巳，门顺震水。堪舆家谓：土牛奔，居民颇不利。乃塞小南门"（康熙二十二年《饶州府志》卷五）。嘉靖三十七年，城墙数段再次坍塌，知县萧奇勋主持修城，增筑小东门、小北门和新南门。竣工后，训导霍文玉撰有《新南门捐地碑记》，详述其事。万历三十年（1602），浮梁遭遇洪水，冲垮城墙200余丈。知县周起元主持修葺，并改东门名为"敷和"，改南门名为"任兴"。崇祯五年（1632）时，"水南门尚塞"（1960年《浮梁县志》卷二）。

　　入清以后，浮梁城墙虽时有损毁，但历任地方官吏重视城池的及时修缮，并采取了多种捐资修城的形式。顺治十六年（1659），署县事刘日永置守城垛夫100人，每人工食银7.2两（后废除）。康熙三年（1664），知县萧蕴枢主持大规模修城，增高城墙4尺，修垛口660座。康熙七十年四月，久雨导致戊巳门倒塌。知县王临元及时修葺如故。雍正六年（1728），知县沈嘉征捐俸修城。此后，地方官吏捐俸、捐廉银集资修城不断。嘉庆八年（1803），知县彭淑查勘浮梁城墙，竟发现"残破坍塌之所，通计十去八九"。修城耗资甚巨，彭淑遂带头捐资500两，并撰《劝谕士民修城文》，发动民众共同修城。至嘉靖十二年，在继任知县湛祖贵努力下，大规

▽ 新建的"浮梁城"正门及广场

模修城告竣，共耗费工料银27989.48两。城周长如旧，城墙下部为石，上部为砖。改八门名为：东曰"大东门"，南曰"大南门"，西曰"大西门"，北曰"大北门"，新南门曰"文明门"，小东门改为"时雍门"，小北门改为"康阜门"，新开"兴贤门"（即古通济门），而戊巳门（南门）此时已闭塞。道光二十三年（1843），知县岳桂带头捐修城墙。咸丰三年（1853）后，因太平军与清军有多次城池攻防战，城墙受损严重。同治二年（1863），清军王德榜主持修缮局部城垣，并改大东门为"永安门"、大南门为"清吉门"、大西门为"定安门"、大北门为"来凤门"。同治十年，知县李嘉瑞亲自率乡绅和乡民，再次修复毁损地段的城墙。

1912年以后，浮梁城墙的垛口坍塌，逐渐毁圮。据《景德镇市志略》介绍，抗日战争中期，国民党政府拆除了部分城墙，用木船把石头运往长江的马当口，沉入水底，以封锁航道。1949年以后，浮梁城墙被多次拆城取石，有的被当做了公共设施建筑材料，有的被乡民拆掘盖房。"文革"中，则以移民就土为由，将村民迁到河东，城墙基本被拆尽，仅存的六米古城墙和东门半座古城门。

20世纪80年代以后，出于城市旅游需要，在南门的基础上新建了一座城门，取名"浮梁城"，但已完全不是古迹了。

杨国庆

浮梁县城池：元至正庚子筑，周七百二十四丈，高一丈六尺。濠深、广各一丈五尺。明永乐中，甃以砖石。后知县刘守愚、汪宗伊、萧奇勋、周起元、萧蕴枢相继修葺。

——清《考工典》第二十一卷，引自《古今图书集成》

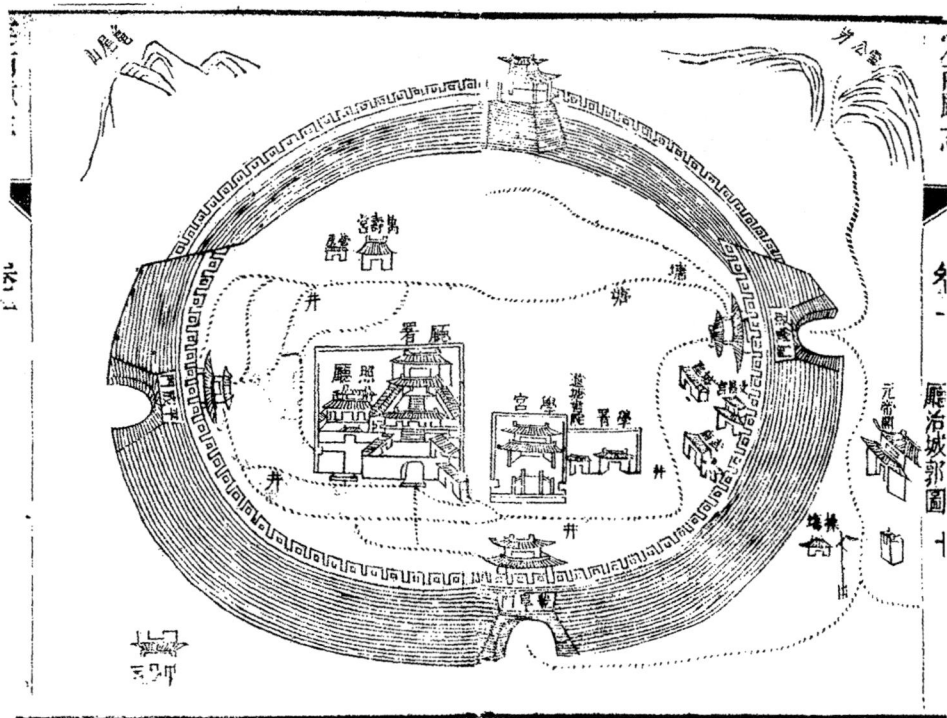

△ 定南厅治城郭图　引自《定南厅志》清道光五年版

　　定南，位于江西省最南端之一，自古是赣、粤两省交通的咽喉要地，素有"江西南大门"之称。

　　定南建县较晚，明隆庆三年（1569），析龙南、信丰、安远等地始建定南县，属赣州府，县治在莲塘镇。清乾隆三十八年（1773），裁县改厅，将赣州府同知移驻定南，为赣州分防府定南厅。1913年，定南改厅复县，县府由莲塘（其建置后被改称"老城镇"）迁至下历司（今历市镇），沿袭至今。1998年后，定南县隶属赣州市。

　　定南筑城，始于明隆庆三年（1569）的建县之后，在赣州府的支持和邻县（如安远县、龙南县、信丰县等）协助下得以建成。当时，赣州府知府黄扆根据都御史张翀提出筑造定南城池的要求，会同邻县地方官吏在莲塘镇"相度筑城凿池"。在主簿陈宗皋、巡检王承恩督修下竣工，该城周长440丈、高1.3

△ 定南莲塘古城址及迎阳门　定南博物馆提供

丈、宽7尺。建垛口780座、警铺16座。建城门3座：东曰"迎阳"，西曰"平成"，南曰"丰阜"，城门上各建城楼。唯北城面山，难以开门，遂加砌一台并建楼，取名"北楼"。万历五年（1577），都御史江一麟认为定南经常发生恶性疟疾等疾病，不利官民，打算迁移县治于下历砂头。后经地方官吏实地查勘后，发现与"莲城不相上下，仍旧为宜"。经讨论后，还是将定南城池拓宽了120丈，加高了3尺，并增添垛口54座、警铺1座。万历九年春（《考工典》记为"万历元年"），由于连续春雨导致城墙多处垮塌。城墙破损地段的修缮工程由知县刘世懋主持、典史李学敏负责督工，还"以旧城脚地，易田扩城"，新开挖的护城河宽6尺、长120丈。万历十九年，知县施培"宽城南门"。崇祯十五年（1642），知县邝贤正"折（拆）巽塔砖，加增城垛"（乾隆四十七年《赣州府志》卷十一）。

　　入清以后，定南城墙多次遭遇战火及大水的毁损。定南县的地方官吏出于城防需要，屡加修葺。顺治五年（1648），城楼、垛口毁于战火。顺治十四年，在知县祝天寿主持下，由典史袁耀督工复建了西、北城楼，修葺警铺20间。康熙十五年（1676），定南城楼再次遭遇战火，被焚"悉尽"。康熙二十年，知县林诜孕捐俸以资修城之费，重建城门东、西、南3座城楼，修建垛口130座。康熙三十六年，城墙再次出现局部坍塌。知县吴迻立捐修。嘉庆

（1796～1820）初年，定南城池由于年久失修，出现多处损毁。同知毕廷斌带头捐俸，并号召官吏、乡绅及民众捐款修城。道光十六年（1836）夏，连续几十天的暴雨，导致东南段的城墙坍塌达10余丈，其余地段的城墙及垛口也出现残缺欲倾。道光二十八年，同知李世琦发动民众"捐输，鼎新修筑"，修后的城墙高于旧城1尺多，在修建东、西、南门城楼时，加高楼台3尺，加宽1倍。城楼中为楼厅，两旁附建耳房。改北楼名为"迎龙阁"。咸丰四年（1854），因受太平军反清运动的影响，同知黄荣庚捐俸修城，每座垛口加高2.6尺，并在垛口内用城砖增筑台阶，"以便守陴军士登瞰敌形"。此后，定南城墙多次蒙受战火，损毁严重。咸丰八年，在同知邱文光、都司伊凌阿主持下，由巡检孙云锦监修，增筑垛口37座，每座垛口增高约1尺。城的东南段"展宽二十一丈"，修建西、南城楼时，台基加高2尺。全城修建炮台4座。

1927年，定南县治迁出城后，由于避免了大量现代建筑的"侵扰"，使莲塘古城相对完整地保存了下来。但是，由于年久失修，昔日定南城墙已多处损毁，"文革"中甚至大部分被拆除。

20世纪80年代以后，当地政府利用遗存的部分老城墙，逐步进行了环境整治和修缮。1983年，莲塘古城址被列为县级文物保护单位。

杨国庆

定南县城池：明隆庆三年，知府黄宸开基筑城，周四百四十丈，崇一丈二尺，广七尺。万历元年，知县刘世懋重修，浚濠，阔六尺，长一百二十丈。

——清《考工典》第二十一卷，引自《古今图书集成》

附　录

附录1

名词解释[1]

A

暗沟排水：指城墙顶面排水方法之一，主要设置于包山墙的城墙。

B

包山墙：山体外侧用砖或条石包砌，城顶内侧或砌矮墙，或仅存护土坡与山体相连。

笔架垛：笔架，古代中国读书人搁笔的文具。因城墙垛口形似笔架，故名笔架垛。

边城：1.指靠近国界的城市。2.指靠近两个地区交界处的城镇。

边墙：是古代长城的另一种称呼，泛指长城。

边垣：同"边墙"。

边堠：古代设置于边地以探望敌情的土堡。

---

[1] 明洪武年间，朱元璋因营建南京都城需采办巨量城砖，曾向长江中下游水系涉及的府州县征派烧制城砖劳役，为确保城砖质量，城砖大多物勒工名。由于面广量大，且多不为当地文献所载，今人对当地残留城砖的砖文极易产生误读现象。故特将部分砖文名词采录于此，以供世人辨识。

边墩：同"边堠"。

边壕：长城外侧开挖的壕沟，起到阻隔作用。

步道：只可步行不能通车的登城小路。

C

残垣：损毁的墙体。

城：1. 一般指围绕都市四周的墙垣。2. 都市。

城阿：指城墙拐角的地方。

城堡：1. 像堡垒的小城。2. 特指西方中世纪封建领主的宅第或小城。今多泛指堡垒式的小城。

城保：同"城堡"。

城壁："城墙"的别称。

城边：临近城墙的地方。

城柴：即城寨。1. 防守用的围墙或栅栏。2. 旧时对"城池"、"城镇"的别称。

城池："城"为城墙，"池"为护城河。亦泛指城邑。

城堞：1. 指城墙向上突出的部分，指城墙上的垛子。2. 城上的矮墙。

城垛：亦称"城垛口"，"城堞"的俗称。

城防：指城市的防卫体系。

城郛：古代城圈外围的大城，又称"城郭"。

城干（城幹）：筑城时埋置土中的坚木支柱。

城根：城下，沿城墙一带。

城沟：同"城壕"。

城郭：1. 同"城郛"，指外城的墙。2. 泛指古代的城市。

城关：1. "城门"的别称。2. 城郭之间的地方。

城观：同"城阙"。

城闬："城门"的旧称，亦代指城内。

城壕：1. 同"护城河"。2. 专指沟内无水的壕沟。

城河："护城河"的简称。

城阓：旧时"城门"的别称。

城隍：1. 城墙和护城河。2. 泛指城池。3. 道教中专指守护城池的神。

城尖：同"城阿"。

城角：同"城阿"。

城脚：同"城根"。

城聚："城邑"的俗称。

城阓：同"城阙"。

城闉：闉，门坎。1.专指城门。2.泛指城市。

城垒：城池营垒，或附属城池的营垒。

城楼：俗称"城门楼"，建筑在城门上供瞭望的楼，既可用于战时防御，也能增加城池的气势。

城橹：1.专指城楼。2.城上望楼。

城门：在城墙上开设的出入口，并建有启闭功能的门，就是城门。

城门楼："城楼"的俗称。

城堄：亦作"城埤"。1.城上的矮墙。亦称"女墙"；俗称"城垛子"。2.泛指城郭。

城铺：1.指城上各自防守的地段。2.专指建筑在城墙上用于日常防御士卒休息或存放兵器的小屋。

城堑：1.专指护城河。2."城池"的泛称。

城墙：为防卫需要而建筑在一定范围并设有军事防御功能的墙体。

城墙岭：地名。因为山岭上有城墙，故当地百姓称之为"城墙岭"。

城谯：1.古代城门上建的楼。2."城上楼阁"的泛称。

城曲：同"城阿"。

城圈：1.城墙。2.旧时指城的面积。

城阙：1.城门两边的望楼。2.专指都城、京城。3."宫阙"（帝王住所）的别称。

城市：人口集中、工商业发达、居民以非农业人口为主的地区，通常是周围地区的政治、经济、文化中心。城市按设置规模的大小、经济繁荣程度及城市设施等不同情况，一般分为特大城市、大城市、中等城市、小城市等类型。

城守：城池的守备。

城戍：同"城堡"。

城署：同"城邑"。

城寺：旧时"官舍"的别称。

城台：1.城墙高出顶面的平台，在平台上再加建城楼。2.泛指城墙。

城头：1."城门上"的别称。2.指城墙顶部。

城湍："护城河"的别称。

城围：即专指城墙。

城隈：1.城角。2.城内偏僻处。

城卫：同"城防"。

城坞：旧时作为屏障的小型城堡。

城险：指城池险要处的防御设施。

城厢：靠近城门的地区，亦泛指城市。

城洫：指城下的护城河。

城邑：旧时对"城镇"的泛称。

城阇：1.专指瓮城的城门。2.泛指城的数重城门。3.亦泛指城郭。

城埔："城墙"的别称。

城隅：1.城墙角上作为屏障的女墙。2.城墙的一角，多指城墙偏僻处。

城阈：阈，1.指门坎；2.指界限。故"城阈"，1.指城门；2.泛指城郭。

城垣：城池的高墙，即"城墙"的旧称。

城栅：围墙和栅栏，旧时泛指城池防御设施。

城寨：同"城柴"。

城砦：同"城柴"。

城治：地方官署所在地。

城雉：1.城上短墙。2.亦泛指城墙。

城陬：同"城角"。

城阻：城池险要之地。

巢车：在一种底框安有八轮的车上，树立一根长竿，竿上悬有板屋可向外窥视，车可进退，环城而行。因竿上吊悬的板屋如鸟之巢，故名。

串楼：又称"串屋"，在城墙顶面沿城建造的廊式建筑，用于士卒巡视、遮蔽风雨之用，因建筑串连为一体而得名。

床弩：中国古代一种威力较大的弩。

冲车：又称"临冲"、"对楼"，是一种被装甲起来可移动的攻城小楼。

D

佃户：亦称"钦拨佃户"。佃户本为自行招募，故又称"募人"，本无田产的贫户。

典吏：又称"书吏"或直隶州，散州知州的属官，掌管文移的出纳。

典司：意思是某项事务的主持人，是府一级编制中的低级官员。

典史：知县的属官，协助知县处理刑狱。当县丞、主簿不在时，则由典史兼理其事务。

镝楼：又称"箭楼"。1. 镝：箭头，亦指箭，专指城墙上用于射箭的城楼，其表面设置很多密集的窗洞，以便瞭望和射箭。如北京前门箭楼、德胜门箭楼。2. 也称"敌楼"，是位于古代城墙上端，用来加强防御能力的高台、城楼等建筑。

敌楼：同"镝楼·2"。

地听：是中国古代守城器械之一。在城墙内侧掘地如井，用蒙有薄牛皮的陶瓮覆于井口，让听觉灵敏的士兵耳贴牛皮上倾听，以提前发现城外掘地道攻城之敌的方向和距离。

地涩：在一块木板上密钉许多刺钉的障碍器材，一般置于攻城敌骑必经路上，以扎刺战马之足。

吊桥：平时作为城内外通过护城河的通道，战时可以悬空吊起或将其撤去，使攻城之敌难以通过护城河。

堞楼：同"城楼"。

垛墙：城墙顶面向外一侧墙体。

垛口：1. 同"城垛·1"。2. 垛口是两个垛子间的缺口，便于远望和射箭。

都城：1. 国都。2. 国都所在地包括的所有城城墙，如明南京城的宫城、皇城、京城和外郭。

堆筑：古代筑城的一种方法，即用土堆积而成，不施打夯。

F

幡杆颊：又称"旗杆石"。在城墙上用于旗杆的固定和升降，一般位于城门附近或重要地段。

烽堠：亦作"烽候"。1. 同"烽火台"。2. 指战火。

烽火台：俗称"烟墩"、"墩台"。古时用于点燃烟火传递重要消息的高台，系古代重要军事防御设施，是为防止敌人入侵而建的，遇有敌情发生，则白天施烟，夜间点火，台台相连，传递消息。

烽燧：1. 古代边防报警的信号，白天放烟称"烽"，夜间举火称"燧"。2. 同"烽火台"。3. 亦指战乱。

府丞：府丞，又称"府承"，有辅佐之意，是府一级职官中的低级辅佐官。

复合型瓮城：主城门内、外的附属建筑，用于增强城门的防御能力。如明代南京城正阳门设此建筑（已毁）。

府吏：府级司吏，以示与县级司吏的区别。

G

更房：1. 城墙顶面靠近女墙设置的建筑，用于守军士兵休息及屯放军用物资。2. 报更用房。

更楼：旧时专为报更用的建筑物，里面设置报更用的鼓。

更铺：1. 明代治安体系中的一种基层建置。2. 同"更房"。

宫城：围绕帝王或侯国宫室院落筑造的城墙。

拱券：拱形建筑物上成弧形的部分。明以后的城门，普遍采用拱券式结构。

鼓楼：旧时城市设置大鼓的楼。用以击鼓报警，或按时敲鼓报告时辰。

臌胀：城墙病害之一，专指墙体向外凸显。

关城：关塞上的城堡。

郭：专指城市城墙最外一道城墙。

过梁：建筑物的横梁。宋以前的城门，普遍采用过梁式结构，俗称"方门"。

滚木雷石：中国古代守城的一种器械。

H

海墁：指用同一种材料铺墁成一平整表面的做法。明清以后，为一般城池顶部所采用，便于排水。

涵洞：城墙设置的可以通水但不可调控水量的重要设施。

涵闸：城墙设置的可调控城内外水量的重要设施。

夯层：夯土时每次加土时的厚度。

夯窝：夯锤在打夯土层时留在每一层夯层表面留下的凹坑。

夯筑：古代筑城的一种方法。用打夯的手段加工修筑土墙，使其更坚固。

濠：1. 同"城壕"。2. 沟。

濠桥：濠桥的长短以濠为准，桥下前面有两个大轮，后面是两个小轮，推进入壕，轮陷则桥平可渡。如果壕阔，则用折叠式壕桥，就是把两个壕桥接起来，中间有转轴，用法相同。

壕榨：挖掘壕堑后于外侧培筑的土垣。

皇城：1. 以宫城为核心建造的城墙。2. 京城的内城。

灰浆：筑城中使用的黏合材料，使砖、石建材相互间黏合。

J

箭楼：同"镝楼"。

礓䃰：1. 在登城通道上面将砖石打侧砌筑，以其棱角所砌成的斜道以防滑，便于人、马、车通行。2. 小台阶儿。

监工：又称"监造官"，在烧制城砖过程中，负责监督烧制城砖质量的具体管理官员。

检校：知府的属官，是检查、校核公事文牍的低级官员。

角楼：建在城角的防御性建筑，一般平面为曲尺形，以配合城角的形状。

角台：城墙拐角处的方墩。

甲首：即甲长。甲首既是明城砖烧制中的农村基层组织管理者，也是造砖人夫。在甲首名下，辖若干小甲。

京城：1. 以皇城为核心并包括一定"市"的范围建造的城墙。2. 帝王居住的城市。

经历：知州的属官，又称"府经历"，主管官署中的总务工作，收发上级下级的公事文牍，随时接受知府交办的各项临时性事务，正八品。

警铺：同"窝铺"、"更铺"。

警舍：同"窝铺"、"更铺"。

拒马：是一种可移动的木制障碍物，一般设在城门、巷口和要道。

郡城：郡治的城垣。

浚池：池，泛指护城河。浚池，即疏浚护城河。

均工夫：明洪武二年（1369），朝廷因建造大明都城南京实行计田出夫的征役制，故又称"均土"。该徭役规定，每户有田1顷出丁夫1人，每年在农闲时到京城服劳役30天，期满回家。田不足1顷的户，由几户凑足出丁；田多丁少者由田主出米1石派佃户充夫，非佃户充夫者由田主按亩出米2.5升给予补助。此制仅施行于部分地区，后为里甲制所代替。

L

懒龙爪：中国古代一种攻城器械。

栏楯：栏杆。纵为"栏"，横曰"楯"，一般设于城楼上。

狼牙拍：中国古代一种守城器械。

勒脚：建筑物外墙的墙脚，即建筑物的外墙与地面或散水部分接触墙体部位的加厚部分。

雷石孔：雷石是古代守城的武器之一。雷石孔，同"垛口"。

冷铺：古时供往来传递文书的驿卒或地方兵役歇宿的地方，因大多设在冷僻之处，故称。

粮户：又称"田户"，是指有一定田产并需承担赋役和缴纳粮食的中小农户。

粮长：明朝征解田粮的基层半官职人员。洪武四年（1371）始设于今天的江苏、安徽、浙江地区，其后又推广到湖广、江西、福建等地区。凡纳粮1万石或数千石的地方划为1区，由官府指派大户充当粮长，督征和解运该区的田粮。

连弩：又称"诸葛弩"，相传为三国时诸葛亮所制。是在弓的基础上发展而来，可以一次发射或连续发射数支箭。

吏目：知州的属官，定员一人。掌出纳文书，或分领州事，从七品。

令史：府署中负责办理文书的普通官吏。

里长：是明洪武十四年（1381）之前实行的行政基层组织者。其性质不同于职役的"总甲"和"甲首"，是洪武十四年推行"里甲制"中里长的雏形。洪武十四年的"里甲制"规定，以110户为1里，从中推选出田多丁多的10户轮流充当里长，其余100户分10甲，每甲10户，分别轮流充当甲首。

楼橹：同"城橹"。

露屋：又称"白露屋"，以江竹或榆柳条编如穹庐状，外涂石灰，有门有小窗，中容一人，以便守望。

罗城：即"外郭"。

鹿角木：又称"鹿砦"，选择坚硬木料制成的，上多杈叉尖刺，形同鹿角，长数尺，埋入地中一尺多，专刺敌军战马之足。

M

马道：建筑在城墙内侧的坡道，用作运输物料、武器到城墙顶。

马面：一种凸出于城墙平面的墩台，可以从三面观察和防御攻城者。因其远看形似马的脸，故称"马面"。

毛石：没有经过修整成规矩形状的石块，保持天然或开采时的原貌。

明沟排水：城墙顶面汇集雨水的小沟。

木栅墙：类似于篱笆，用木材修筑成栅栏。

N

内城：一般相对于"外郭"而言，是外郭内的城墙。

内瓮城：主城门内的附属建筑，用于增强城门的防御能力。如明代南京城部分城门设此建筑。

牛马墙：古代一种城防工事，设在城外，有大小铳眼，敌来则击以铳或炮。遇紧急情况不敢开城门时，避难的人、牛、马之类，皆可暂于墙内收避。

女墙：1.城墙顶部向城内一侧的小墙。2.泛指矮墙。

弩台：供弩箭发射的城台。

P

判官：是地方长官的僚属，佐理政事。明代仅州一级行政建置设有判官，故又称"州判"，从七品。

炮台：1.一种旧式的固定的火炮发射阵地。2.在城墙上为放置火炮而建筑的炮位或平台。

膨裂：城墙年久失修，墙体局部向外凸显的裂隙。

陴：1.城墙上的矮墙。2.泛指垛口。

陴坞：同"城坞"。

坯匠：1.专门制作砖模和雕刻砖模砖文的工匠。2.专门制作砖坯的工匠。

平夯：筑城工艺之一。夯锤表面平整，夯过之后没有留下夯窝，而是整齐的平面。

平顶城：又称"平头城"，指城墙上不另建造"串楼"等遮蔽物，城顶基本暴露在外。

铺舍：又称"铺屋"，同"窝铺"。

Q

旗杆石：同"幡杆颊"。

谯楼：古代城门上建的楼，可以瞭望。

权官："权"表示暂时兼代。权官是与正职官有区别但有同样权力的官员，故加上"权"字加以识别。当正职官暂时不能充任时，则由权官顶替。

S

散水：在建筑周围铺的用以防止雨水渗入的保护层，如在城墙顶面常用此法。

山险：因山势险峻，即使不修筑城墙，敌人也无法逾越，这种因山势险要而形成的天然屏障，称之为"山险"。

山险墙：与山险类似，是经过人为加工修整后的山险（原来的自然地貌敌人是可以通过的，但是经过简单的修整之后，敌人无法通过）。

梢墙：城门的防御设施之一，外观与城墙类似，修建于城门一侧或两侧，加强城门防御力量。

省城：古代省治所在地"城池"的简称。

石头城：1.用石头砌筑的城墙，又称"石城"。2.专用地名词。

收分：又称"收溜"，砌筑城墙的一种方法。墙体剖面下宽上窄，使其稳固。

戍城：同"边城"。

戍楼：边防驻军的瞭望楼。

水宝：城墙水关涵闸设施重要构件，以铜、铁铸造，用于水关涵闸启闭控制水量。

水关：城墙设置的可调控城内外水量的重要设施。大型水关，不仅可调控水量，还可通船。

司吏：简称"吏"，府（县）署中负责办理文书的普通官吏。

所：明代军队的编制名，又称"千户所"，一般辖10个百户所，兵员约1120人。

所城：明代"所"的驻军所在地修建的城池。

索桥：又称"悬桥"、"悬索桥"等。在城门台基上设置立柱和绞绳的转柱，然后在横跨河面的绳索上安装木板。

T

台基：建筑物的底座。四面以砖石砌成，内多填土，地面铺以砖石。

提调官：提调官是非职官常设机构称谓，是朝廷根据工役需要临时设置，并由相应职官负责其事，当工役项目结束后归籍。洪武年间的提调官，原则上从外地调用，称之为"南官北调"。明洪武年间的这种工役职官用人管理制度，在一定程度上防范了因裙带关系而产生的贪污腐败。

铁蒺藜：又称"扎马钉"，因其外形与蒺藜相似而得名。它有四个尖锐的刺锋，无论如何放置，总有一个刺锋向上。一般撒布在攻城必经通道或护城河里。

铜宝：同"水宝"，以铜铸造，用于水关涵闸启闭的关键部位。

铜漏：古代一种计时器。

通判：知府的属官，分掌粮运及农田水利事务，正六品。

同知：在明代是知府或知州的佐官，无定员。主要分掌督粮、捕盗、海防、江防、水利等各项事务，分驻指定的地点，正五品。散州的同知为从六品。

投石车：古代利用杠杆原理抛射石弹的大型人力远射兵器。

土城：用土修建的城墙。

土牛：远看似牛的，堆在堤坝上准备抢修用的土堆。修护城墙时，用于垛口。

土司城：土司，即元、明、清时期于西北、西南少数民族地区设置的，由当地民族首领充任并世袭的官职，土司居所地修筑的城墙。

吐水槽：同"悬溜·2"。

退水口：即泄洪涵闸。

团楼：同"角楼"。

W

外郭：同"郭"。

外瓮城：又称"月城"等，主城门外的附属建筑，用于增强城门的防御能力。

王城：1. 同"都城"。2. 亲王居住之城，级别低于都城。3. 地名。

望楼：1. 古时用作古代战争中观敌瞭哨。2. "城楼"的一种别称。

卫：明代军队编制名。大致以5600人为1卫，由都司率领，隶属于五军都督府。一般驻地在某地即称某卫，如威海卫、金山卫等，有的相沿成为地名。

卫城：1. 明代"卫"的驻军所在地修建的城池。2. 城市或地区由筑垒或加固而成作为避难地方的高地。

委提调官：职责与相应的府、县各级提调官相同。"委"字表示受当地府或县之托受任，属临时性质。

瓮城：又称"月城"、"阛阇"等，是主城门的附属建筑，平面形状不一，用于增强城门的防御能力。根据瓮城位于主城门的内、外之区别，遂有内瓮城与外瓮城两种形制。

瓮门：专指瓮城的城门。

瓮听：同"地听"。

窝铺：同"更铺"。

X

县丞：知县的佐官，协助知县管理县政，主管文书和仓狱，正八品。

小甲：又称"小甲首"。小甲既是明城砖烧制中的农村基层组织管理者，也是造砖人夫。在甲首名下，辖若干造砖人夫。从南京城墙砖文可知，一名小甲至少辖有九名造砖人夫。

悬溜：1. 倾泻的小股水流。2. 专指城墙上设置的排水槽。

汛堡：小型的哨兵站（或称"哨所"），用于发现和传递军情。

Y

烟墩：同"烽火台"。

阳城：同"平顶城"。

羊马城：古时为防守御敌而在城外筑的类似城圈的工事。

羊马墙：同"羊马城"。

窑匠：又称"造砖窑匠"、"作匠"、"民匠"、"匠人"、"造城砖工匠"，是烧制城砖的工匠。

窑匠牌头：又称"窑匠作头"、"作头"、"窑匠甲首"，是窑场生产的组织者、管理者和生产者。

夜不收：明代辽东边防守军中的"哨探"或"间谍"的特有称谓。

硬楼：1. 同"城楼"。2. 在城墙马面上建造的楼，又称"马面楼"。

墉：1. 城墙。2. 高墙。

月城：同"瓮城"。

月楼：专指瓮城城门上的楼。

宇墙：同"女墙"。

云梯：又称"钩援"，是一种攀登城墙的工具。

Z

造砖人夫：又称"造砖人"、"人夫"，或称"人户"，是直接参与烧制城砖工役的普通百姓。其中包括取土、过筛、练泥、装坯、制印、晾干、装窑等诸项繁重的体力劳动，是明城砖责任人中最底层的劳动者。

闸楼：城门设置上下启闭的闸门上方独立的小楼，内置绞关，以便闸门的开启和闭合。

战屋：类似"窝铺"。

障城：建于长城内侧的环形防御工事和驻有守军的支撑点，其规模的大小，分布的数量和密度，都视需要而定。

障墙：城墙墙体上的防御设施，用于攻击登城的敌军，即一旦敌人登城，守军以其为依托，继续阻敌。

照磨：知府的属官，掌管卷宗、钱谷的属吏，负责审计工作，从九品。

知府：知府职官，源于明代，此前称"知□□府事"。知府，是府级最高行政长官，掌管一府的行政，正四品。

知事：又称"府知事"，是知府直属的中级事务官，正九品。

知县：知县职官，源于明代，此前称"知□□县事"，是县一级之最高行政长官，正七品。按明代制度，县分上（10万石以下）、中（6万石以下）、下（3万石以下）三等。因事有繁简，各县不一，县丞、主簿或添设，或革除，若因编户不及20里，则不设县丞、主簿。如县中无县丞、主簿时，则由典史兼领。

知州：州级最高行政长官，掌管一州的行政。明代知州分为两种：一为直隶州的知州，直属于布政使司，地位略低于知府，从四品；一为属州（散州）的知州，隶属于府，地位同于县，但其下多有属县，正七品。

钟楼：旧时城市中设置大钟的楼，楼内按时敲钟报告时辰。

州城：旧时州署所在城邑的城池。

砖墙：用城砖砌筑的城墙墙体。

砖文：城砖上的文字。一般可分为纪年、记名、地名、纹饰和符号等不同类别的砖文。

主簿：知县的佐官，负责文书、簿籍和印鉴的管理，正九品。

子城：1.指大城中的小城。2.附郭的瓮城。

雉堞：1.古代城墙上掩护守城人用的矮墙，即垛口。2.也泛指城墙。

甃砖：古代筑城一种方法，在城墙表面用城砖砌筑。

竹城：栽种竹子为城。

柱础：是垫着木柱的石墩，城墙上多用于城楼。

总甲：又称"总甲首"，是明代社会的重要职役名称之一。明洪武年间，出现在砖文上的总甲，是由以田产多者充任，即为富户或者是地主担任。按明初计田出夫的征役制，总甲既是明城砖烧制中的农村基层组织管理者，也是造砖人夫。在总甲名下，辖若干甲首。

附录2

历代筑城、修城记简表[1]

序号	作者	年代	篇名	文章出处
1	符载	唐	南昌府《新广城门颂·序》	光绪七年《江西通志》卷六十五
2	李荀	唐	淮安《修楚州城南门记》	同治《重修山阳县志》卷二
3	罗隐	唐	新城县《东安镇新筑罗城记》	乾隆四十九年《杭州府城》卷四
4	罗隐代钱武肃王撰	唐	《杭州罗城记》	1922年铅印本《杭州府志》卷五
5	沈亚之	唐	固始县《万胜冈新城记》	乾隆五十一年《重修固始县志》卷二
6	郑吉	唐	淮安《楚州修城南门记》	《全唐文》卷七百六十三
7	韩熙载	南唐	《宣州筑新城记》	光绪七年《重修安徽通志》卷三十五
8	刁约	宋	山阴县《修子城记》	1936年据嘉庆八年本铅印《嘉庆山阴县志》卷五
9	丁宝臣	宋	《修南雄城记略》	清道光二年《广东通志》卷一百二十八
10	范仲淹	宋	巴陵郡（明清时为"岳州府"）《岳阳楼记》	元祐四年序刊本《范文正公集》卷八
11	管晋、张令	宋	嵊县《修城记》	道光八年《嵊县志》卷二
12	黄裳	宋	处州府《修城记》	光绪二十五年《敕修浙江通志》卷二十四
13	胡铨	宋	《筑雷州郡城记略》	清道光二年《广东通志》卷一百二十七
14	胡寅	宋	新兴县《新州竹城记》	清道光二年《广东通志》卷一百二十七
15	林俊	宋	新城县《修城记》	明正德十二年《建昌府志》卷一
16	刘天锡	宋	《乳源县记略》	清道光二年《广西通志》卷一百二十五

[1] 1. 此表仅收录清代以前部分地区的筑城和修城记。2. 此表按朝代先后次序排列，同一朝代按作者拼音字母顺序排列。3. "篇名"未涉及地名的，在文章前加地名。4. 极少数文章没有标题的，则根据文章内容新补加题名。

序号	作者	年代	篇名	文章出处
17	刘用行	宋	茶陵县《茶陵筑城记》	光绪十一年《湖南通志》卷四十一
18	吕祖谦	宋	台州府《修城记》	光绪二十五年《敕修浙江通志》卷二十四
19	欧阳修	宋	滁州《修城祭城隍神文》	光绪二十二年《滁州志》卷三
20	王安石	宋	《桂州新城记》	清光绪十八年《临桂县志》卷十七
21	魏了翁	宋	《潼川府新城铭并序》	1931年《三台县志》卷一
22	吴之道	宋	永州府《修府城纪略》	光绪十一年《湖南通志》卷四十一转引《府志》
23	吴之道	宋	永州府《内谯外城记》	清同治六年《永州府志》卷三
24	吴之道	宋	零陵县《修城记》	清光绪二年《零陵县志》卷二
25	佚名	宋	《修桂州城图记》	清嘉庆《广西通志》卷二百二十七
26	佚名	宋	《临贺修城记》	清嘉庆《广西通志》卷二百二十七
27	曾巩	宋	南昌府《修城记》	光绪七年《江西通志》卷六十五
28	曾巩	宋	《繁昌兴造记》	乾隆元年《江南通志》卷二十
29	曹师孔	元	《阳朔鼎建西城记》	清嘉庆《广西通志》卷一百二十六
30	高明	元	余姚县《修城记》	光绪二十五年《敕修浙江通志》卷二十四
31	贡师泰	元	《杭州新城碑》	明郎瑛《七修类稿》
32	黄溍	元	《修金华府城记》	光绪二十五年《敕修浙江通志》卷二十四
33	冀权	元	兰溪《修城记》	光绪十五年《兰溪县志》卷三
34	刘基	元	《庆元路新城碑》	明成化本《刘基集》
35	柳贯	元	南昌府城《豫章楼铭记》	光绪七年《江西通志》卷六十五
36	罗咸	元	宜山县《修城池记》	清嘉庆《广西通志》卷一百二十七
37	饶介	元	归安县《吴兴郡城迎禧门记略》	光绪八年《归安县志》卷三
38	危素	元	《静江路新城记》	清嘉庆《广西通志》卷一百二十六

序号	作者	年代	篇名	文章出处
39	吴琼	元	藤县《重修县城记》	清嘉庆《广西通志》卷一百二十七
40	杨子春	元	临桂县《至正修城碑阴记》	清嘉庆《广西通志》卷二百二十八
41	余阙	元	《合肥修城记》	乾隆元年《江南通志》卷二十
42	宇文谅	元	湖州府《吴兴郡修城记略》	乾隆十一年《乌程县志》卷一
43	郑元佑	元	苏州府《平江路新筑郡城记》	清光绪九年《苏州府志》卷四
44	钟世传	元	横州《修城记》	清嘉庆《广西通志》卷一百二十八
45	周衡	元	通州《修城记》	乾隆元年《江南通志》卷二十
46	邹鲁	元	贵县《修城记》	清嘉庆《广西通志》卷一百二十八
47	蔡春	明	建宁县《筑城记》	1919年《建宁县志》卷三
48	蔡国珍	明	奉新县《修砖城记》	光绪七年《江西通志》卷六十五
49	曹梦麟	明	固安县《创建四门吊桥记》	清光绪《顺天府志》卷二十一
50	曾莘	明	岑溪县《拓建新城记》	清嘉庆《广西通志》卷一百二十七
51	陈邦称	明	《重修全州城记》	清嘉庆《广西通志》卷一百二十六
52	陈大科	明	通州《疏浚护城河记》	光绪元年《通州直隶州志》卷三
53	陈桓	明	庆元县《修城记》	光绪二十五年《敕修浙江通志》卷二十四
54	陈晦光	明	长汀县《修城记略》	清光绪五年《长汀县志》卷六
55	陈涧	明	宁远县《新建石城记》	光绪十一年《湖南通志》卷四十一
56	陈九畴	明	《重修武宁城记》	清同治十二年《南昌府志》卷九
57	陈良谟	明	《安吉州修城记》	乾隆二十三年《湖州府志》卷二
58	陈良珍	明	博白县《重修县城记》	清嘉庆《广西通志》卷一百二十八
59	陈茂烈	明	《重修新宁县城记》	1934年《宝庆府志》卷九十七

序号	作者	年代	篇名	文章出处
60	陈绍儒	明	《新开罗定州治碑记略》	清道光二年《广西通志》卷一百二十八
61	陈绍儒	明	《开置东安县城碑记略》	清道光二年《广西通志》卷一百二十八
62	陈士俊	明	东莞县《县四城重门记》	清嘉庆三年《东莞县志》卷十六
63	陈试	明	贺县《修复西门记》	清嘉庆《广西通志》卷一百二十七（未录）
64	陈所蕴	明	开封府《增建敌楼碑记》	同治二年《开封府志》卷九
65	陈瑄	明	揭阳县《城池记略》	道光二年《广东通志》卷一百二十六
66	陈尧	明	通州《修城记》	光绪元年《通州直隶州志》卷三
67	陈中州	明	青田县《邑人陈中州记》	光绪二年《青田县志》卷二
68	陈子龙	明	西仓城《西郭闭门台记略》	清嘉庆二十三年《松江府志》卷十三
69	戴敏	明	麻阳县《筑石城记》	光绪十一年《湖南通志》卷四十二
70	戴明圣	明	灌阳县《增修城垣记略》	清嘉庆《广西通志》卷一百二十六
71	邓向荣	明	长汀县《修城濠记》	清光绪五年《长汀县志》卷六
72	董传策	明	隆安县《重建城楼记》	清嘉庆《广西通志》卷一百二十八
73	董諮	明	靖安县《修城记》	清同治十二年《南昌府志》卷九
74	堵天颜	明	《修阳武县城记》	同治二年《开封府志》卷九
75	杜泰	明	长清县《重修城记》	道光十三年《长清县志》卷二
76	范言	明	嘉兴府《太平楼碑记》	嘉庆五年《嘉兴府志》卷四
77	方淡然	明	青田县《修城记》	1935年据光绪元年《青田县志》重印铅印本卷二
78	方鹏	明	昆山县《新筑砖城记》	清光绪九年《苏州府志》卷四
79	方玭	明	梧州府《重修府城记》	清嘉庆《广西通志》卷一百二十七
80	费宷	明	沛县《砖城碑记》	1918年《续修沛县志》
81	冯琦	明	延津县《修砖城碑记》	同治二年《开封府志》卷九

序号	作者	年代	篇名	文章出处
82	冯璋	明	慈溪县《建邑城记》	光绪二十五年《慈溪县志》卷二
83	傅珍	明	《开建县创立城池记略》	清道光二年《广东通志》卷一百二十七
84	傅珍	明	《顺德县兴造记略》	清道光二年《广东通志》卷一百二十五
85	富礼	明	苍梧县《南薰楼赋并序》	清同治十三年《苍梧县志》卷七
86	富明安	明	《廉州府开小南门碑记》	清道光十三年《廉州府志》卷二十四
87	高尚志、陆侯	明	濬县城《保障碑记》	嘉庆六年《濬县志》卷六
88	贡修龄	明	东阳县《修城记》	1914年《道光东阳县志》卷一
89	苟汝安	明	蒲州《重修东关古城记》	清光绪二十九年《蒲州府志》卷四
90	顾从礼	明	上海县《请筑城疏略》	清嘉庆二十三年《松江府志》卷十三
91	顾达易	明	沭阳县《邑侯保障生民记》	清嘉庆十六年《海州直隶州志》卷十四
92	顾清	明	《创建固安县城池记》	清光绪《顺天府志》卷二十一
93	顾清	明	《霸州修河缮》	清光绪《顺天府志》卷二十一
94	顾应祥	明	《重修长兴县城记》	光绪十八年《长兴县志》卷二
95	顾应祥	明	湖州府《临湖门修城记》	乾隆十一年《乌程县志》卷一
96	关守箴	明	夏邑县《增修砖城记》	1920年《夏邑县志》卷二
97	管朝爵	明	怀柔《重修城工记略》	清光绪《顺天府志》卷二十一
98	郝维乔	明	扶沟县《修城记》	道光十三年《扶沟县志》卷四
99	何宽	明	江浦《建矿口山城记》	清光绪十七年《江浦埤乘》卷五
100	何维柏	明	《重修高明县城记略》	清道光二年《广东通志》卷一百二十七
101	何维柏	明	《新安总始碑记略》	清道光二年《广东通志》卷一百二十五
102	何维柏	明	《开建西宁县治碑记略》	清道光二年《广西通志》卷一百二十八

序号	作者	年代	篇名	文章出处
103	何云	明	长汀县《修城濠记》	清光绪五年《长汀县志》卷六
104	衡守敬	明	德庆州《新筑城垣记》	道光二年《广东通志》卷一百二十七
105	洪常	明	慈溪县《重修观海卫城垣厅治记》	光绪二十五年《慈溪县志》卷二
106	侯一元	明	乐清县《城记》	1918年据嘉庆壬申拓印本《乐清县志》卷一
107	侯一元	明	温州府《永昌堡记》	光绪八年《永嘉县志》卷三
108	胡松	明	滁州《重葺上下水关记》	清光绪二十二年《滁州志》卷三
109	胡友信	明	《德清县筑城记》	1963年影印明万历本《湖州府志》卷一
110	皇甫师中	明	桐庐县《城门记》	光绪二十五年《敕修浙江通志》卷二十四
111	黄城	明	《乳源县城楼记略》	清道光二年《广西通志》卷一百二十五
112	黄结	明	增城县《重砌城垣记略》	清道光二年《广东通志》卷一百二十五
113	黄养蒙	明	南安县《修城纪略》	同治十年《福建通志》卷十七
114	黄中	明	青田县《改城门记》	光绪二年《青田县志》卷二
115	黄佐	明	番禺县《新建定海门辅城记略》	清道光二年《广东通志》卷一百二十五
116	冀启迥	明	伊阳县《重建南城楼碑记》	道光十八年《重修伊阳县志》卷五
117	冀权	明	兰溪县《修城记》	嘉庆五年《兰溪县志》卷三
118	江朝宗	明	《新建饶平县治记略》	清道光二年《广东通志》卷一百二十六
119	江朝宗	明	《新建高明县治记略》	清道光二年《广东通志》卷一百二十七
120	江以同	明	桐乡县《修城记》	嘉庆五年《嘉兴府志》卷四
121	姜洪	明	《永福县新城记》	清嘉庆《广西通志》卷一百二十六
122	姜寰	明	《江浦新城记略》	清光绪十七年《江浦埤乘》卷五
123	蒋向荣	明	零陵县《修城记》	清光绪二年《零陵县志》卷二
124	焦竑	明	《祁阳县修城记》	清同治六年《永州府志》卷三

序号	作者	年代	篇名	文章出处
125	金学曾	明	余杭县《改建城东门启秀楼记》	乾隆四十九年《杭州府城》卷四
126	柯潜	明	上杭县《记略》	清同治十年《福建通志》卷十七
127	雷燮	明	荔浦县《修城垣串楼记》	清嘉庆《广西通志》卷一百二十七（未录）
128	黎淳	明	《新宁县包砌石城记》	1934年《宝庆府志》卷九十七
129	黎淳	明	《旧修合州城记》	1978年《合州志》卷一
130	李旦	明	连城县《安东楼记》	1938年《连城县志》卷六
131	李东阳	明	《新宁县石城记》	1934年《宝庆府志》卷九十七
132	李东阳	明	《常州府修城碑记》	乾隆元年《江南通志》卷二十
133	李东阳	明	通州城《重修新城记》	清光绪《顺天府志》卷二十一
134	李高	明	灌阳县《重修城垣记》	清嘉庆《广西通志》卷一百二十六
135	李梦阳	明	开封府《修城碑记》	同治二年《开封府志》卷九
136	李梦阳	明	鄢陵县《修城碑记》	同治二年《开封府志》卷九
137	李闵	明	嵊县《藏圩岸记》	道光八年《嵊县志》卷二
138	李如兰	明	武胜县《修城记》	1931年《新修武胜县志》卷三
139	李时	明	文安县《修城记略》	清光绪《顺天府志》卷二十一
140	李时	明	沛县《重修县志记》	1918年《续修沛县志》
141	李嵩	明	归德府《护城堤记》	乾隆十九年《归德府志》卷十一
142	李五美	明	廉州府《修复东门月城记》	清道光十三年《廉州府志》卷二十四
143	李义壮	明	东莞县《修城记》	清嘉庆三年《东莞县志》卷十六
144	李于坚	明	长汀县《修城记》	清光绪五年《长汀县志》卷六
145	梁全	明	梧州府《重修府谯楼记》	清嘉庆《广西通志》卷一百二十七
146	梁维芳	明	陆川县《修阳城记》	清嘉庆《广西通志》卷一百二十八
147	梁质	明	灵川县《筑建城池记》	清嘉庆《广西通志》卷一百二十六
148	林春泽	明	新宁县《重修城垣记》	1934年《宝庆府志》卷九十七

序号	作者	年代	篇名	文章出处
149	林树声	明	滑县《新修南门记》	同治六年《滑县志》卷二
150	林宗	明	城步县《建县城碑记》	1934年《宝庆府志》卷九十七
151	刘宾	明	永明县《新立城垣记》	光绪十一年《湖南通志》卷四十一
152	刘伯渊	明	慈溪县《新开小北门记》	光绪二十五年《慈溪县志》卷二
153	刘芳	明	赣榆县《城池谯楼记》	清嘉庆十六年《海州直隶州志》卷十四
154	刘景韶	明	崇阳县《修城记》	1921年《湖北通志》卷二十五
155	刘瑞	明	《濬县兴造记》	嘉庆六年《濬县志》卷六
156	刘世阳	明	新宁县《修东门城楼记》	1934年《宝庆府志》卷九十七
157	刘松	明	《新喻新城记》	清同治十年《临江府志》卷五
158	刘惟蕙	明	永清县《重修城垣碑记略》	清光绪《顺天府志》卷二十一
159	刘尧海	明	桂阳州《重修临武城记》	光绪十一年《湖南通志》卷四十二
160	刘应节	明	《新建重城记略》	清光绪《顺天府志》卷二十一
161	刘自强	明	扶沟县《修城碑》	光绪十九年《扶沟县志》卷四
162	龙文光	明	太平府《重修府城碑记》	清嘉庆《广西通志》卷一百二十八
163	卢仲佃	明	东阳县《修城记》	1914年《道光东阳县志》卷一
164	陆树声	明	蓟州城《重修鼓楼记》	清光绪《顺天府志》卷二十一
165	陆泰	明	《石匣新营新建石城记》	清光绪《顺天府志》卷二十一
166	罗洪先	明	长汀县《修城记》	清光绪五年《长汀县志》卷六
167	罗铭鼎	明	《增修乐昌城记略》	清道光二年《广西通志》卷一百二十五
168	罗一道	明	东莞县《重修城坡记》	清嘉庆三年《东莞县志》卷十六
169	吕光洵	明	新昌县《修城记》	光绪二十五年《敕修浙江通志》卷二十四
170	吕调阳	明	武冈州《新筑外城记》	1934年《宝庆府志》卷九十七

序号	作者	年代	篇名	文章出处
171	吕希周	明	石门县《筑城记》	嘉庆五年《嘉兴府志》卷四
172	马津	明	沛县《修城记》	明万历五年《徐州记》卷一
173	马云凤	明	大城县《保障记略》	清光绪《顺天府志》卷二十一
174	毛恺	明	江山县《新建石城记》	光绪二十五年《敕修浙江通志》卷二十四
175	孟养惟	明	武胜县《修城记》	1931年《新修武胜县志》卷三
176	闵如霖	明	湖州府《南门修城记》	乾隆十一年《乌程县志》卷一
177	莫在声	明	灵川县《复开北门记》	清嘉庆《广西通志》卷一百二十六
178	倪谦	明	东城县《顺圣川新城记》	同治十二年至光绪元年《西宁新志》卷二
179	潘恩建	明	青浦县《建城记》	清嘉庆二十三年《松江府志》卷十三
180	潘儇	明	武宁县《修城记》	光绪七年《江西通志》卷六十五
181	裴天佑	明	《重修海州城记》	清嘉庆十六年《海州直隶州志》卷十四
182	彭范	明	滑县《东门见山楼记》	同治六年《滑县志》卷二
183	彭景忠	明	上林县《开广城垣记》	清嘉庆《广西通志》卷一百二十七
184	戚继光	明	《重修三屯营记》	1931年《迁安县志》卷二
185	钱溥	明	四会县《筑城记略》	清道光二年《广东通志》卷一百二十七
186	乔远	明	《崇武城记》	《嘉庆·惠安县志》卷三十二
187	邱濬	明	《封川县修城记略》	清道光二年《广东通志》卷一百二十七
188	邱濬	明	桂阳《建州治记》	清同治七年《桂阳直隶州志》卷六
189	瞿景淳	明	《浦江县筑城记》	光绪二十五年《敕修浙江通志》卷二十四
190	商辂	明	《平谷新城记》	清光绪《顺天府志》卷二十一
191	邵圭洁	明	常熟县《筑城议》	清光绪九年《苏州府志》卷四
192	邵元哲	明	《迁宿迁城记》	清同治十三年《宿迁县志》卷十三
193	佘立	明	《复怀远县记》	清嘉庆《广西通志》卷一百二十六

序号	作者	年代	篇名	文章出处
194	沈良才	明	如皋县《郑端简遗爱碑记》	光绪元年《通州直隶州志》卷三
195	施尧臣	明	萧山县《修城记》	光绪二十五年《敕修浙江通志》卷二十四
196	史邦直	明	临晋县《钟楼记》	清光绪二十九年《蒲州府志》卷四
197	苏继欧	明	临颍县《修砖城碑记》	同治二年《开封府志》卷九
198	孙继皋	明	盐城县《新开南门碑记》	清光绪二十一年《盐城县志》卷一
199	唐皋	明	《池州府砖城记》	光绪七年《重修安徽通志》卷三十五
200	唐耕	明	德胜厅《河池千户所记》	清嘉庆《广西通志》卷一百二十七
201	唐文献	明	通州城《重修新城记略》	清光绪《顺天府志》卷二十一
202	童玺	明	连城县《奏请筑城疏》	1938年《连城县志》卷六
203	涂杰	明	《建龙游城记》	光绪八年《龙游县志》卷二
204	万寀	明	丰城县《修城记》	清同治十二年《南昌府志》卷九
205	王鏊	明	《宝坻新城记略》	清光绪《顺天府志》卷二十一
206	王鏊	明	《重筑吴江县城记》	清光绪九年《苏州府志》卷四
207	王宾	明	新宁县《筑城记》	1934年《宝庆府志》卷九十七
208	王樨	明	沛县《修城记》	明万历五年《徐州记》卷一
209	王畿	明	嵊县《吴令筑城碑记》	同治九年《嵊县志》卷二
210	王霁	明	黄陂县《修城记》	1921年《湖北通志》卷二十五
211	王焖	明	沅州府《州城记》	光绪十一年《湖南通志》卷四十二
212	王良心	明	增城县《建三门月城记略》	清道光二年《广西通志》卷一百二十五
213	王世贞	明	《宝山堡记》	清光绪八年《宝山县志》卷二
214	王世贞	明	《太平府修城记》	光绪七年《重修安徽通志》卷三十五
215	王守仁	明	思恩府《处置八寨以图永安疏》	清嘉庆《广西通志》卷一百二十七
216	王宪	明	《潼川州修城记》	乾隆五十年《潼川府志·城池》

序号	作者	年代	篇名	文章出处
217	王显忠	明	保定县《吕公生祠记略》	清光绪《顺天府志》卷二十一
218	王珣	明	孝丰县《创县碑记》	光绪二十九年据同治十二年《孝丰县志》刊印卷三
219	王谊	明	邓州《修城记》	嘉靖四十三年《邓州志》卷九
220	王云翔	明	伊阳县《孔侯筑城凿池御寇碑记》	道光十八年《重修伊阳县志》卷五
221	王在晋	明	濬县《新修河堤记》	嘉庆六年《濬县志》卷六
222	王之晋	明	《鲁山县大筑城垣记》	嘉庆元年《鲁山县志》卷八
223	王稚登	明	《重修海盐县城记》	光绪二十五年《敕修浙江通志》卷二十三
224	魏照乘	明	滑县《修城碑记》	乾隆二十五年《滑县志》卷二
225	温皋谟	明	东莞县《保章关记》	清嘉庆三年《东莞县志》卷十六
226	闻渊	明	宁波府《重修府城记》	光绪二十五年《敕修浙江通志》卷二十三
227	吴大有	明	邓州《增筑外城记》	嘉靖四十三年《邓州志》卷九
228	吴高	明	横州《重修城池记》	清嘉庆《广西通志》卷一百二十八
229	吴馆	明	靖安县《砖城记》	清同治十二年《南昌府志》卷九
230	吴廉	明	《城宿迁碑记》	1935年《宿迁县志》卷四
231	吴鹏	明	嘉兴府《修城记》	嘉庆五年《嘉兴府志》卷四
232	吴元璧	明	上思州《重修州城记》	清嘉庆《广西通志》卷一百二十八
233	伍文述	明	《兴安县修城记》	清嘉庆《广西通志》卷一百二十六
234	萧懋道	明	长汀县《修城记》	清光绪五年《长汀县志》卷六
235	萧云举	明	南宁府《重修府城记》	清嘉庆《广西通志》卷一百二十八
236	谢江	明	《鲁山县城碑记》	嘉庆元年《鲁山县志》卷八
237	谢迁	明	《重修怀柔城记略》	清光绪《顺天府志》卷二十一
238	谢忠	明	上林县《重建西楼记》	清嘉庆《广西通志》卷一百二十七
239	徐必进	明	罗源县《重修罗城记》	道光《新修罗源县志》卷八

序号	作者	年代	篇名	文章出处
240	徐阶	明	《修筑无为州城记》	光绪七年《重修安徽通志》卷三十六
241	徐阶	明	《张家湾城记略》	清光绪《顺天府志》卷二十一
242	徐献忠	明	湖州府《增建郡城碑略》	光绪八年《归安县志》卷三
243	许丕祚	明	《乍浦新开水门纪略》	嘉庆五年《嘉兴府志》卷四
244	薛廷宠	明	盖州卫《重修城东西楼记》	嘉靖《辽东志》卷二
245	严怡	明	如皋县《修城记》	光绪元年《通州直隶州志》卷三
246	阎世科	明	赣榆县《甃月城记》	清嘉庆十六年《海州直隶州志》卷十四
247	杨汉	明	长汀县《修城记略》	清光绪五年《长汀县志》卷六
248	杨梁	明	宜山县《修府城记》	清嘉庆《广西通志》卷一百二十七
249	杨守鲁	明	《良乡县西门瓮城碑》	清光绪《顺天府志》卷二十一
250	杨益美	明	镇海县《修筑外塘记》	光绪五年《镇海县志》卷四
251	杨子春	明	肇庆府《重修府城记略》	清道光二年《广东通志》卷一百二十七
252	姚宏谟	明	嘉善县《筑城成功碑记》	嘉庆五年《嘉兴府志》卷四
253	叶春及	明	海丰县《筑偃月城记略》	清道光二年《广东通志》卷一百二十六
254	叶春及	明	北津城《筑城记略》	清道光二年《广东通志》卷一百二十七
255	叶梦熊	明	归善县《改建龙兴门记略》	清道光二年《广东通志》卷一百二十六
256	佚名	明	《修武清县砖城记》	清光绪《顺天府志》卷二十一
257	殷谦	明	涿州城《重修通会楼碑略》	清光绪《顺天府志》卷二十一
258	于范	明	萧县《修城记》	明万历五年《徐州记》卷一
259	余勉学	明	马平县《柳州北郭碑记》	清嘉庆《广西通志》卷一百二十六
260	喻文伟	明	宿迁县《建城迁治记》	1935年《宿迁县志》卷四
261	袁宏道	明	江陵县《修复北城记略》	1921年《湖北通志》卷二十五
262	袁亮	明	宝丰县《修城详稿》	道光十七年《宝丰县志卷四
263	袁炜	明	慈溪县《建邑城记》	光绪二十五年《慈溪县志》卷二

序号	作者	年代	篇名	文章出处
264	袁象斗	明	鲁山县《增修鲁北城记》	嘉庆元年《鲁山县志》卷八
265	张□潜	明	徐州《护城堤记》	明万历五年《徐州记》卷一
266	张鋆	明	建昌县《修城记》	清道光元年《建昌县志》卷三
267	张邦直	明	江浦《新治城濠序》	清光绪十七年《江浦埠乘》卷五
268	张朝瑞	明	《海州新城记》	清嘉庆十六年《海州直隶州志》卷十四
269	张鹗翼	明	《筑川沙城记》	清嘉庆二十三年《松江府志》卷十三
270	张峰	明	海州《城池论》	清嘉庆十六年《海州直隶州志》卷十四
271	张衮	明	新登县《筑城记》	1922年《新登县志》卷五
272	张冕	明	湖州府《修城记》	乾隆二十三年《湖州府志》卷二
273	张时徹	明	平湖县《筑城记略》	嘉庆五年《嘉兴府志》卷四
274	张时徹	明	奉化县《城垣碑记》	光绪年间《奉化县志》卷四
275	张时徹	明	镇海县《增筑定海城碑记》	光绪五年《镇海县志》卷四
276	张四维	明	《平谷修城记略》	清光绪《顺天府志》卷二十一
277	张孙绳	明	《兴安县改建阳城记》	清嘉庆《广西通志》卷一百二十六
278	张文达	明	衢州府《重修郡城记》	嘉庆十六年《西安县志》卷七
279	张翊	明	富川县《重建西北楼增建城垣碑记》	清嘉庆《广西通志》卷一百二十七（未录）
280	张袁	明	新城县《筑城记》	乾隆四十九年《杭州府城》卷四
281	张岳	明	《重修灵山县城记》	清道光十三年《廉州府志》卷二十四
282	张梓	明	通州《重建南望楼碑铭》	光绪元年《通州直隶州志》卷三
283	章纶	明	《重建庆远卫城楼关堡记》	清嘉庆《广西通志》卷一百二十七
284	赵建极	明	潜县《重修城池记》	嘉庆六年《潜县志》卷六
285	赵仕际	明	《扩修罗定州城记略》	清道光二年《广西通志》卷一百二十八
286	赵业	明	东阳县《城记》	1914年《道光东阳县志》卷一
287	郑攽	明	昌化县《重建城楼记》	乾隆四十九年《杭州府城》卷四

序号	作者	年代	篇名	文章出处
288	郑民悦	明	房山县《新建石城记略》	清光绪《顺天府志》卷二十一
289	支大纶	明	嘉善县《修城记》	光绪二十年重修《嘉善县志》卷二
290	钟纲	明	增城县《增建北门月城记略》	清道光二年《广东通志》卷一百二十五
291	周宾兴	明	罗城县《修县城堡记》	清嘉庆《广西通志》卷一百二十六
292	周汝登	明	嵊县《重开化龙门记略》	道光八年《嵊县志》卷二
293	周希程	明	象山县《修城记》	道光十四年《象山县志》卷三
294	周永昂	明	伊阳县《创修砖城碑记》	道光十八年《重修伊阳县志》卷五
295	朱衮	明	《复修上虞县石城记》	光绪二十五年《敕修浙江通志》卷二十四
296	朱廷立	明	大冶县《砖城记》	清康熙二十二年《大冶县志》卷二
297	包桂	清	固始县《修城濠记》	乾隆十年《固始县续志》卷二
298	鲍复相	清	思恩县《重修城楼记》	清嘉庆《广西通志》卷一百二十七（未录）
299	曹德赞	清	桂阳《重修州城记》	清同治七年《桂阳直隶州志》卷六
300	陈履和	清	东阳县《修城记》	1914年《道光东阳县志》卷一
301	陈天植	清	苍梧县《重建城楼记》	清同治十三年《苍梧县志》卷七
302	陈锡辂	清	安阳县《浚壕碑记》	乾隆三年《安阳县志》卷三
303	陈宣	清	海州《城池论》	清嘉庆十六年《海州直隶州志》卷十四
304	陈在宽	清	《修朝阳门碑记》	1921年《新修合川县志》卷三
305	陈子达	清	闽清县《建城碑记》	1921年《闽清县志》卷二
306	程镳	清	博白县《重修县城记》	清嘉庆《广西通志》卷一百二十八
307	戴熊梦	清	上思州《重修州城记》	清嘉庆《广西通志》卷一百二十八
308	邓其文	清	建瓯县《修城记》	1929年《建瓯县志》卷六
309	丁澎赵中丞	清	《重修省城记》	乾隆四十九年《杭州府城》卷四
310	郭淳章	清	镇海县《重修城记》	1913年《镇海县志》卷七

序号	作者	年代	篇名	文章出处
311	胡醇仁	清	平乐县《龙头矶竹络堤记》	清嘉庆《广西通志》卷一百二十七
312	胡天培	清	滑县《修城碑记》	1932年《重修滑县志》卷五
313	黄德星	清	全州《修城楼记》	清嘉庆《广西通志》卷一百二十六
314	黄璟	清	潜县《重修城垣记》	光绪十二年《续潜县志》卷四
315	黄虞再	清	奉新县《老东门记》	光绪七年《江西通志》卷六十五
316	黄之隽	清	奉贤县《潜青村城濠记》	清嘉庆二十三年《松江府志》卷十三
317	姜良性	清	闽清县《建城纪略》	1921年《闽清县志》卷二
318	节鄂尔泰	清	百色厅《拔官兵移驻泗城疏》	清嘉庆《广西通志》卷一百二十七
319	金镜	清	闽清县《建城碑记》	1921年《闽清县志》卷二
320	金学曾	清	余杭县《改建城东启秀楼记》	1922年铅印本《杭州府志》卷五
321	康基渊	清	嵩县《浚高都河护城议》	乾隆三十二年《嵩县志》卷十
322	黎庶昌	清	乐冈寨《禹门寺筑寨始末记》	1936年《续遵义府志》卷二
323	李纪	清	靖安县《修城记略》	清同治十二年《南昌府志》卷九
324	李瑾	清	永顺县《新建城垣记》	1930年《永顺县志》卷七
325	李寿	清	河源县《迁县治始末记略》	清道光二年《广东通志》卷一百二十六
326	李泽沐	清	新化县《复修东门城楼记》	1934年《宝庆府志》卷九十七
327	廉芳	清	宁河县《西城楼记》	清光绪《顺天府志》卷二十一
328	凌森美	清	永淳县《修朝阳门文昌阁记》	清嘉庆《广西通志》卷一百二十八
329	陆宏绪	清	罗源县《修城记》	道光《新修罗源县志》卷八
330	明禄	清	衢州府《开浚城河碑记》	嘉庆十六年《西安县志》卷七
331	庞尚鹏	清	香山县《区画濠镜保安海隅疏》	清道光八年《香山县志》卷二
332	彭泰毓	清	《重修唐县城垣碑》	光绪四年《唐县志》卷一
333	彭昭麟	清	香山县《建港口碉楼水栅碑记》	清道光八年《香山县志》卷二
334	齐宗德	清	阳山县《重修县城碑记》	清道光二年《广东通志》卷一百二十八

序号	作者	年代	篇名	文章出处
335	秦镕	清	湘潭县《重修县城记》	清光绪十五年《湘潭县志》卷二
336	全庆、贾桢、李钧	清	《城工完竣奏疏略》	清光绪《顺天府志》卷二十一
337	饶佺	清	衡州府《重修府城记》	光绪十一年《湖南通志》卷四十一
338	邵正笏	清	《重修慈溪县城记》	光绪二十五年《慈溪县志》卷二
339	沈志礼	清	《重修恩平县治记略》	清道光二年《广东通志》卷一百二十七
340	史鸣皋	清	《重修如皋城墙碑记》	光绪元年《通州直隶州志》卷三
341	唐世尧	清	平乐县《龙矶堤记》	清嘉庆《广西通志》卷一百二十七
342	陶德焘	清	《连州修筑外城碑记》	清道光二年《广东通志》卷一百二十八
343	王家相	清	《重修福山城记》	清光绪九年《苏州府志》卷四
344	王梦弼	清	镇海县《修城记》	光绪五年《镇海县志》卷四
345	王廷抡	清	长汀县《濬河记》	清光绪五年《长汀县志》卷六
346	王廷抡	清	长汀县《修北极楼记》	清光绪五年《长汀县志》卷六
347	王应元	清	《重修涪州城记》	同治九年《重修涪州志》卷三
348	吴篪	清	《重建太和县城楼记》	光绪七年《重修安徽通志》卷三十六
349	吴中宪	清	长兴县《修城碑记》	光绪十八年《长兴县志》卷二
350	伍士琪	清	桂阳《重修南城楼记》	清同治七年《桂阳直隶州志》卷六
351	谢泰宗	清	镇海县《修城记》	光绪五年《镇海县志》卷四
352	邢澍	清	长兴县《捐修城垣记》	光绪十八年《长兴县志》卷二
353	熊人霖	清	进贤县《修城记》	清同治十二年《南昌府志》卷九
354	许瑶光	清	石门县《修城记》	光绪五年《嘉兴府志》卷四
355	薛韫	清	虎门寨城《虎门记》	清道光二年《广东通志》卷一百二十五
356	阎纯玺	清	南宁府《重修府城记》	清嘉庆《广西通志》卷一百二十八

序号	作者	年代	篇名	文章出处
357	杨志道	清	丰城县《城内沟濠记》	清同治十二年《南昌府志》卷九
358	杨宗岳	清	《碣石镇城署告成碑记》	清道光二年《广东通志》卷一百二十六
359	姚德闻	清	《重修滑县城记》	同治六年《滑县志》卷二
360	佚名	清	青田县《邑绅士修城碑记》	光绪二年《青田县志》卷二
361	英翰	清	涡阳县修城《碑记》	光绪七年《重修安徽通志》卷三十六
362	余大鹤	清	苍溪《重修城垣记》	1928年《苍溪县志》卷十一
363	余心孺	清	宜山县《修府城西北二楼记》	清嘉庆《广西通志》卷一百二十七（未录）
364	余学优	清	武宁县《修城记》	清同治十二年《南昌府志》卷九
365	俞卿	清	绍兴府《重修府城记》	光绪二十五年《敕修浙江通志》卷二十四
366	张朝琮	清	蓟州城《重修瓮城记略》	清光绪《顺天府志》卷二十一
367	张道超	清	《修补伊阳县城碑记》	道光十八年《重修伊阳县志》卷六
368	张可立	清	兴化县《浚市河记》	清咸丰二年《兴化县志》卷一
369	张抡甲	清	霍山县《建城东北河堤碑记》	清光绪三十一年《霍山县志》卷二
370	张孙振	清	霍山县《修复县治碑记》	清光绪三十一年《霍山县志》卷二
371	张许	清	兰溪县《重修城记》	光绪十五年《兰溪县志》卷三
372	张钺	清	郏县《重修城垣记》	1931年《郏县志》卷十六
373	章宏保	清	三台县《修城记》	1931年《三台县志》卷一
374	赵贵览	清	《重建乾州城垣记》	光绪十一年《湖南通志》卷四十二
375	赵衍	清	东阳县《修城记》	1914年《道光东阳县志》卷一
376	郑璇	清	《重修三台县城垣碑记》	嘉庆二十年《三台县志》卷二
377	郑章万	清	万泉县《修城记》	清光绪二十九年《蒲州府志》卷四
378	周植	清	如皋县《疏浚护城河纪略》	光绪元年《通州直隶州志》卷三

序号	作者	年代	篇名	文章出处
379	朱尔介	清	永州府《修府城记》	清同治六年《永州府志》卷三
380	朱克阅	清	平谷《重修城池记》	清光绪《顺天府志》卷二十一
381	朱舒锦	清	永清县《重修护城堤记略》	清光绪《顺天府志》卷二十一
382	朱又曾	清	嘉定县《修城记略》	清光绪七年《嘉定县志》卷二
383	宗霈	清	永州府《补修府城记》	清同治六年《永州府志》卷三

附录3

《考工典》辑录的城池艺文目录[1]

序号	作者	篇名	卷目
1	汉扬雄	城门校尉箴	二十六卷
2	李尤	京师城门铭	二十六卷
3	前人	正阳城门铭	二十六卷
4	前人	中东门铭	二十六卷
5	前人	上西门铭	二十六卷
6	前人	上东门铭	二十六卷
7	前人	关阳城门铭	二十六卷
8	前人	津城门铭	二十六卷
9	前人	旄城门铭	二十六卷
10	前人	广阳门铭	二十六卷
11	前人	雍城门铭	二十六卷
12	前人	夏城门铭	二十六卷
13	前人	谷城门铭	二十六卷
14	前人	鞠城铭	二十六卷
15	魏文帝	登城赋	二十六卷
16	宋鲍照	芜城赋	二十六卷
17	梁萧子范	建安城门峡赋	二十六卷
18	吴均	吴城赋	二十六卷
19	唐萧颖士	登故宜城赋	二十六卷
20	张嵩	云中古城赋	二十六卷
21	吕令问	前题	二十六卷
22	徐彦伯	登长城赋	二十六卷
23	韩愈	汴州东西水门记	二十六卷
24	柳宗元	全义县复北门记	二十六卷
25	吕温	古东周城铭（有序）	二十六卷
26	陈讽	华山为城赋	二十六卷
27	前人	新筑羑和城赋	二十六卷
28	崔损	北斗城赋	二十六卷
29	符载	蕲州新城门颂（有序）	二十六卷

[1] 据《考工典》第26～29卷整理，前后顺序依《考工典》不变。

序号	作者	篇名	卷目
30	前人	新广双城门颂（有序）	二十六卷
31	前人	长沙东池记	二十六卷
32	沈亚之	万胜冈新城记	二十六卷
33	前人	闽城开新池记	二十六卷
34	刘禹锡	山阳城赋	二十六卷
35	郑吉	楚州修城南门记	二十六卷
36	王徽	创筑罗城记	二十六卷
37	罗隐	东安镇新筑罗城记	二十六卷
38	前人	杭州罗城记	二十六卷
39	杨夔	歙州重筑新城记	二十六卷
40	王泠然	登城判	二十六卷
41	杨成象	新作南门判	二十六卷
42	张思鼎	城者讴甲判	二十六卷
43	南唐韩熙载	宣州新筑城记	二十六卷
44	李昊	创筑羊马城记	二十六卷
45	宋王安石	桂州新城记	二十六卷
46	苏轼	昆阳城赋	二十六卷
47	曾巩	城东门记	二十六卷
48	张载	广州大顺城记	二十六卷
49	杨时	婺州新城记	二十六卷
50	胡寅	新州竹城记	二十六卷
51	吕祖谦	修城记	二十六卷
52	明王谊	邓州城碑记	二十七卷
53	郑俨	修武县城碑记	二十七卷
54	高谷	中都留守修城记	二十七卷
55	陈献章	吴川县城记	二十七卷
56	钱溥	浦城县造城记	二十七卷
57	黄仲昭	重修三山城橹记	二十七卷
58	刘戬	磁州城碑记	二十七卷
59	乔缙	宜阳县城碑记	二十七卷
60	蔡春	筑城记	二十七卷
61	罗荣	古田县筑城记	二十七卷
62	王彦奇	云阳县新城记	二十七卷
63	鲁铎	沔阳州修城记	二十七卷
64	前人	景陵县修城记	二十七卷
65	安磐	城池记	二十七卷
66	薛蕙	末城县城碑记	二十七卷
67	王鸿儒	内乡县城碑记	二十七卷

序号	作者	篇名	卷目
68	李逊学	汝宁府城碑记	二十七卷
69	前人	商城县城碑记	二十七卷
70	何景明	信阳州城碑记	二十七卷
71	前人	确山县城碑记	二十七卷
72	于范	萧县修城记	二十七卷
73	明张居正	重筑松滋县城记	二十八卷
74	秦鸣夏	新建宁海县城记	二十八卷
75	李梦阳	省城五门碑记	二十八卷
76	前人	鄢陵县城碑记	二十八卷
77	王邦瑞	孟津县城碑记	二十八卷
78	谢江	鲁山县城碑记	二十八卷
79	徐阶	修筑无为州城记	二十八卷
80	巫铎	廉郡修城记	二十八卷
81	王梃	沛县修城记	二十八卷
82	李嵩	护城堤记	二十八卷
83	汪道昆	芜湖县城记	二十八卷
84	李义壮	重修广海卫城池记	二十八卷
85	马森	崇安县新城记	二十八卷
86	陈大宾	嵩明州筑城记	二十八卷
87	王世贞	太平府修城记	二十八卷
88	谢翀	重增土城记	二十八卷
89	李一瀚	谏止南关城壕疏	二十八卷
90	齐王融	望城行	二十九卷
91	梁简文帝	登城	二十九卷
92	梁简文帝	登城北望	二十九卷
93	梁简文帝	和卫尉新渝侯巡城口号	二十九卷
94	江淹	登纪南城	二十九卷
95	何逊	登石头城	二十九卷
96	范云	登城怨	二十九卷
97	王筠	和卫尉新渝侯巡城口号	二十九卷
98	刘孝标	江州还入石头城	二十九卷
99	庾肩吾	登城北望	二十九卷
100	前人	和卫尉新渝侯巡城口号	二十九卷
101	徐悱	登琅琊城	二十九卷
102	北魏温子昇	从驾幸临金墉城	二十九卷
103	陈江总	秋日登广州城南楼	二十九卷
104	张正见	游龙首城	二十九卷
105	沈炯	望郢州城	二十九卷

序号	作者	篇名	卷目
106	唐李百药	秋晚登古城	二十九卷
107	李峤	咏城	二十九卷
108	杜审言	登襄阳城	二十九卷
109	张九龄	登城楼望西山作	二十九卷
110	前人	登郡城南楼作	二十九卷
111	王维	河北城楼作	二十九卷
112	孟浩然	登安阳城楼	二十九卷
113	杜甫	上白帝城	二十九卷
114	丘为	登润州城	二十九卷
115	储嗣宗	芜城	二十九卷
116	刘长卿	和樊使君登润州城楼	二十九卷
117	前人	留城	二十九卷
118	钱起	同王员外陇城	二十九卷
119	皇甫冉	早春登徐州城	二十九卷
120	李瑞	芜城怀古	二十九卷
121	白居易	城上	二十九卷
122	刘禹锡	登司马错古城	二十九卷
123	顾况	安仁巷口望仙人城	二十九卷
124	张籍	筑城词	二十九卷
125	张祐	江城眺望	二十九卷
126	陆龟蒙	筑城词	二十九卷
127	郑谷	登杭州城	二十九卷
128	雍陶	河阴新城	二十九卷
129	韦庄	台城	二十九卷
130	许浑	秋晚登城	二十九卷
131	前人	咸阳城栋楼	二十九卷
132	前人	登故洛阳城	二十九卷
133	宋梅尧臣	新霁登周王城	二十九卷
134	前人	夏日晚霁与崔子登周襄故城	二十九卷
135	孔平仲	城南	二十九卷
136	陈兴义	邓州城楼	二十九卷
137	晁冲之	再至都城	二十九卷
138	秦观	泗州东城晚望	二十九卷
139	陆游	楚城	二十九卷
140	刘克庄	筑城行	二十九卷
141	杨万里	城头晚步	二十九卷
142	陈襄	古城	二十九卷
143	林景熙	鹿城晚眺	二十九卷

序号	作者	篇名	卷目
144	金朱自牧	郡城秋望	二十九卷
145	刘迎	修城行	二十九卷
146	元好问	讲武城	二十九卷
147	元揭傒斯	高邮城	二十九卷
148	萨都剌	高邮城晓望	二十九卷
149	前人	过浦城	二十九卷
150	王恽	复隍谣	二十九卷
151	周霆震	郡城高	二十九卷
152	李材	悬瓠城歌	二十九卷
153	王逢	西夏时洪武丙寅沿海筑城	二十九卷
154	前人	登越城故基	二十九卷
155	杨维桢	杵歌（七首）	二十九卷
156	明李东阳	筑城怨	二十九卷
157	张治	秋日登高楼用南田韵	二十九卷
158	高叔嗣	九日登城楼宋故都门	二十九卷
159	蔡汝楠	夏日登崇文城楼	二十九卷
160	王问	筑城谣常熟县作	二十九卷
161	宋玨	泊皖城三日怀白下故人	二十九卷
162	王维桢	巩华城陟眺望	二十九卷
163	戚元佐	巩华城即事	二十九卷
164	冯时可	登叶榆城	二十九卷
165	戚继光	三屯新城工成志喜	二十九卷
166	陈迈	观诸葛丞相废城	二十九卷

附录4

中国古代计量单位换算简表[1]

（1）历代的1尺约合今天的厘米

朝代（年代）	1尺单位（厘米）
周（前11世纪～前256年）	19.91
秦（前221～前207年）	27.65
西汉（前206～公元8年）	27.65
新（9～23）	23.04
东汉（25～220）	23.04
三国魏（220～265）	24.12
西晋（265～316）	24.12
东晋（317～420）	24.45
隋（581～618）	29.51[2]
唐（618～907）	31.10
五代（907～960）	31.10
宋（960～1279）	30.72
元（1271～1368）	30.72
明（1368～1644）	31.10
清（1636～1911）	32.00

（2）中国古代长度单位换算表

名称	解读
里	1里等于1800尺。
丈	1丈等于10尺。

[1] 历史年代据《现代汉语词典》第六版，商务印书馆2012年版。

[2] 吴承洛：《中国度量衡史》，上海书店，1984年版。同朝代有多种数据的，以使用时间最长的为准。

续表

名称	解读
寸	1寸等于0.1尺。
分	1分等于0.01尺。
步	1步等于5尺。
武	亦泛指脚步；又有"半步"的说法。1武等于2.5尺。
寻	1寻等于8尺。
弓	1弓等于5尺。
仞	一人两手左右平伸，长度为1仞。古代有"四尺为仞"、"八尺为仞"、"七尺为仞"的不同说法，故比数不确定，仅为参考。
拃	指张开大姆指和中指（或小指）两端的距离，故具体尺度不确定，仅为参考。
雉	古代计算城墙面积的单位，长3丈，高1丈，为1雉。
旬	长度单位。1由旬相当于1头公牛走1天的距离，大约11.2公里。

（3）历代的1斤约合今天的市斤

朝代（年代）	1斤单位（市斤）
周（前11世纪～前256年）	0.4577
秦（前221～前207年）	0.5165
西汉（前206～公元8年）	0.5156
新（9～23）	0.4455
东汉（25～220）	0.4455
三国魏（220～265）	0.4455
西晋（265～316）	0.4455
隋（581～618）	1.3364[1]
唐（618～907）	1.1936
五代（907～960）	1.1936
宋（960～1279）	1.1936
元（1271～1368）	1.1936

---

[1] 吴承洛：《中国度量衡史》，上海书店，1984年版。同朝代有多种数据的，以使用时间最长的为准。

明（1368～1644）	1.1936
清（1636～1911）	1.1936

（4）中国古代重量单位换算表

注：现代1斤等于0.5公斤

名称	解读
两	1两等于1/16斤。
铢	1铢等于1/24两，等于1/384斤。
锾	1锾等于6两。
觔	"斤"的异体字。
钧	1钧等于30斤。
衡	1衡等于10斤。
秤	1秤等于30斤。
石	1石等于120斤。
鼓	1鼓等于480斤。
司斤	1司斤等于1斤。
公项银	又称"砝码锭"，是经官府验定成色方能使用的官铸锭。每锭重10两，成色99.8%。
库银	1. 国库之银。2. 古代国家通用之银，以库平计其重量，故名。

（5）中国明清货币单位换算表[1]

注：1文等于1枚铜钱

名称			解读
贯			1贯等于1000文
吊			1吊等于1000文
两	银	明代	1两银等于1000～3333文（汇率各时期有差别）
		清代	1两银等于750～3000文（汇率各时期有差别）
	金	明代	1两金等于4～13两银（汇率各时期有差别）
		清代	1两金等于10～36.99两银（汇率各时期有差别）

---

[1] 彭信威：《中国货币史》，上海人民出版社，1958年版。因各朝代金银汇率变化较大，此处仅列明清两代数据作为参考。

附录5

主要参考书目

本书参考各地方志已用文中注形式注于各文，在此不做列目。非方志类主要参考书目列述如下：

书籍

《全上古三代秦汉 三国六朝文》，（清）严可均辑，中华书局，1965年版。

《三国志》，（晋）陈寿撰、（宋）裴松之注，中华书局，1982年版。

《晋书》，（唐）房玄龄等撰，中华书局，1974年版。

《宋书》，（梁）沈约撰，中华书局，1974年版。

《〈颜氏家训〉集解》，（北齐）颜之推撰、王利器集解，上海古籍出版社，1980年版。

《南齐书》，（梁）萧子显撰，中华书局，1972年版。

《文选》，（梁）萧统编、（唐）李善注，中华书局，1977年版。

《梁书》，（唐）姚思廉撰，中华书局，1973年版。

《陈书》，（唐）姚思廉撰，中华书局，1972年版。

《六朝事迹编类》，（宋）张敦颐著、张忱石点校，中华书局，2011年版。

《南史》，（唐）李延寿撰，中华书局，1975年版。

《隋书》，（唐）魏徵等撰，中华书局，1973年版。

《新唐书》，（宋）欧阳修等撰，中华书局，1975年版。

《元和郡县图志》，（唐）李吉甫撰，中华书局，1983年版。

《南唐书》，（宋）陆游著，《丛书集成初编》，商务印书馆，民国26年版。

《旧五代史》，（宋）薛居正等撰，中华书局，1976年版。

《新五代史》，（宋）欧阳修撰，中华书局，1974年版。

《五代史书汇编》，傅璇琮等主编，杭州出版社，2004年版。

《资治通鉴》，（宋）司马光编著、（元）胡三省注，中华书局，1956

年版。

《水经注》，（北魏）郦道元著，谭属春、陈爱平点校，岳麓书院，1995年版。

《建康实录》，（唐）许嵩撰，中华书局，1986年版。

《太平御览》，（宋）李昉等撰，中华书局，1960年版。

《太平广纪》，（宋）李昉等编，中华书局，1961年版。

《老学庵笔记》，（宋）陆游撰，中华书局，1979年版。

《梦溪笔谈·补笔谈》，（宋）沈括撰，上海书店出版社，2003年版。

《守城录》，（宋）陈规撰，辑入《中国历代兵书集成》，程素红主编，团结出版社，1999年版。

《宋本太平寰宇记》，（宋）乐史撰，中华书局，2000年版。

《景定建康志》，（宋）周应合修纂，清嘉庆六年本。

《舆地纪胜》，（宋）王象之撰，中华书局，1992年版。

《方舆胜览》，（宋）祝穆撰，中华书局，2003年版。

《宋史》，（元）脱脱等撰，中华书局，1985年版。

《宋元笔记小说大观》，上海古籍出版社，2001年版。

《明实录》，中央研究院历史语言研究所校印，上海书店，1982年版。

《全明文》，钱伯城、魏同贤、马樟根主编，上海古籍出版社，1992年版。

《全明诗》，全明诗编纂委员会编，上海古籍出版社，1990年版。

《大明会典》，（明）申时行等修，江苏广陵古籍刻印社，1989年版；台北出版有限公司，1976年版。

《明史》，（清）张廷玉等撰，中华书局，1974年版。

《明会要》，（清）龙文彬撰，中华书局，1956年版。

《明通鉴》，（清）夏燮撰，沈仲九标点，中华书局，2009年版。

《明史纪事本末》，（清）谷应泰撰，转引《历代纪事本末》，中华书局，1997年版。

《续资治通鉴》，（清）毕沅撰，岳麓书社，1992年版。

《中国历代考工典》，广陵书社编，江苏古籍出版社，2003年1月版。

《〈营造法式〉注释》，梁思成著，生活·读书·新知三联书店，2013年版。

《〈营造法式〉解读》，潘谷西、何建中著，东南大学出版社，2005年版。

《中国古代建筑史》，刘敦桢主编，中国建筑工业出版社，1984年6月版。

《中国建筑史》，梁思成著，百花文艺出版社，1998年版。

《支那城郭ノ概要》，石割平造著，支那派遣军总司令部，1940年版。

Benjamin E. Wallacker [et al.] (eds.). *Chinese Walled Cities: A Collection of Maps from Shine Jokaku No Gaiyo*. Hong Kong: Chinese University Press，1979.

《中国城市建设史》，董鉴宏著，中国建筑工业出版社，1989年版。

《中国历代都城宫苑》，阎崇年主编，紫禁城出版社，1987年版。

《中国古代都城制度史研究》，杨宽著，上海人民出版社，2003年版。

《中华古都》，郭湖生著，（台北市）空间出版社，1997年版。

《中国古都和文化》，史念海著，中华书局，1998年版。

《中国筑城史》，工程兵工程学院《中国筑城史研究》课题组，军事谊文出版社，1999年版。

《中国通史》第七卷，白寿彝总主编，上海人民出版社，1999年版。

《中国都城辞典》，陈桥驿主编，江西教育出版社，1999年版。

《中华帝国晚期的城市》，（美）施坚雅主编，中华书局，2000年版。

《中国古城墙保护研究》，国家文物局文物保护司、江苏省文物管理委员会办公室、南京市文物局编，文物出版社，2001年版。

《中国古代都城制度史研究》，杨宽著，上海人民出版社，2003年版。

《六朝都城》，卢海鸣著，南京出版社，2002年版。

《六朝瓦当与六朝都城》，贺云翱著，文物出版社，2005年版。

《中国城墙》罗哲文、赵所生等主编，江苏教育出版社，2000年版。

《中国古代建筑文化史》，沈福熙著，上海古籍出版社，2001年版。

《中国古代县城规划图详解》，张驭寰著，科学出版社，2007年版。

《中国城池史》，张驭寰著，百花文艺出版社，2003年版。

《中国度量衡史》，吴承洛著，上海书店，1984年版。

《南京城墙志》，杨国庆、王志高著，凤凰出版社，2008年版。

《南京城墙砖文》，杨国庆主编，南京师范大学出版社，2008年版。

《新疆古城遗址》，新疆维吾尔自治区文物局编，科学出版社，2011年版。

《晋藩屏翰——山西宁武关城的历史人类学考察》，张友庭著，上海社会科学院出版社，2012年7月版。

《钓鱼城记》，唐唯目编，重庆出版社，1983年版。

《北京的城墙和城门》，（瑞典）喜仁龙著、许永全译，燕山出版社，

1985年版。

《城记》，王军著，生活·读书·新知三联书店，2003年版。

《台湾的古城》，张志远著，生活·读书·新知三联书店，2009年版。

《中国史前城址与文明起源研究》，钱耀鹏著，西北大学出版社，2001年版。

《中国古代城市防洪研究》，吴庆洲著，中国建筑工业出版社，1995年版。

《长城》，罗哲文著，清华大学出版社，2008年版。

《中国长城史》，景爱著，上海人民出版社，2006年版。

《城池防御建筑》，中国建筑工业出版社编，中国建筑工业出版社，2010年版。

《考工记营国制度研究》，贺业钜著，中国建筑工业出版社，1985年版。

《明清两代宫苑建置沿革图考》，朱偰著，商务印书馆，1947年版。

《盛京皇宫》，沈阳故宫博物馆、铁玉钦主编，紫禁城出版社，1987年版。

《中国宫殿建筑》，赵立瀛、何融编著，中国建筑工业出版社，1992年版。

《中国历史名城》，陈桥驿主编，中国青年出版社，1986年版。

《秦都咸阳》，王学理著，陕西人民出版社，1985年版。

《新疆考古三十年》，新疆社科院考古所编著，新疆人民出版社，1983年版。

《交河故城》，新疆文物考古研究所编著，东方出版社，1998年版。

《中国建筑史》，中国建筑史编写组，中国建筑工业出版社，1986年版。

《东北历代疆域史》，张博泉、苏金源、董玉瑛著，吉林人民出版社，1981年版。

《中国都城发展史》，叶晓军著，陕西人民出版社，1988年版。

《老城门》，唐冶泽、冯庆豪编著，重庆出版社，2013年版。

杂志报刊

《东南文化》《城市研究》《中国文物报》《历史地理》《文物》《考古》《中国文化遗产》等。

附录6

中国历史年代简表[1]

旧石器时代（约170万年～1万年前）

新石器时代（约1万年～4千多年前）

夏朝（约公元前21～前16世纪）

商朝（约公元前16～前11世纪）

西周（约公元前11世纪～前771年）

春秋（公元前770～前476年）

战国（公元前475～前221年）

秦朝（公元前221～前207年）

西汉（公元前206～公元8年）

新（公元9～23年）

东汉（公元25～220年）

三国（公元220～280年）

西晋（公元265～316年）

东晋、十六国（公元317～439年）

南北朝（公元420～589年）

隋（公元581～618年）

唐（公元618～907年）

五代十国（公元907～979年）

辽（公元916～1125年）

北宋（公元960～1127年）

金（公元1115～1234年）

南宋（公元1127～1279年）

元（公元1271～1368年）

明（公元1368～1644年）

清（公元1636～1911年）

---

[1] 参考《现代汉语词典》第六版，商务印书馆2012年版。

跋

历经六年时间，《中国古城墙》一书终于问世。主编杨国庆先生是享誉海内外的城墙研究专家，享受国务院特殊津贴，多年来一直以城墙研究为己任，视野开阔、学识渊博，先后出版了《南京明代城墙》《南京城墙志》《南京城墙》等多部著作，还在《中国文化遗产》《人民日报》发表了有关中国古城墙保护的文章，对中国古城墙的研究和保护作出了卓越贡献。

国庆老师酷爱城墙，达到痴迷的程度。他以旺盛的进取精神，在著作等身后，仍然志趣不减、笔耕不辍。他以严谨的思辨，审阅古今中外城垣研究之经典；以深邃的洞见，阐述中国古城墙发展之今昔。作为同事和朋友，我有幸提前一睹《中国古城墙》之全书，虽因时间关系，未能细读，但有四点浅见愿与读者共飨：

1. 正本清源。中国古城墙历史悠久，量大面广，尤其在近现代城墙本体原始功能基本丧失、遭遇大规模拆除后，人们对中国古城墙的了解大多局限于专题性、区域性和个案的分析研究，或者从筑城史的角度仅遴选了部分城墙作为例证，难免出现学术观点的局限、片面，甚至疏误。《中国古城墙》一书采集的近500座城墙（还未将长城计算在内），以各地大量的地方志、考古报告、学术专著、论文为基础，结合实地调查，综合比较、潜心研究得以完成。《中国古城墙》对中国城墙的历史沿革、损毁修缮、昔日拆城与今日保护，提供了一份历史脉络比较清楚的、具有文献价值的专业性资料。

2. 标新立异。《中国古城墙》在对中国古城墙基础性整理、研究方面，具有学术创新意义。清康熙年间朝廷出版的《考工典》，汇编了全国部分地区千余座城池。但是，此后中国补建的城墙、拆毁的城墙、现状保护情况等概况不明。《中国古城墙》不仅补充了《考工典》之前遗缺的部分城墙，还反映了大量《考工典》之后建造的城墙，尤其是新疆、西藏和台湾等省份和地区的城墙。同时，《中国古城墙》不仅介绍了中国古城墙的历史沿革，对昔日的拆城和今日的城墙保护，也给予了一定的描述和介绍。当然，这本巨著具有的开创性，远非仅此一点，而是体现在许多方面。

3. 任重道远。《中国古城墙》是一本厚重的大书，其中涉及到全国各地的城墙类型多样，筑城年代跨度很大，城池规模不等，尤其筑城、修城、毁城、保城的原因也很复杂，为我们展现了一幅中国古城墙绚丽的画卷，其意义当无需赘言。但是，在读这本书的同时，我深刻感受到今日中国古城墙的保护、研究、交流、合理利用等诸多方面，还有相当多的课题和难点，还有相当广阔的发展空间。从这个意义上说，《中国古城墙》一书的出版，为我们今后的城墙保护专业管理者、研究者和工作者打开了一扇窗户，拓宽了视野，提供了一个可借鉴的学术平台。

4. 文化传播。中国古城墙是中国传统文化的重要组成部分，城墙这种建筑形态伴随着华夏子孙数千年，承载并凝聚了世世代代中国人的智慧、梦想和血汗。从城市城墙来看，中国不仅是筑城大国，数量惊人；同时，中国古城墙也是人类城墙各种类型最丰富、时间跨度最长、文献记载最多的城墙。从世界范围来看，城市城墙最长的城墙在中国的南京，即便20世纪50年代被拆除了一部分，现存25公里的南京城墙，仍然为世界之最。但是，中国古城墙的这种历史、价值和现状，在世界范围的影响力远远不足。《中国古城墙》中文版和外文版的先后出版，将会填补这项空白和遗缺。

《中国古城墙》是国庆老师站在全球视野，潜心主编并完成的一部关于中国古城墙的开山之作，再现了中华城垣文明之印记，开创了中国古城墙基础研究之先河，必将吸引更多专家、学者、爱好者加入中国城墙研究和保护的队伍。特撰此跋，以示祝贺！

南京城墙保护管理中心主任　郑孝清
2015年4月16日

后　记

2008年，我随朋友驾车赴西北及新疆考察现存的长城遗址和沿途的城市古城墙。在茫茫戈壁滩残损的烽燧旁，接到国内一家出版社编辑的电话，询问《南京城墙志》出版后，下本书的计划。我说打算撰写《中国城墙大词典》，他当即表示愿意承接此书的出版。

世事难料。人世间许多事情的初衷与结局，往往并非按人的意志来取舍。

其一：那年从西北回宁后，偶然结识了江苏人民出版社的汪意云编审，她得知《中国城墙大词典》尚未签订合同，随即以她特有的热情与执着改变了这本书出版的初衷。借此机会，我再次向原先约稿的出版社和编辑朋友致歉。

其二：在编撰《南京城墙志》时，家父撒手人寰；因编撰《中国古城墙》赴贵州考察境内横贯东、西明初诸多城墙时，又痛失慈母。如今这两部书先后问世，但双亲却已仙逝，孔子曰"子欲养而亲不待"，心中的痛楚真是难以言状。于是，城墙在我心里，多了一分情感物化的寄托，增加了一分内心深处的敬畏。

其三：30多年前，我曾梦想完成《中国墓葬大词典》的编撰。结果，仅出版了两本中国名人墓葬文化的小书。随后，因与城墙结缘，一发不可收拾，完全沉湎于包括南京城墙在内的中、外古城墙。20年来，不仅我的学术研究方向发生了变化，我后半辈子的生活也有了改变，真应验了中国那句老话：塞翁失马，焉知非福。

其四：中国数千年的每一座城墙营造，从朝廷或到各级地方政府的官吏，从乡绅商贾或到普通百姓，无不人尽其才、地尽其利，其宗旨使城池固若金汤。然而，短短的近百年间，中国大地星罗棋布的数千座古城墙，瞬间相继大批消失，遗存完整的城墙竟屈指可数。当人们重新找寻当年城墙踪影的时候，许多地方也只能去图书馆、档案馆、博物馆，或者考古工地了。

其五：六年前，时任国家文物局局长单霁翔先生送我一套《中国文物保护单位名录》（三卷本，内刊），欣喜若狂，耗时两个多月，采集了中国城墙文物保护单位17万字的名录，打算以此为基础编撰《中国城墙大词典》。南京大学一位城市建筑史的教授，也是我多年的朋友，得知我的想法后，曾善意劝我：应该申请国家的研究课题，可以获得不菲的项目资金。何况该项目难度非常大，搞不好是件吃力不讨好的事情。记得当时我说过：申请课题固然好，只是太麻烦了，还需要申请课题之外的"功夫"。而那句"吃力不讨好"的忠告，数年来却铭刻于心。"吃力"不必赘言，尤其在没有资金保障情况下，本是预料中的状态。"不讨好"，则仿佛一座不时敲响的警钟，让我时刻提醒自己：尽量去伪求真、去繁从简，强调原始的资料性和真实性。然而，随着研究的不断深入和拓展，我才发现当初的想法真是蚂蚁撼树、痴人说梦。因此，在编撰的六年中，无论是书名，还是内容篇幅；无论从全书的体例，还是从遴选的范围和标准，先后进行了三次较大的调整，参与的作者队伍也有很大的变化，有些篇章反复推敲后甚至还重新组织撰写。借此机会，对那些参与编撰本书而最终未能被采用的作者们，表示最真诚的歉意。

……

凡事只能随缘、随时，个人的力量毕竟有限。坦白地说，我多年梦想中的《中国墓葬大词典》《中国城墙大词典》两部书，成了我有生之年难以完成的夙愿，只能留给后人去做了。

我尤喜《孟子·公孙丑下》中"得道者多助，失道者寡助"这句话，浅显而蕴涵很深的哲理，表明了"道"的重要性。在中国哲学中，"道"是一个重要的概念，表示终极真理。我无法达到这么高的标准，从我开始研究墓葬文化后，对这个"道"就有了自己的诠释：人生是个过程，所做的事要上对得起先贤，下对得起来者，每个人仅仅是人世间的匆匆过客。20多年来，我也不知道是否走上了这条"道"。当我正写这段文字时，我的好友、新华社《瞭望周刊》副主编、《城记》作者王军先生与我通电话，他竟然也说了"得道者多助"，真使我诚惶诚恐。多年来，我与王军先生因他的《城记》而结缘，又因我出版《南京城墙志》而神交，可以说明清时期的北京城墙与南京城墙使我们走在了一起，中国古城墙的现状保护又使我们有了永恒的话题。

近20年的城墙研究，我得到太多贵人的相助。为此，我将终身感恩并铭记于心。

首先，我要感激南京市文广新局先后的三位主要领导：是谭耀局长给我提供了专业研究城墙的平台，是陈光亚局长给了我莫大的荣誉，是刁仁昌局长给了我极大的鼓励和厚望。我当然也会感激我的单位——南京市明城垣史博物馆（现已改名"南京城墙保护管理中心"、"南京城墙博物馆"）的历届数任领导，是他（她）们为我提供了良好的研究环境和机会，使我从未停下城墙研究的脚步，并且得以走出国门拓宽了城墙研究的视野。

其次，我要感激许多文博界和高校的前辈、教授和社会各界的朋友们。我国古建筑学家、《中国建筑史》主编潘谷西先生曾亲自到我单位，将他的新著《营造法式解读》送给我，尽管已过去多年，但潘先生对我多次的传授使我受益匪浅。我国著名的城市规划专家郑孝燮先生来南京后，我曾陪同他考察城墙，他阐述的中国古城墙的功能、遗产价值、城市城墙的重要地位，直到今天恍若眼前。南京大学历史系夏维中和贺云翱两位教授是我学术上的同道和挚友，基于对我个人和对本书主旨、方法、规模及内容的了解，从学术价值等方面撰写了本书出版的推荐信。还有已仙逝的文博古建的泰斗罗哲文先生、徐苹芳先生、金琦先生等，他们或从业务上对我悉心点拨，或给予我文献资料、城墙现状保护资讯和大量各地城墙照片，凡此种种，我一旦获取，便如获至宝。如将他们的名单罗列起来，真可以出一份《中国古城墙》的另一份"名录"，似乎惟有此书的正式出版可以相告慰了。

这部书的撰稿，我还要感激我的前任领导张辉女士，她对这本书的前期工作给予了很多理解和支持。我的现任领导郑孝清先生自接任以来，在很多方面都给予直接支持和肯定，尤其在这本书稿进入关键时段，孝清先生的支持、协调和关注无疑起到了至关重要的作用。隶属北京市文物局的郭豹先生，主要负责中国北方城墙的组稿，数年来他不仅亲自撰稿，还积极推荐并组织撰稿人。文物保护的一些社会团体及个人也给予了支持和协助，其中"长城小站"张俊的团队，拥有数十年对长城实地考察和调研的基础，加上他们认真负责的精神，使得相关章节得以顺利完成。在朋友引荐下，能够约到西藏自治区文物局研究员强巴次仁先生以及蒙乃庆先生加盟本书的撰稿实属万幸，因为他们，鲜为人知的西藏城墙得以让更多的人了解。南京图书馆吴林老师查找并搜集了大量中国古城墙的手绘地图；我单位的肖瓅、王腾、张君等一批同仁是这部书稿的重要参与者，没有他（她）们的参与，这部书稿的付梓肯定还要向后推迟。

南京大学姚远副教授也热衷于古城墙的保护，在他的联系下，我国文物界著名专家、中国文物学会名誉会长谢辰生先生得知这部书稿即将付梓，当晚就为这部书稿题写了书名。2014年秋，在南京召开"城市文化遗产保护和可持续发展论坛"期间，中国文物学会副会长、中国文物研究所总工程师付清远先生在得知这部书稿后，认为这是一件中国古城墙"功德无量"的大事，欣然为本书作了序。"中国明清城墙"联合申遗办公室主任刁仁昌先生从中国明清城墙研究与保护的宏观角度，对于本书的编撰、出版给予了高度重视和关心并撰写了序，他认为这是开启中国古城墙研究的新途径，也是向世界传播中国传统文化的一个独特平台。2011年，我受邀赴德国柏林马克斯·普朗克科学史研究所进行中德城墙比较研究，良好的研究环境和超越时空的反思，使我对人类创造的城墙这种建筑形态有了全新的认识，至今我仍深怀感念。本书涉及到的各地城墙新、旧照片，有些是本人考察时所摄或收藏，但更多的是依赖于社会各界朋友、南京城墙保护管理中心及各地文博系统的朋友，以及许多专业摄影师和收藏家，其中包括郭豹、杨庆饶、高增忠、张俊、徐振欧、王喜根、徐宗懋等一批朋友们。上述提及帮助过我的人，也还仅是一部分，甚至有的因各种原因还失联了（为此，谨向他们致歉并恳请尽快与出版社或我联系，以便奉上薄酬）。他们有的提供了珍藏旧照，有的托人帮助征集各地城墙照片，还有的专程自费赴各地拍摄。对于此书编撰中所有帮助过我的人，我认为不仅是对我个人的信任和支持，而是他们出于对中国古城墙的热爱，出于对这种建筑形态存世数千年却又消亡或濒临消亡的一种文化情感追忆，是对人类文化遗产的敬重和责任。为此，我深表敬意、感念，并借此机会跪谢所有的参与者。

城墙，不仅给我带来焦虑和痛苦，也给我带来太多的愉悦和惊喜。在20年的专业城墙研究中，我从未想到能获得如此多的意外褒奖，也从未想到能给我的生活带来如此巨大变化。其中最重要的是德国汉学家Cathleen小姐来到我的身边，并成为我的异国伴侣。在本书稿启动阶段，我与Cathleen相识。随后的几年中，她不仅伴随我寻访过国内许多城墙，包括隐藏在深山中荒芜的城址，陪伴着我考察了德国、奥地利、捷克、波兰和法国的几十座城墙和城堡，还以国外学者的角度对本书不断提出新的建议和商讨。如"绪论"中的"对未建城墙'城'的思考"一节，正是在她的建议后才有了新的思考。在她的帮助下，我还及时获知德国当前正启动一项全国城堡的调查项目。这些信息和交流，无疑加剧了我对中国古城墙基础研究和现状保护的紧迫感和使命感。当然，我也要感谢我的其他家人，多年来不仅得到他（她）们的理解和支持，甚至每到一处也会及时提供当地城墙相关的资料和信息。

最后，我特别想强调一点：这部书尽管前后耗时近10年之久，但从城墙遴选的标准、范围、数量、篇章结构，仍有许多遗憾，甚至疏漏和偏颇之处。

其中包括城墙文保单位级别、公布时间等，有些变化未能逐一核实。所有这些错失，责任全在我。因此，这部书仅仅是中国古城墙的冰山一角，我的心愿是通过这部书使更多的人了解中国古城墙，认识其延续数千年对于国家、民族产生的重大影响和历史文化价值，并能以各种方式参与到中国古城墙的保护队伍中来，让流传了数千年之久的中国古城墙文化遗产传承给后世。如幸达目的，大愿足哉！

杨国庆

2015年5月3日初稿

2016年5月22日修订

2017年1月30日定稿